KB220079

_____ 님에게

드립니다.

내 주가
다스리시리

영원히 영원히

최기태 목사 저

도서출판 새한

우리 목사님, 그리고 이 책은

　평신도가 목사님을 평가하는 것 같아 안될 일이라 여겼으나 오히려 평소 사랑하는 목사님을 자랑하는 기회로 알아 기꺼이 표현하고자 합니다.

　최기태 목사님은 얼른 보면 볼품 없는 분입니다. 남에게 별로 내세울 것이 없는데다 키까지 작으니 더욱 그러합니다. 그러나 10년 가까이 곁에 있으면서 존경할 수밖에 없는 면을 발견한 것은 참으로 감사하고 귀한 일입니다.

　첫째, 바른 사명자로서의 자세입니다.

　목회를 충실히 하는 일 외에는 그 어느 것도 관심 갖지도, 소유하지도 않는 외길과 늘 공부하며 기도하는 성실과 철저함은 변함없는 목사님의 모습입니다.

　둘째, 힘 있는 설교의 능력입니다.

　복음주의적인 성경관, 조직적이고 날카로운 표현력, 삶의 현장 깊은 곳을 흔드는 감화력, 이러한 것들은 목사님의 설교를 잘 표현하는 것들입니다. 실로 목사님의 설교는 훌륭한 하나님 말씀의 전달입니다.

셋째, 본이 되는 생활의 모범입니다.

강단에서의 외침을 먼저 실천하고자 부단히 노력하는 모습이야말로 그 어느 것보다도 큰 목회 무기입니다. 결코 군림하지 않는 영적 권위가 바로 이 때문입니다.

이번에 발간하는 이 책은 한국 대학생 선교회 발행의 『새로운 삶의 길』을 기초하여 오랫동안 새 가족을 가르친 현장 경험으로 일목요연하게 쉽게 정리하신 것입니다. 신앙생활의 입문과 올바른 신앙의 기초라는 난제 앞에 자신을 진지하게 준비하고자 하는 새가족에게 더없이 좋은 지침이 될 것입니다.

새가족 위원회 위원장
김 용 석 집사

까마득한 옛날처럼 느껴지는 대학 일학년 때 겨울이었습니다. 성탄 음악예배 연습 중에 헨델의 메시아 44번 곡을 배우면서 너무나 감격해 울었던 일이 있었어요. 사실 저는 테너였는데 제가 울어버린 대목은 41번째 소절부터 51번째 소절까지의 베이스 파트 연습에서였습니다. "영원히 영위언히 내 주가 다스리시리 영원히 영위언히 영원히 영원히!" 남의 파트 따라 부르다 그 가사와 선율이 덤덤하던 제 심령의 바닥을 흔들어 신앙적 자아가 태동했기 때문입니다. 그 후로 『내 주가 다스리시리』 이 말씀과 이 찬양은 제 주제 찬양이 되었고 얼마나 많은 경우 위로를 주고 소망을 주고 결심을 새롭게 한 원동력이 되었는지 모릅니다. 타락한 정부와 교회를 볼 때도, 목표 잃은 사회와 포악한 군중을 볼 때도, 그늘진 뒤안길에 있는 차마 볼 수 없는 병들고 가엾은 산동네 교우들 집을 심방할라치면 위로할 언어의 한계에 부딪힐 때가 많은데 그때마다 저는 우리 주님께서 오셔서 다스려주시는 평화와 공평과 자유의 나라를 구하며 이 찬송을 중얼댔습니다. 영원히 영원히 참 소망이신 진리의 주님께서 직접 다스리시는 나라! "그래 그 나라가 빨리 와야해 그래서 약은 수단으로 이웃을 괴롭히고 철저히 억누르던 악의 대가를 받아야 해" 생각했던 젊은 날과는 이제 다른 차원에서 "내 주가 다스리시리"를 부르게 됐습니다. 미국 이민목회를 하게 된 이제는 저도 철이 들어가는 것 같습니다. 주님의 통치를 받는다면 바로 천국임을 알기에 이 땅에서부터 선하신 간섭과 사랑의 통치를 받아 천국을 경험하길 원하며 자갈밭 메마른 사막에서도 하늘을 우러러 간섭을, 통치를 희구하며 연약하여 아직 실족함이 많으면서도 님을 향해 팔 벌리고 다리엔 피 맺혀도 얼굴엔 웃음 안고 그냥 갑니다. 아내의 질병이 계기가 되어 늦게 목회의 길에 들어섰지만 하나님께서 아쉬운 대로 쓰시는지 그냥 써 보시는 것인지 왜 사랑하고 참아 가시면서도 기회 주시는지 모를 정도입니다.

그래서 성경을 통해 하나님은 어떤 성도를 요구하시는가 살펴 이점을 성도들에게 목청 높여 강조해 왔는데 아직은 변화의 삶으로 하나님께 영광 돌리는 가정 수가 많은 것 같지 않아 부끄러울 뿐입니다. 말씀으로 인한 변화를 계속 추구하면서 특히 새로 찾아오는 성도들과 기초적 성경 공부를 하다 보니 강의 내용을 요구하시는 분들이 많게 되었고 경험하는 삶을 함께 나누는 다음 단계의 강의를 구상하며 우선 기초적 내용을 책으로 묶는 것뿐입니다. "영원히 내 주가 다스리심"을 갈구하면서요.

이 책은 우크라이나에서 이단과 이데올로기와 싸우는 이호선 선교사님과 새신자들에게, 그리고 6년 전 인천기독병원 서무과장 재직 시 교통사고로 전신마비가 되어 지금까지 누워있는 내 사랑하는 동생 최기완 권사와 말할 수 없는 고통 중에서 계속 간호하시는 제수 김문식 집사님께 꼭 드리고 싶습니다. 바쁘고 고달픈, 그러나 주님 때문에 기뻐하며 내조하며 틈 없는 일정 속에서도 원고를 정리해 주시느라고 애

쓴 아내(유청자 사모님)의 수고에도 감사를 드리며 책을 만들 수 있게 지원해 주신 여러분과 새한기획의 민병문 장로님께 감사드립니다. 읽는 모든 분들의 신앙생활에 조금이라도 유익이 되었으면 바라는 심정과 건강 주시는 하나님께 대한 감사를 "영원히 영원히 내주가 다스리시리" 찬양으로 또 한다발 묶어 드립니다. 주여 읽는 여러분에게 신령한 복을 내려 주소서.

샌프란시스코 근교에서 저자

이 책은 1994년 6월 1판 1쇄 발행하였고 요청이 많아 10월에 1판 2쇄 했는데 여러 교회의 새신자 부서와 중국의 5곳, 신학생들에게 계속 분배하면서 재고가 없었는데 금년 L.A의 함께하는 교회(장로교)에서 협동 목사로 새 가족들을 섬기게 되어 재판하게 되었습니다. 새로 교회에 등록하시는 분들의 신앙생활과 교회 적응의 안내서로, 일반 성도님들의 기본 교리 지침서로 사용되기 바라면서 여러분 영육의 건안을 빕니다.

기회 주신 김태완 목사님과 제직원 여러분에게 감사드립니다.

2018년 3월 일
LA 세리토스 도서관에서 저자

읽으시기 전에
잠깐만 귀를 빌려 주세요

이 책의 의도하는 바가 솔직히 두 가지 있습니다. 하나는 제발 잘 알지도 못하면서 아는 척하지 말자는 것입니다. 식당이나 직장에서 기독교에 대한 이야기가 시작되면 으레 꽤나 많이 아는 척하는 사람들을 만나게 됩니다. "기독교도 하나의 종교니까 착하고 선하게 살라는 것 아냐!" 이런 식으로 윤리, 도덕적 차원으로 끌어 내려 결론짓는 사람들이 대다수였고 성경의 작은 부분을 확대 강조하거나 성경 전체를 모두 통달한 것처럼 으스대는 사람, 더 가관인 것은 어디가 틀렸고 어디가 안 맞고 … 하면서 비평까지 하는 사람의 경우를 보는 것입니다. 왜 이런 꼴이 될까요? 교회를 좀 다녔다고, 믿는 집안에서 자랐다고, 기독교 학교에 다녀서, 성경을 한 두 번 읽어서, 이상한 집단에서 성경공부를 좀 했기 때문에 등등 여러 이유가 있겠지요. 그런데 저들은 처음부터 성경을 대하는 태도가 틀렸고 성경에 쓰인 낱말을 국어사전에 있는 뜻대로 이해하면서 성경을 읽고 제멋대로 생각하기 때문이며 남에게 들은 말을 확인 없이 근거로 삼기 때문입니다. 솔직히 말씀드려서 성경은 불신자에게 준 책이 아닙니다. 비평을 목적으로 읽는다면 아무리 박식해도 바로 깨달을 수 없습니다. 믿는 자들에게 영생이 있음을 알게 하기 위해 성령께서 인간 저자들을 감동하시고 인도하셔서 기록한 특이한 책이라서 학식은 없으나 믿음이 있는 할머니가 성령님의 도움을 기도하며 읽노라면 오히려 쉽게 뜻을 깨닫게 하시고 하나님께서 친히 말씀의 빛을 통해 만나 주시는 체험을 하게 됩니다. 그래서 이 책을 읽는 동안 성경에 대한 모든 것을 살피면서 역시 무식한 자기를 발견하고 이제는 아는 척하지 않게 결심하도록 의도를 갖고 설명하였음을 고백 드립니다. 또 하나는 성도로서의 고백적 찬송은 "영원히 영원히 내 주가 다스리시리"라는 것을 아주 아주 확실히 알고 부르고 주님이 친히 다스려 주시도록 삶을 내 맡기는 수준의 성도들이 되도록 성경의 가장 강한 주제를 거듭 강조했다는 것입니다. 이제 이 책을 다 읽으시면 지금까지 성경과 기독교를 아는 척 한 것이 부끄럽게 될 것이며 이왕이면 바로 알고 바로 믿어야겠다는 결심이 생기며 "하나님 저는 아무것도 모르면서 아는 척 떠버리며 내 생각, 내 판단을 앞세워서 주장하고 조용한 실력자들을 무시하는 잘못을 범했나이다 용서하시고 절대 주권자 하나님의 통치를 받는 하나님의 백성이 되게 해 주십시오." 고백하게 될 것입니다. 이 두 가지를 집중적으로 제시하고 호소하기 위해 같은 내용들이 여러 번 반복된다는 사실을 알려 드립니다. 이 책은 송인규 목사님께서 쓰시고 IVP에서 출판한 『새로운 삶의 길』을 우리교회 소그룹에서 교재로 삼아 같이 공부하면서 보충 설명한 내용들을 주제별로 묶은 것이므로 교재와는 순서가 일치하지 않음을 이해해 주시기 바랍니다.

의도를 아시겠지요. 잊지 마세요. 기대합니다. 정말 감사드립니다.

새신자, 새가족에게 드리는

질 / 문 / 서

● 저(성명:)는 교회에 처음 나온 새신자입니다.

(환영합니다. 10번까지만 하셔도 됩니다.)

● 저(성명:)는 다른 교회에서 전입한 새가족입니다.

(감사합니다. 끝까지 해보시기 바랍니다.)

> 아래 문제들은 「얼마나 아느냐」보다 「어떻게 이해하고 있나」를 확인해 한 식구로 서 보조를 맞추기 위한 성경반 편성에 자료를 삼고자 하는 것이오니 소신대로 적 어 주십시오.

01. 아래 그림 속에 4개의 선(A, B, C, D)은 정면(위)에서 볼 때

A B C D

네 선이 똑같이 휘었다. ( )

A, D가 더 굽었다. ( )

B, C가 더 굽었다. ( )

똑바른 선이다 ( )

02. 성경을 처음부터 끝까지

한번도 못 읽었다. ( )

한 번 읽었다. ( )

두 번 읽었다. ( )

세 번 이상 읽었다. ( )

03. 기독교의 최고 명절은

주일 (   ), 감사절(   ), 성탄절(   ), 오순절(   ), 부활절(   )

04. 제일 높은 사람은

성　도(   )　　　집　사(   )　　　장로(   )　　　목사(   )

노회장(   )　　　총회장(   )

05. 우리 교회에 오시게 된 이유나 동기는(한 개 이상 표해도 됨)

친구의 권유　　　 (   )　　　성도들이 많다고 해서　　　 (   )

우리 교인의 전도로(   )　　　삶이 불안하고 답답해서　　 (   )

좋은 소문을 들어서(   )　　　신앙의 바른 지도가 필요해서(   )

어쩌다 그냥 오게 됨(   )　　　하나님을 알고 싶어서　　　 (   )

06. 교회가 제일 먼저 해야 할 일은

가난한 자 구제와 병자들을 돌보는 일(   )

윤리, 도덕적으로 흠 없는 인간 변화 교육(   )

복음 전파(   )　　　 진정한 예배(   )

07. 친척 중에 예수 믿는 분이 계시면

귀하와의 관계는 (　　　　　　　　),

어느 교회(교단) (　　　　　　교회), 출석년수 (　　　년)

08. 하나님이 계심을

확실히 믿는다(   )　　　있을 것 같다(   )

잘 모르겠다(   )　　　없을 것 같다(   )

있을리 없다(   )

09. 육체의 생명이 끊어지면

그것으로 모든 것이 끝장이라 생각한다 ( )

영원한 내세가 있었으면 좋겠다 ( )

구원받은 영혼은 천국에, 믿지 않은 영혼은 지옥간다 ( )

10. 예수를 믿는 것은

욕심을 제어해 내 마음이 편하려고 ( )

거짓 없이 착하고 윤리적으로 흠 없이 살려고 ( )

구원받아 하나님과 함께 살려고 ( )

건강과 재물의 축복을 받기 위해서 ( )

11. 다른 교회나 단체에서 성경공부한 것은

주일마다 성경공부(교회) 년 정도

기초 성경공부(교회나 가정) 개월 과정

주제별 성경공부(〃) 개월 과정

각 권별 성경공부(〃) 개월 과정

신학교육(신학대학, 대학원) 개월 과정

기타(비디오통신, 가정학습) 년 정도

12. 성경은(맞는 것이면 모두 ○표)

어떤 성경이든 정확무오한 하나님의 말씀이다 ( )

성경 안에는 사탄마귀의 소리도 있다 ( )

일점일획도 틀림없는 성경이란 영어원본 성경이다 ( )

한국어 번역성경(흠정역)에는 번역 실수가 없다 ( )

성경은 찬송가처럼 나라마다 하나이어야 한다 ( )

13. 간단한 성경상식(답을 써 놓으세요)

① 예수님이 태어나시니 경배하러 온 동방박사는 ____ 명이다.

② 예수님이 체포되어 심문당할 때 제자 베드로가 예수를 모른다고 부인했는데 닭이 몇 번 울었나? ____ 번

③ 예수님이 십자가에 달리셨을 때 같이 십자가에서 구원 받은 강도는 어느쪽 강도인가? ____ 쪽

④ 모든 병자는 믿음이 있어야 낫게 된다는 말씀은 맞나 틀리나?
맞음(　　) 틀림(　　)

⑤ 예수님이 수고하고 무거운 짐 진자 다 오라 하셨는데(마 11:28) 그러면 무거운 짐을 주님이 어떻게 해주시나?

⑥ 포기하지 않고 끝까지 열심히 기도하면 어떻게 되나?

⑦ 아래에서 천국에 들어가지 못하는 사람을 표하면
금식하지 않는 자(　　)　　　변리 주는 자(　　)
술 먹는 자(　　)　　　거짓말하는 자(　　)
십일조 않는 자(　　)　　　돼지고기 먹는 자(　　)
성구암송 못하는 자(　　)

14. 아래 낱말의 성경적인 뜻은?

① 축복

② 의인

③ 세상

④ 육신적 생활

⑤ 영적 생활

⑥ 거듭난다

⑦ 구속

15. 아래 낱말을 쉽게 쓰면

① 전집하다(신 24:6)

② 준승(욥 38:5)

③ 선만하게 하다(느 9:18)

④ 어눌한 자(사 32:4)

⑤ 보발군(렘 51:31)

16. 바른 해석을 한다면

① 인간창조와 동물창조의 근본적 차이는?

② 마 7:7에서 「구하라」는 문맥 속에서 무슨 뜻이며 무엇을 구하라는 것인가?

③ 마 7:12 「대접하라」는 문맥 속에서 누구를 대접하라는가?

④ 빌 4:13의 「모든 것을 할 수 있다」에서 모든 것이란?

(능력 받아 병 고치고 기적 베풀고 사업성공하며 건강하며 자녀들이 영특하고 문제들을 해결 받는 것 포함되나)

⑤ 요 21:5 「고기가 있느냐」의 뜻은?

⑥ 마 7:24~27 「반석 위에 지은 집, 모래 위에 지은 집」은 무엇을 비교하고 있나? 행함 즉 열매? 기초?

⑦ 마 4:2 예수님이 금식하시고(40일) 무엇을 느끼셨나?

금식의 바른 의미는?

⑧ 행 2:1~2 초대교회 교인들이 오순절에 한곳에 모여 앉아 있었는데 성령강림역사가 일어났다 앉아서 무엇을 했을까?

⑨ 당신이 성령충만하다면 무엇을 할 수 있겠나?

행 6:8~7:60 성령충만한 스데반은 무엇을 했나?

⑩ 왕하 20: 히스기야왕이 병들어 죽게 되었으나 간절히 기도해 15년을 더 살았다. 당신은 어떤 각오를 갖게 되나?

⑪ 삿 6:11~12 여호와의 사자가 기드온에게 「큰용사」라 한 것과 창 18:13~15 「이삭」 사건의 다른 점과 공통점은?

⑫ 요삼 1:2 영혼이 잘되면 어떻게 되나?

범사는 무엇인가?

예수를 잘 믿으면 환난을 면제 받는가?

⑬ 계 1:4 「일곱영」과 13:18의 「육백육십육」과 14:1의 「144000」은 숫자대로 해석되어야 하나 상징으로 해석해야 하나

⑭ 창 32: 보면 야곱이 고향에 돌아오다 형을 두려워해서 가족과 재산을 얍복나루를 건너 보내고 홀로 남았다가 무엇을 했기에 이스라엘이라는 이름을 얻는 축복을 받았나

⑮ 성경에 의하면 베드로는 어떻게 죽었나?

⑯ 성가대와 관계 없는 것은?

솔로몬 성전시대 (　　)

초대교회 　　　　(　　)

로마천주교회 　(　　)

⑰ 행 1:8과 마 28:19~20에서 선교를 명했고 행 2: 에서 성령충만 했는데도 본격적인 선교를 하지 않으니 행 8: 에서 어떤 방법을 하나님은 사용하셨나?

⑱ 종교개혁은 타락한 로마가톨릭에서 성경으로 돌아가자는 개혁이어서 사제들만 독점했던 성경과 찬양을 모든 성도들에게 환원시킨 대역사였는데 종교개혁이후 거의 300년간 성경대로 하지 못한 가장 큰 실수는 무엇인가요?

⑲ 요 14:6과 요 10:9와 행 4:12를 통하여 분명히 알 수 있는 것은 무엇인가

⑳ 마 5:3~12 「… 자는 복이 있나니 … 받을 것이다」란 어떤 조건 을 보아 그에 맞는 복을 받게 될 것이란 말씀일까 그런 상태에 들어감 자체가 이미 복이라는 것인가?

17. 아래 성경을 외우실 수 있습니까?

① 요 3:16

② 롬 3:23

③ 마 1:21

④ 막 10:45

⑤ 요 14:6

⑥ 요 1:12

⑦ 골 1:14

⑧ 마 16:16

⑨ 마 22:37~40

⑩ 살전 5:16~22

⑪ 행 1:8

⑫ 창 1:1

이 문제지를 다해 본 후에 느낀 것이 무엇입니까?

이미 예수 믿고 다른 교회에서 신앙생활을 하시다가 오신 분들은 처음부터 왜 이렇게 어렵게 만드나 생각하셨을 것입니다. 그러나 결국은

여러분을 위해서 이렇게 하고 있음을 알게 될 것입니다. 교회생활은 혼자하는 것이 아니라서 어려움도 있습니다. 행복한 교회생활이어야 하는데 제일 중요한 것은 언어와 사상, 성경적 가치관과 믿음, 생각과 입맛이 같거나 비슷해야 한 식구가 되어 말이 통하는 기쁜 신앙생활을 같이 할 수 있기 때문입니다. 체질에 맞지 않는 음식만 만들어 주는 식당에는 갈 수가 없지 않습니까? 이 문제를 해 보시며 알쏭달쏭한 것도 많고 어려운 것도 많다고 생각하셨을 것입니다. 여러분의 성서 이해 측면과 신앙적 위치를 확인하여 개별 만남을 통해 우리 성도들과 똑같이 느끼고 이해하고 생각할 수 있도록 해드려서 은혜를 함께 나누며 주님을 함께 섬기며 사랑의 확실한 관계를 맺게 할 것입니다.

정답은 이 책 부분 부분에서 찾게 될 것이며 확실히 상식적으로 알던 것과는 내용이 다름에 놀라실 것입니다. 참으로 우리 교회에 몇 주일 계속 출석하시다가 등록하시고 새가족반에서 처음부터 새로 공부하시는 여러분을 환영하고 겸손한 결단에 감사드립니다.

이제 한 단원씩 살펴보기로 하지요.

제1장

하나님

하나님의 존재가 확실히 믿어지시는 분은
다음 장으로 넘기시기 바랍니다.
조직신학에서 신론은 매우 딱딱한 부분이라서
처음부터 지루하게 느껴질 수가 있기 때문입니다.

God

CHAPTER

하나님

1. 하나님을 보여 드릴까요

이 세상에는 하나님이 없다고 주장하는 사람들이 생각 밖으로 많습니다. 제가 회사에 재직할 당시 여러 불신자들과 이 문제를 토의해 보았는데 하나님이 없다는 증거로 "보이지 않기 때문"이라는 것입니다. 어떤 형제는 "최 과장님이 하나님이 있다고 주장하시려면 지금 당장 하나님을 보여만 주면 됩니다. 그러면 저도 당장 믿겠어요" 하더니 그만 흥분해서 얼굴이 벌겋게 달아 오르고 목청을 높여 "하나님, 좋아하네, 있으면 나와 보라고 해! 내가 한방에 없애 줄 테니까 과학이 이렇게 발달한 세상에 살면서 참 한심하구만! 예수를 믿으라고 내 주먹을 믿지?" 소리 지르는 것입니다. 그때 곁에 있던 친구가 말리면서 "화를 부릴 필요야 없지만 사실이야 그렇지! 하나님이 존재하는게 아니라 인간이 약하니까 해결할 수 없는 문제에 봉착할 때마다 약자의 심리가 발동해서 절대자가 있는 것 같이 상상하고 절대자가 있었으면 좋겠다고 여러 사람이 같이 생각하다가 『하나님이 있다』하고 그 다음엔 「우리가 필요한 그 하나님이 있다」로 발전시키고 그런 후엔 「우리가 해결 못한 문제를 해결해 주신다」이렇게까지 비약시킨게 아닙니까! 종교라는게 다 별 수 없는 인간들이 전능자의 존재를 필요로 하는 것을 이용해서 "여기 이런 신이 있다"고 선전하고 진짜로 보여줄 수는 없으니까 고등수법으로 믿는 자만 볼 수 있다고 기만정책을 사용하는 게 아닙니까!"

이렇게 더 노골적이고 심도 높게 도전해 왔습니다. 이때 약이 오른다고 같이 화를 부리면 끝장입니다. 열내지 않고 차분한 심정으로 "내 주장도 들어 봐야 공평한게 아니오. 들어 보겠습니까?" 했더니 "수도 없이 들었어요. 내가 목사해도 될 만큼 들었어요. 하지만 허황된 말뿐입니다." 이렇게 단정해요. "좋아요. 그럼 언제라도 한번은 내게 기회를 줘야지 나에게 미안하지도 않소!" 하니 "다음 기회에 긴 시간을 진지하게 토의해 봅시다." 하고 씁쓸히 헤어졌던 적이 있습니다.

여기서 우리가 짚고 넘어가야 할 것은 보이지 않는 것은 없는 것이란 사고방식이 어디에 근거하고 있느냐 하는 것인데 이것은 볼 수 있고 만질 수 있고 느껴지는 물질만이 실존이라는 사상적 기초에서 비롯되는 것입니다. 철학계보로 보면 실재주의와 물질주의(Materialism)입니다. 저도 막무가내로 나오는 사람들을 변론을 통해서 하나님의 존재를 인식하게 할 수는 없다는 것을 잘 알고 있으나 일방적인 고집은 사리판단을 그르칠 수 있다는 것을 분명히 재고하게 충고해줄 필요가 있다고 생각되어 몇 주간 후에 회사모임이 끝난 후 자리를 같이하고 이야기를 했습니다. "김 과장은 정신이 보입니까? 인격이 보입니까? 사상이 보이지 않아도 분명히 있고 오히려 지배한다는 것을 잘 알지 않습니까? 소리가 보이지 않아도 분명히 들리는 것을 부인할 수 없지요?"

이 세상에는 보이는 것만 존재하는 것이 아니지 않습니까? 예를 들어 봅시다. 막 태어난 갓난아이가 어머니가 보이지 않으니까 「내게 어머니란 존재하지 않는다」 이렇게 계속 주장할 수가 있겠습니까. 또 궁궐에서 자라면서 엄한 교육을 받느라고 한번도 낮에 밖으로 나가 보지 못하고 공부하고 쉬는 시간에라야 고작 이 방에서 저 방으로 왔다 갔다 하던 어린 왕자가 하필 비 오는 날 밖에서 친구들과 이야기 하다가 「태양이라니 그런 게 어디 존재하느냐 우리 방에도 없고 우리 어머니 방에도 없고 밤하늘에도 없고 보이질 않는데 있기는 뭐가 있단 말이야」고 함치고 야단한다해서 태양이 없습니까. 태양이 중천에 또 오른 때 커텐을 열어도 볼 수 있는 것인데 방법이 틀렸지 태양이 없는 게 아니지 않습니까! 국회에서 다수결로 「태양이 없다」 결정해도 태양은 여전히 존재하는 것이고 소리치고 발악하면서 「태양은 없다」해 봤자 목만 아프지 엄연히 태양은 존재하는 것입니다.

비 오는 날이나 구름이 잔뜩 낀 날만 택해서 고집하는 것은 어리석은 것입니다. 더 중요한 것이 있습니다. 김 과장은 눈이 꽤 좋은 것 같은데 100m 쯤 떨어진 곳에 있는 바늘 하나가 보입니까? 아니면 가장 가까운 눈과 눈 사이 콧등 바로 위에 손가락을 대고 그 손가락에 무슨 색깔의 점을 찍었는지 볼 수 있어요? 인간은 아무리 좋은 눈을 가졌다고 해도 아주 가까운 것도 못보고 조금 멀어져도 못 보는 제한적 존재란 말입니다. 솔직히 거울이 없이는 자기 자신의 얼굴도 보지 못하는 존재가 아닙니까!

중요한 것은 내가 어떤 존재인가를 먼저 알아야 하는 것입니다.

우리가 태양을 더 자세히 보기 위해서 똑바로 7분 이상을 보면 눈이 멀게 된다고 의사들이 말해요. 그런 눈을 가지고 태양보다 몇천 몇만

배 더 밝은 빛 속에 거하시는 태양의 창조자 하나님을 보겠다고 하면 되겠어요? 하나님께서 안보여 주시는게 고맙지 「자 봐라」하고 자태의 지극히 작은 일부분만 보이셔도 그 빛에 살아 남을 자가 없지 않습니까? 더구나 영적인 소경이 못 보는 것은 자기에게 문제가 있는 것이지 초연하신 하나님께 문제가 있는게 아니니까 접근방법을 바꾸는 게 현명하다는 것입니다.

인간이 하나님을 이해하지 못하는 가장 큰 이유 중의 하나는 우리 인간의 생존체제와 양식과 삶의 방법과 경험들이 시공을 초월하는 하나님의 존재와 너무나 다르고 인간이 전연 하나님의 존재방식을 경험한 적이 없기 때문입니다. 내 방법, 내 지식, 내 경험의 틀 속에서만 이해가 가능하니 하나님의 모든 것을 작고 작은 내 경험 속에 어떻게 소화시킬 수가 있겠습니까! 인간은 시간의 제한을 받으나 하나님은 시간의 제한을 받지 않으며, 인간은 공간의 제한을 받으나 하나님은 공간의 제한을 받지 않으시며, 인간의 육체적 삶은 길어봤자 120년이나 하나님은 영원하시니 배교할 수가 없는 것입니다. 힘이 아무리 좋다해도 코끼리 만큼은 힘이 없으며, 아무리 빨리 달린다해도 사자나 호랑이 같지는 못하고, 그렇다고 건강은 자신있냐 하면 그것도 아닙니다. 병원 만들어 병 고치고 보약 만들어 먹고 진시황제처럼 오래 살려고 야단 법석을 떨어도 생로병사를 내 맘대로 주장하지 못하는 존재가 인간이 아닙니까. 우리가 누구인지를 먼저 알고 접근 방법을 찾아야 마땅할 것입니다.

우리의 귀는 우주 속에서 굉장한 속도로 태양을 돌면서 발생하는 지구의 여음을 듣지 못하며, 연인들의 속삭임을 건너편 벤치에서도 못 듣습니다. 그 귀를 갖고 하나님의 음성을 직접 들어야 확인하고 믿겠다는 것이 정당한 주장이 될 수 있나요. 달나라를 갔다 올 수 있으니 우리 능력이 대단한 것 같아도 역시 할 수 있는 것 보다 할 수 없는 것이 훨씬 많습니다. 이 말은 누구나 쉽게 동감할 것입니다.

　모든 동물은 새끼가 나오자마자 뛰고 움직이지만 사람은 태어나서 걷거나 뛰거나 자기 방어를 할 능력도 전혀 없습니다. 어머니나 보호자가 없으면 그 자리에서 죽을 수 밖에 없는 존재입니다. 그런데 우리가 생각할 수 있기 때문에 하나님이 있네 없네하며 싸울 수가 있는 것입니다. 우리 인간이 하나님의 존재에 대해 갖는 의문을 예들어 봅시다.

　선박 하나가 아프리카 지역을 지나다 파선되어 침몰했는데 그 속에 숨어 살던 쥐들이 상자 속에 떠밀려 다니다가 해안에 닿게 되고 그 속에서 나오자 산속으로 도망했어요. 그 산에서 많은 쥐들을 만나서 그동안 배에 숨어 살면서 배 안에 그득했던 인간들의 음식을 훔쳐 먹던 일, 인간들이 갖고 있던 기구, 무기 등 신비한 과학 기술과 모든 법칙과 지혜들을 설명해 주니까 전연 보지 못했던 산쥐들은 「미친놈들 고생을 지나치게 했다더니 정상이 아니구나 헛소리가 많구나」하는 정도로 밖에는 인정하지 못하는 것과도 같다고 할 수 있습니다.

　사실 제가 대학 초년생일 때에도 제일 궁금했던 것이 하나님의 존재 확인과 성경이 하나님의 책인가 하는 것이었습니다. 만약 이 두 가지만 완전히 믿어진다면 그 외에 문제는 이미 문제가 아닐 것이라 생각했었습니다. 왜냐하면 하나님이 분명히 계시고 성경이 하나님의 말씀이라면 그대로 순종하고 살면 되지 무슨 의문이 또 있을 수 있나요? 병자를 고쳤다고 해서 이상할 게 없지요. 하나님이 했다면 한 것이지 뭐가 문젠가요. 아무것도 없는데서 천지만물을 만드신 분이고 영원토록 동일하신 변함없는 분이 마음에 하고 싶은 것이 있으면 무엇인들 못하시겠나요. 만약 못하시는 게 있다면 이미 하나님이 아니니까요? 그러므로 제일 큰 문제, 우리가 꼭 해결해야 할 문제 중의 문제는 하나님의 존재와 성경이 하나님의 말씀이라는 것을 믿든지 안 믿든지 확정해야 하는 것입니다. 제 경우도 예외가 아니었습니다. 내 쪽에서 찾아 보려하니 답이 나오질 않았습니다. 그래서 이책 저책 많이 찾아 읽었지만 시원한 답이 없었습니다. 아퀴나스는 신의 존재 증명을 합리적 방법을 통해 시도했더군요. 저에게 매우 좋은 자료 중 하나였습니다. 잠시 소개해 볼까요.

「1) 어떤 물체가 운동한다는 것은 다른 물체에서 부터 운동을 받았기 때문이다. 이유 없이 혼자 운동하는 것은 하나도 없다. 그래서 영향을 준 물체를 따져 올라가면 가장 처음 운동자가 나온다. 그분이 하나님이다.
2) 무슨 일이든 그 일이 일어난 원인이 있는데 이 원인을 추적하면 최초 원인, 그것이 하나님이다.
3) 다른 원인에 의존하지 않고 스스로 필연성을 갖고 움직이는 분이 하나님이다.
4) 어떤 것이 다른 것에 비해 낫다, 좋다고 할 수 있는 것은 절대적으로 좋은 것 또는 완전한 그 무엇에 좀 더 가깝기 때문이다. 더 나은 것을 추적하면 완전한 존재가 나타난다. 이것이 하나님이다.
5) 자연현상은 목표가 있다. 벌은 꽃을 수정시키고, 지구는 그 축을 따라 돌며, 빗방울마저 농작물을 자라게 한다. 이런 목적들은 분명히 어떤 의식과 이성이 있는 존재에서 나온 것이며 이 원인적 지성이 하나님이다.」

이런 논리도 좋은 정보를 제공하긴 하지만 아직 만족할 수는 없습니다. 또한 모든 종교가 추구하는 신앙을 따라 올라가면 결국 이름만 다르지 신은 동일한 것처럼 오해할 소지도 내포하고 있기 때문입니다. 그 후에도 여러 책에서 근거들을 수집해 보았습니다. 하나님의 존재를 설명한 몇 가지 증거를 다시 소개합니다.

(1) 양심의 증거입니다.

이상하게도 신을 섬기지 않는 민족이 없다는 것입니다. 나쁜 일을 하면 벌 받는다는 생각이 인간 속에 자리 잡고 있다는 것은 우리 속에 하나님께서 계셨던 증거이며 자석을 나침판이 지향하듯 양심이 하나님의 공의를 지향하기 때문이라는 것입니다. 그래서 무신론 협회를 창설한 볼테르는 나는 하나님과 사람 앞에 영원히 버림받았다고 마지막으로 병상에서 고백했고 싸르트르는 문병 온 딸과 아내에게 "「예수 믿고」 나처럼 지옥에 오지 말라"고 했답니다.

(2) 원인에 의한 우주론적 증거입니다.

우주만물이 있다는 것은 우연히 되어 질 수가 없다는 것입니다.

누군가가 만들어 놓았기에 존재한다는 것입니다. 책이 있다면 책을 누군가가 만들었기에 있지 저절로 책이 되어 지지는 않는다는 것입니다. 아무리 최신 인쇄기가 있어도 절대로 저절로 책을 만들지는 못 합니다. 400만개의 부품이 있다고 저절로 비행기가 조립되어 만들어질 수가 없고 자동차 부품을 다 만들어 큰 보자기에 넣고 아무리 흔들어도 자동차가 되어 나올 확률은 없다는 것입니다. 즉 어떤 원인이 없이 결과가 있을 수 없다는 것입니다. 우연은 있을 수 없습니다.

만약 인간이 우연히 생겼다면 우연히 사라지면 그것으로 끝이 아닙니까! 그렇다면 내 멋대로 짧은 시간에 할 것 다하고 살다가 가지 무엇 때문에 제약을 받으면서 살겠습니까?

(3) 설계의 의한 목적론적인 증거입니다.

시계가 있다면 시계는 어떤 목적 때문에 설계자에 의해 만들어진 것입니다. 시계가 돼지를 위해 필요한 건 아니고 사람들에게 정확한 시간을 가르쳐 주기 위해 정밀히 설계되어 제작된 것입니다. 모든 것은 어떤 목적이 있어서 계획 아래 만들어진다는 것이며 이 설계자가 하나님이라는 것입니다.

(4) 도덕에 의한 인류학적 증명입니다.

인간은 동물과 달리 자비하고 선하신 신의 성품이 남아 있어서 선한 일을 하면 고통스러워도 기쁜데 이것은 도덕적 의식이 있다는 증거입니다.

(5) 생명의 증거가 있습니다.

생명은 생명에게서 나온다는 것입니다.

인간에게서 후손이 생깁니다. 광물질에서 생명이 태어날 수 없습니다. 또 종류에 따라 같은 동 종류의 생명체가 이어집니다. 사과나무는 사과나무를, 양은 양을 낳습니다.

다윈은 진화론을 발표하여 세상을 놀라게 했으나 그 허구성과 허위성이 근래에 밝혀졌으며 1980년 시카고 대회를 끝으로 진화론은 그 막을 서서히 내리고 있습니다. 원숭이가 수백 년 연구해도 진화해서 인간 비슷하게 발전하고 있는 흔적이 조금도 나타나지 않으며 오히려 멘델의 유전 법칙이 더 확실함이 여실히 증명되고 있습니다. 한 종에서 다른 종으로는 결코 발전할 수 없다는 것입니다. 시조새는 끝까지 시조새이고 해파리는 끝내 해파리입니다. 더구나 엔트로피 증가의 법칙에 따르면 세워진 자동차는 점차 나쁜 쪽으로 변하지 좋은 쪽으로 변할 수가 없다는 것입니다.

(6) 질량불변의 법칙입니다.

에너지는 새로 생기지도 않으며 없어지지도 않습니다. 때문에 신의 개입이 아니고는 변화가(창조) 있을 수 없습니다.

(7) 조화의 증거입니다.

달이 조금만 가까워도 지구는 물난리를 겪어야 합니다. 수억의 별들이 마찰없이 운행을 계속합니다. 수박이 나뭇가지에 달리면 가지가 찢어질 텐데 오묘한 조화 속에 생성작용을 계속하는 것은 완벽한 설계자, 세심한 통치자, 절대적 능력자가 존재한다는 증거입니다. 우연히 된 것은 없다는 것입니다.

이 외에도 간접적 증거를 많이 동원할 수 있겠으나 이런 설명으로 만족하질 못했습니다. 결국 "내가 찾아보자"는 방법론을 포기하기로 했습니다. 무력한 인간 내가 그 능력, 그 실력, 그 지혜를 갖고 상대가 될 수 없는 하나님을 알아내겠다는 것 자체가 모순임을 깨닫고 인간 편에서 추구하는 방법을 포기하니까 놀라운 복을 받게 되었습니다.

모든 수학과 철학에서 원리를 만들기 전에 가설로부터 시작하듯 저도 "하나님께서 계신다"를 전제해 놓고 그렇다면 하나님은 우리에게 무엇이라고 말씀하시는가를 추구하다가 하나님의 존재와 성경이 하나님의 말씀임을 모두 깨닫는 일석이조의 놀라운 복을 경험했습니다.

하나님이 계신다면 하나님은 우리와 전연 다른 월등하신 존재이시니까 그분이 우리를 찾아와서 말씀하시고 깨닫게 해주셔야 하는데 하나님 자신이 하나님 자신을 보여준 것은 성경밖에는 없다는 것입니다. 물론 자연을 통해서, 역사를 통해서, 양심을 통해서, 하나님을 알 수 있지만 가장 확실한 것은 성경과 예수 그리스도를 통해서 알려 주시는 것입니다. 나중에 깨달은 것이지만 성경을 떠나서 하나님을 찾아 헤매는 것처럼 어리석은 일, 시간만 낭비하는 일은 없습니다. 결국, 성경이 무엇이라고 하시는가에 귀 기울이면 다 해결되는 것입니다.

창 1:1 보면 태초에 하나님들이 하늘들과 땅을 아무것도 없던 상태에서 만들었다고 선언했습니다. 하나님이 존재한다 아니다 이런 차원에서 머물러 있지 않고, 하나님의 출생을 다루지 않고 일하신 것부터 기록하고 있습니다. 상상의 산물이라면 출생이 특별하다는 신화부터 시작했을 것입니다.

성경은 계시의 산물이므로 하나님의 말씀으로 우리를 이끄십니다. 그러므로 하나님이 계시다는 전제가 마음속에 이루어지지 않는 사람은 성경과 관계가 없다는 것을 알아야 합니다.

하나님께서 계시며 성경을 통해 자신을 계시, 즉 나타내시고 자신의 뜻과 계획과 사랑을 전해주심을 듣고 하나씩 확인하며 수납할 때 하나님 존재는 물론이요 구원의 은총을 깨닫게 되고 믿고 감격하며 감사하는 신앙적 삶이 열리게 되는 것입니다.

지금도 하나님 보여 주시기를 원하십니까? 당신이 하나님을 알려고 따져보고 찾아보려고 애쓰지 말고 당신으로부터 출발하려는 시도를 포기하고 하나님께서 성경을 통해 무엇이라 말씀하시는지를 열심히 들어 보십시오. 어린아이들이 아무리 똑똑해도 그들이 머리 써서 의견을 모아 결정한 것이 어른이 보면 유치하기 그지없는 것과 같으니까 일찍 깨달으시도록 알려 드리는 것입니다.

이렇게 설명하고 웃으며 악수를 나누고 헤어진 적이 있습니다.

놀라운 것은 이분 역시 지금은 기쁘게 신앙생활을 하고 있다는 것입니다.

여자의 속사정은 여자가 잘 이해하듯 영적인 일은 영의 눈이 열려야 가능한 것이며 하나님은 믿음의 대상이지 자연인들이 증명의 대상은 아니라는 것임을 확인하게 됩니다.

2. 쉽지 않은 표현

조금 전에 말씀드렸듯이 창 1:1은 "태초에 하나님(들)이 천(하늘들)지(땅)를 창조(전연 아무것도 없는 상태에서 있게)하시니라"고 선언하십니다. 하나님께서 존재하느냐 아니냐를 다루지 않고 곧바로 하나님께서 하신 일을 언급하심으로 하나님의 존재를 이미 기정사실화하고 있습니다. 뿐만 아니라 하나님의 창조 속에는 저와 여러분도 포함되고 있음을 느끼게 하여 하나님의 능력과 선하신 계획에 감사할 수 있게 하셨습니다. 그래서 시 14:1에 "어리석은 자는 그 마음에 이르기를 하나님이 없다 하도다" 하셨고 시 19:1에는 "하늘이 하나님의 영광을 선포하고 궁창이 그 손으로 하신 일을 나타내는 도다" 선언하셨습니다.

바울은 롬 1:20에 "만물에 분명히 보여 알게 된다"고 갈파했고 히브리 기자는 히 11:6에 "하나님께 나가려면 반드시 그가 계심을 믿어야 한다"고 했습니다. 그런데 다시 말씀드리지만 우리 인간이 하나님을 알려고 해도 알 수 없는 가장 큰 이유는 존재하시는 양식과 방법이 우리와 전연 다르기 때문입니다. 우리는 육신을 갖고 있지만 하나님은 영적 존재시니 전연 다르고, 우리는 유한하지만 하나님은 무한하시니 전연 다르고, 우리는 시간과 공간의 제한 속에 있으나 하나님은 어느 곳이나 언제나 존재하시며 시공의 제한과는 관계가 없으시니 전연 다른데도 인간은 우리 수준에 끌어내려서 이해하려 하는 데 문제가 있는 것입니다. 그래서 내 생각과 맞지 않으면 거부하거나 틀렸다고 쉽게 단정하려 합니다. 물론 하나님을 가르쳐 주시는 방법도 인간의 문화를 통로로 삼을 수밖에 없으며 가급적 쉽게 표현하려니까 의인화법(마치 하나님을 사람인 것처럼 표현하는 방법)을 사용하기도 하는데 이것을 그대로 형상화하면 엉뚱한 하나님을 만들게 되기도 합니다. 성경에서 「하나님의 발등상, 하나님의 손, 하나님의 눈」등으로 표현하는 것이나 「보좌에 앉으신 분」등의 표현이 바로 그것입니다.

하나님은 성경을 통해 자신을 드러내 보이셨는데 자신을 100% 다 보일 수는 없습니다. 우리가 이해할 수 없기 때문입니다. 다만 구원자요 창조자요 역사의 주인이요 심판주임을 이해하고 구원에 필요한 지식을 완전히 얻을 수 있을 정도는 설명해야 했기 때문에 성령님의 역사를 통해 성경 필기자들에게 영감하여 표현하게 했습니다. 그럼에도 역시 삼위일체 등의 설명은 완전한 이해와 표현이 어렵습니다.

하나님의 존재를 쉽게 표현한 것임에도 우리에게는 어려운 것입니다. 이런 표현도 사실 우리를 위해 해주신 것입니다. 우리의 구원이 얼마나 확실한지 구원의 육해공 연합작전을 입체적 설명으로 가르치신 것인데도 우리 지성의 한계선 위에 있어 우리의 이해 영역으로 진입시키기가 쉽지 않은 것입니다. 그러나 성령님의 도움을 간절히 기도하는 심령들에게는 영의 눈과 영의 지식을 통해 인지할 수 있게 해 줍니다. 성령이 교회들에게 하시는 말씀을 교회들은 들을 수 있게 하시며 "저희가 보아도 보지 못하며 들어도 듣지 못하며 깨닫지 못하게" 하실 필요가 있어(마 13:11~17) 천국과 관계없는 자들이 깨닫지 못하도록 막는 방법 중 하나이기도 한 것입니다. 당신은 하나님을 이해하도록 성령님께서 역사하시는 대상입니까? 성경을 몇 번 읽으며 공부해 보시면 확실히 알 수 있습니다.

3. 성경에 계시된 하나님의 절대 속성

계시는 점차 밝히 보여 주신다는 말입니다. 성경에 나타난 하나님을 간추려 합니다. 하나님은 신앙의 대상이지 지식의 대상은 아닙니다. 하나님을 신앙할 수 있게 계시된 최소한의 표현일 뿐입니다. 신학자들이 하나님을 연구하여 간략하게 표현한 것을 보면 영원자, 절대자, 창조자, 전능자, 지선자, 전재자, 자존자 등입니다.

1) 스스로 계시는 하나님(자존자)

이것은 하나님 자신이 모세의 질문에 답한 것입니다. '나는 스스로 있는 자다' (출 3:13~14)라고 두 번이나 말씀하셨는데 이것은 대단한 의미를 갖고 있습니다. 우리 중 누구도 스스로 존재하는 자가 없습니다. 내가 태어나고 싶다 해서 태어난 자가 없고 나 혼자 단독자로 살았다 해서 그럴 수 있는 것도 아닙니다. 모든 것이 원인자에 의해 만들어지는데 즉 집은 목수에 의해, 책은 출판사에 의해, 빵은 사람에 의해, 작품은 작가에 의해서 만들어지는데 하나님은 자신이 바로 원인자이 므로 누구에 의해서가 아니라 또 누구와 더불어 존재할 수밖에 없는 자 가 아니라 누구의 영향도 받지 않는 만물의 근본이시라는 것입니다. 아무와도 될 수 없는 절대 완전자이십니다.

하나님은 자기가 존재하기 위해 무엇이 필요하신 분도 아닙니다. 그 러므로 만물의 근원자이십니다(롬 11:36, 요 5:26, 사 44:16, 렘 10:10). 어떤 종교의 창시자나 이단의 괴수들이 마치 자기가 하나님인 것처럼 군림하려 한다면 스스로 존재하는 자임을 증거해야 할 것입니다.

2) 영이신 하나님

요 4:24, 행 17:29 등에 나타나는 대로 하나님은 영적 존재이십니다. 때문에 우리와 전연 다릅니다. 그래서 우리 육신의 눈으로는 볼 수 없 습니다.

성경 신 4:12, 욥 9:11, 롬 1:20, 골 1:13, 딤전 1:17, 히 11:27, 요 1:18, 5:37, 출 19:21, 20:4~7, 딤전 6:16을 읽으시기로 하고 생략하려 합니다. 한 가지만 첨언할 것이 있습니다. 하나님을 보았다거나 만났다 고 할 때 하나님의 사자인 경우가 많고 음성이나 영광의 일부를 듣거나 느끼는 것입니다. 기도원에 가서 기도하다가 하나님을 보았다는 여자 들을 만나본 적이 있는데 실물로 보이지 않으면 믿지 못하고 감각기관 이 아닌 영으로는 교제하지 못하니까 나쁜 악령에게 속고 있었습니다.

하나님이 흰옷을 입고 뒤돌아 서신 채로 나타나셔야 할 이유가 없으 며 사진에서 보던 예수님이 안수를 해 주었다고 해서 흑인 예수더냐고 물으니까 펄쩍 뛰면서 분명히 백인이셨다고 우겼습니다. 유대인은 주

로 셈족이어서 백인이 아니며 우리가 늘 보는 예수님 그림은 화가가 상
상해서 그린 것입니다. 실제와 모습이 다를 수도 있을 것이고 그런 게
문제 될 하등의 이유도 없습니다. 다만 영이신 하나님을 실체적 모습으
로만 이해하려는 잘못된 인식을 고치자는 것입니다. 솔직히 말해서 예
수님을 예언한 사 53:2를 보면 그림이 훨씬 미화된 것으로 생각됩니다.

2) 영원하십니다.

하나님은 시작도 끝도 없으십니다. 세상 만물이 창조되기 전부터 계
셨으니 그 시작을 알 수 없고 모든 것은 끝이 있어 멸절해 사라지지만
하나님은 영원 영원하십니다. 지금도 새로운 별들을 창조하시고 오래
전에 만드셨던 별들을 정리하시면서 영원히 변함없이 존재하시는 분
이 바로 하나님 뿐입니다(시 90:1~4, 사 44:6, 시 93:2, 합 1:12, 계 1:8,
출 15:18, 욥 36:26).

4) 어디나 계십니다.

인간은 동일한 시간에 한 곳 이상 여러 곳에 존재할 수 없습니다.
"내가 여기 있는 한 다른 곳엔 내가 없다." 이것이 논리학적 인간표현
입니다. 그러나 하나님은 시간, 공간 개념에 묶여지는 분이 아니며 동
시에 어디나 계신 분입니다. 그렇다고 모든 자연물이 다 신이라는 범
신론적으로 이해해서는 안 됩니다. 하나님은 역사 속에 현존하시고 도
덕적으로 인간 행위 영역에 실재하시고 영적으로 하나님의 백성 속에
내주하시고 온 세계 위에 통치권으로 행사하십니다. 때문에 하나님을
피할 수 있는 곳은 한 군데도 없습니다(시 139:7~10, 창 28:16, 왕상
8:27, 신 4:35~39, 행 17:27~28).

5) 전지전능하신 하나님

인간은 신체적으로나 지혜와 능력이나 지식과 기술 모든 분야에서 유한하고 불완전하지만, 하나님은 모든 것을 알고 계시고 무엇이나 할 수 있습니다. 모든 것을 아신다는 뜻은 과거, 현재, 미래를 한 눈으로 보시며(창조 전과 종말 이후까지), 천상에서 지하와 해저까지, 우주계와 정신계까지 다 알고 계신다는 말입니다.

우리의 머리털도 세실 수 있으며 은밀한 생각도 다 그 동기까지 아시는 분이시니 거짓에 속아 넘어갈 분이 아니십니다. 다만 회개를 기다리시고 기회를 주실 뿐입니다. 또 하나님은 모든 일을 자기 계획과 기뻐하심에 따라 행하실 수 있습니다. 우리는 하고 싶어도 능력의 제한으로 불가능하지만 하나님은 무엇이나 다 하실 수 있습니다. 그래서 우리가 의지할 수 있는 분이지요(전지: 욥 12:13, 마 24:36, 요일 3:20, 욥 26:6, 출 3:7, 창 6:5, 롬 8:29, 벧전 1:2, 눅 22:22, 사 41:26, 마 6:8, 전능:창 18:14, 욥 23:13~14, 막 10:27, 히 11:3, 욥 9:12, 시 115:3, 마 19:26).

6) 하나님은 불변하십니다.

만약 하나님이 자주 변하신다면 진리가 될 수 없고 기준이 될 수 없고 믿고 의지할 수가 없을 것입니다. 그러나 우리 하나님은 영원불변하십니다. 본질적으로 불변하십니다. 양적으로나 질적으로나 변동이 없습니다. 어린아이가 자라듯 존재 방식이 점차 좋아진다거나 지식도 점점 더 많아지는 일이 없습니다(시 90:2~4, 시 102:26~27, 사 44:6, 벧후 3:8, 히 13:8, 민 28:19~20, 삼상 15:29).

하나님은 계획에도 변동이 없으시며(욥 23:13, 시 33:11) 신실하심이나(시 119:89~91) 자비하심도(사 59:1) 변함이 없으십니다. 오해하지 말아야 할 것은 성경에서 하나님이 뜻을 돌이켰다(삿 2:18, 시 106:45, 렘 18:8, 10, 26:3, 13, 19, 출 32:12, 14)는 표현을 사용했는데 신약에는 없고 구약에서 주로 심판하려던 하나님께서 심판을 하지 않으시고 자비를 베푸신 데 대한 표현인데 이것은 인간의 편에서 볼 때의 느낌과 표현이며 하나님의 확장된 뜻이 아니고 인간의 반응에 따라 징계와 용서를 결정하시고자 뜻을 세웠던 경우에만 사용한 표현입니다.

7) 하나님은 진리입니다.

요 4:24, 14:6, 1:1에 분명히 '말씀이 곧 하나님' 이라고 하셨습니다. 하나님이 진리라는 것은 하나님밖에 표준이 없다는 것이며 영원불변의 만고의 원리이므로 참된 생명을 포함해서 모든 근원이 되신다는 것입니다. 그러므로 우리의 믿음의 대상이며 삶의 기초이십니다. 하나님을 떠난 모든 것은 비 진리이며 진리가 아닌 것이 거짓이요 죄악입니다.

지금까지 소개한 것은 하나님의 절대적 속성입니다. 즉 하나님만이 갖고 계신 특성들입니다. 이런 조건이 만족되는 분이 하나님입니다. 자기가 신이라고 떠드는 자들은 위의 7가지 조건에 부합하는가 대입시켜보면 진위를 곧장 알 수 있습니다. 그러므로 박태선이든 문선명이든 누구도 죄인에 불과한 인간임을 알고 속는 일이 없어야 합니다.

4. 하나님의 상대적 속성

하나님은 절대적 속성만 소유하시고 계신 것이 아닙니다. 우리를 하나님의 형상으로 창조하셨다고 하는 것은 하나님의 어떤 면을 일부라도 닮게 만드셨다는 것입니다. 바로 우리 속에도 있는 성질입니다. 물론 타락 후에 현저하게 상처를 입어 처음과 같지는 않으나 약간의 흔적이 있기 때문에 상대적 속성을 통해서는 하나님을 이해하기가 매우 쉽습니다. 왜냐하면, 우리 속에서 지금도 경험되고 있기 때문입니다.

간략히 소개하면 하나님은 선하시고(출 33:19, 행 14:17). 하나님은 거룩하시며(계 4:8, 수 24:19), 사랑이시며(요일 4:8, 요 3:16), 지혜로우시며(스 7:25, 욥 9:4, 시 31:2, 엡 3:10, 시 104:24), 완전하시고(신 32:4, 삼하 22:31, 욥 36:4, 37:16), 신실하시며(창 9:16, 신 4:31, 시 44:21), 자비하시고(애 3:22, 민 5:10, 시 69:16), 진실하시며(시 117:2, 민 23:19), 인내하시며(출 34:67, 사 30:18), 공명하시고(벧전 1:17), 공의로우시고(시 89:14, 신 32:4, 창 28:25) 때로는 분노하십니다(신 32:22).

그러므로 하나님은 인격자이심을 금방 알 수 있으며 그래서 우리와 교제가 가능함을 쉽게 알아차릴 수 있습니다. 위에 제시한 말씀을 꼭 찾아 읽고 묵상하면서 하나님을 더 깊이 알고 체험하시기 바랍니다.

하나님의 절대적 속성과 상대적 속성을 다 만족시키는 분이 있다면 그는 하나님이십니다. 그런데 바로 예수님과 성령님이 이 조건들에 완전히 부합하십니다. 바로 그분들이 또한 하나님이십니다. 믿음의 눈을 여시면 곧 알고 감격하며 감사하여 찬양하게 될 것입니다.

5. 하나님이 하시는 일

이러한 하나님께서 하신 일이 무엇입니까?

1) 창조하셨습니다.

기쁘신 계획과 뜻대로 우주를 만드셨습니다. 그 안에 수많은 태양군과 태양계를 만들어 놓으셨고 그중에 작은 지구도 만드셨고 그 안에 온갖 생물과 광물, 자연을 다 이루시고 우리까지 창조하셨습니다. 그리고 누리도록 하셨으니 얼마나 감사합니까. 하나님은 지금도 계속 창조하십니다(사 48:7, 45:7, 65:17, 66:22). 우리를 하나님께서 창조하셨다는 것은 대단한 의미를 갖고 있습니다. 우리가 저절로 생긴 존재라면 맘대로 살다가 저절로 사라지면 되지만 하나님께서 만드셨다면 반드시 목적과 뜻이 있을 것이기 때문입니다. 그렇다면 우리는 그 뜻대로 사는 게 행복이라는 것쯤은 곧 알게 되지 않겠습니까?

또 엄청난 대 우주에 비할 때 우리 존재가 얼마나 미미한가도 생각해야 합니다. 우주인 암스트롱이 지구를 떠날 때 한참 가다 지구를 보니 농구공만 하게 보였고 좀더 가다 보니 배구공만 했고 더 가다보니 야구공만 했고 좀더 가다 보니 배구공만 했고 더 가다보니 야구공만 했고 조금 후에 또 보니 탁구공만큼 작아 보였답니다. 그런데 우리는 그 속에서 '잘났다, 못났다, 가졌다 못 가졌다, 네 것이냐, 내 것이다. 내가 옳다 넌 틀렸다' 싸우고 있는 것입니다. 부끄럽지 않습니까? 하나님의 창조역사만 잘 생각해도 은혜 되는 메시지가 많습니다.

2) 섭리하십니다.

창조만 해 놓고 저절로 돌아가게 한 후 하나님은 멀리 떠나 간섭하지 않는 것이 아니라 지금도 역사의 세미한 부분까지 주도하시고 만상을 직접 통치하시고 운행하고 계십니다.

3) 구원역사를 계속하십니다.

인간 타락 이후 자기 백성들을 구원하시는 하나님의 역사는 계속되고 있습니다. 죄악에서 건져 내시는 일(나찰), 죄악에서 값을 주고 풀어주어 자유하게 하시는 일(야솨), 죄용서 받고 기업을 얻게 하는 일(까알)을 계획하셨고 예수 그리스도를 통해 객관적, 공적 작업을 다 이루게 하셨고 성령님의 개별적 적용의 역사를 통해 죄인 구원의 일은 지금도 계속 하시는 것입니다.

4) 훈련시키십니다.

궁극적으로 하나님과 영원한 교제를 하게 할 수 있도록 하기 위해서 구원받은 자들을 계속 훈련시키십니다. 영적으로 미련한 자들을 가난, 질병, 핍박, 곤고, 재난을 통해 때리고 충격을 주어 깨우쳐 손들고 항복하며 순종하는 신앙인격으로, 온전을 향하고 거룩을 향하고 영광을 향하도록 훈련하십니다.

6. 예수 그리스도

예수 그리스도를 세상에서는 모를 사람이 없을 것 같지만 사실 바로 아는 사람이 그렇게 많지도 못한 것이 사실입니다. 크리스마스도 예수님의 생일이라고 알지만, 예수님과 관계없이 즐기는 날로 사용하듯 예수 그리스도가 참사랑이며 참 하나님이심을 고백하는 사람은 생각보다 훨씬 적습니다.

「예수」는 이름이고 「그리스도」는 직함입니다. 그리스도는 메시아라는 히브리어의 번역이며 "기름 부음 받은 자"란 뜻입니다. 히브리사 회 관습상 왕이나 제사장이나 선지자를 세울 때 머리에 기름 부어 임명 했기 때문입니다. 왕은 율법과 통치권을 가지고 백성을 다스렸고 제사 장은 백성들의 죄를 대신하여 하나님께 제사를 드리는 중재자였고 예 언자는 하나님의 말씀을 그 백성들에게 전달하는 자였습니다. 이런 사 명을 부여받은 자가 바로 예수님이였습니다. 이것은 예수라는 이름에 서도 밝혀집니다. "자기 백성을 저희 죄에서 구원할 자"란 의미가 바 로 예수였기 때문입니다. 구원자가 이 땅에 인간의 몸을 통해서 오신 사건은 엄청난 사건입니다. 그래서 역사가 이날을 기점으로 구분됩니 다. 예수님 오시니 바로 그 이전을 기원전(Before Christ)이라 하고 그 날 이후를 기원후(Anno Domini)라 이것은 예수님께서 역사의 주인이 시란 뜻이며 또 역사는 (History)의 그의(His) 이야기(Story)라는 뜻입 니다. 예수께서 이 땅에 오심을 「임마누엘」이라고 하는데 이 말은 「하 나님께서 우리와 함께 계신다」는 뜻입니다. 하나님께서 직접 역사의 주인으로 오셨다는 것입니다. 구원자, 평화의 본체, 왕 중 왕, 그래서 이 분을 바로 만난 자들은 「주는 그리스도시요, 하나님의 아들」이란 고 백을 했습니다.

그러나 사탄은 가장 결정적 시간이 다가왔음을 알기에 총공세를 다 했습니다. 그래서 역사 이래 가장 큰 시비는 예수 그리스도의 인성과 신성 문제였습니다. 예수께서 사람의 아들이지 하나님이 아니라고 격 하시켜 구원자가 아님을 증명하려고 도전했고 "하나님이면 하나님이 고 사람이면 사람이지 하나님이면서 동시에 사람일 수가 있느냐"고 합 리적 공세를 퍼부어 메시아 됨을 거부하기도 했습니다.

그러나 예수님은 구약에 예언됐던 메시아로서 예언을 차례로 성취해 가셨고 자기를 통하지 않고는 하나님 아버지께 나갈 수 있는 자가 하나도 없다는 선언을 직접 하시면서 구원자로 오심을 강력히 주장하 였습니다. 물론 초기에는 감추셨으나 병을 고치고 자연을 다스리시며 귀신을 쫓고 죽은 자를 살리시며 죄를 사하시므로 구원자이신 자신의 능력을 과시하시며 안식일의 주인으로서의 당당한 삶을 사셨고 제자 들을 선택하고 구약에 예언대로 고난받는 주의 종으로서 십자가를 향 해 걸음을 재촉했습니다. 예언대로 많은 사람을 구원하시기 위한 대속 적 죽음을 했고 결국 하나님 본연의 능력으로 부활하셔서 죽음을 정복 하고 새 소망과 승리를 보증해 놓으셨으며 승천에 따른 후속 조치로 성 령님의 공식적 위임을 선언하시고 성령님의 시대를 열어 주셨습니다.

하나님은 예수 그리스도를 믿는 자를 의롭게 여기시기로 정하셨습 니다. 그래서 예수 그리스도를 믿으면 구원받게 된 것이며 이 일을 구 체적으로 성령께서 수행하시고 계신 것입니다. 사람의 아들은 사람이 고 개의 새끼는 개인 것처럼 하나님의 아들이란 표현은 하나님과 똑같 다는 의미인 것을 당시 문화 속에 살았던 유대인들은 너무나 잘 알았습 니다. 그래서 악착같이 죽이려 했습니다.

예수님은 하나님이십니다. 요한복음 전체를 연구하면서도 예수께 서 하나님이심을 모르는 자는 처음부터 하나님의 자녀가 될 자격이 없 는 사람이라고 말할 수 있습니다. 세상에 오실 것을 미리 예고하시고 오셨고 성령 잉태로부터 구원을 목적으로 하는 죽음과, 부활로 인한 확증, 특히 사죄권을 행사하심이나 평안의 선포는 평강의 왕이요 구원 자인 하나님 자신만이 하실 수 있는 것입니다. 이 예수께서 재림하신 다는 예언만이 이제 남았다는 사실을 알아야 합니다.

모든 진리는 궁극적으로 예수님께로 통하게 되어 있습니다. 사랑의 화신이 되어 이 땅에 까지 우리를 구하시려 친히 오셨던 예수 그리스도를 영접하고 감사하며 순전히 의지하면 무엇으로도 바꿀 수 없는 영생을 얻습니다. 이미 믿고 구원받은 성도들은 하늘나라의 상급을 바라보고 예수 그리스도를 닮아가는 훈련을 해야 합니다.

7. 성령 하나님

성령님은 보이시지 아니하는 하나님의 영, 거룩한 영이신데 인격을 갖고 계시므로 의지를 갖고 계시고(요 14:26), 증거도 하시고(요 15:26), 책망도 하시며(요 16:8), 간섭도 하시고(행 16:6~7), 근심도 하시고(엡 4:30), 지적으로 아시기도 하시며(고전 2:11), 전능하시고(스 4:6) 어디나 계시며(시 139:7~10) 사랑과(롬 5:5) 거룩(사 63:10, 롬 1:4) 등의 성품을 갖고 계십니다. 천지를 창조하실 때에도 일해 오셨고(창 1:2) 구약시대 내내 역사하셨으며(삿 14:6), 예수 그리스도 탄생과 침례(세례)때에도 어김없이 역사해오신 성령님은 예수님의 말씀처럼(요 17:7, 행 1:4~5) 예수님께서 승천하시자 완전히 성도들 속에, 그리고 성도들의 모임인 교회 속에 두드러지게 임재하시고 놀라운 역사를 확충해 오셨으며 계속 강력한 천국 확장 역사를 주도하시고 계시는데 이 일은 주님의 재림이 가까울수록 더 강력하셔서 자기 백성들을 품으시고 지키시며 성장을 돕고 힘을 공급하십니다.

오해도 시비도 많지만 성령님께 하시는 가장 큰 역사는 바로 믿는 신자들에게 계속 하나님의 말씀과 예수님의 전 인격을 생각나게 하셔서 말씀 위에 굳건히 서게 하시고 욕심과 유혹을 이기게 하시며 복음을 전할 능력을 공급해 주시고(행 1:8) 하나님의 자녀가 지녀야 할 긍지로(롬 8:16) 초연케 살게 하시며 은사를 통해서 교회와 이웃을 섬기며 자신도 성숙한 신앙생활을 할 수 있도록 도와주십니다(고전 12:4).

성령께서 보이지는 않는데 존재하심을 설명하려니까 바람과 같다는 표현도 하며 죄를 심판하시는 등 강력한 역사를 나타내려니 불같다고도 표현했습니다. 예수를 믿는 자는 분명히 성령님께서 오셔서 하나님 자녀임을 인치신 것이므로 또다시 성령을 받아야 하는 것은 아니며 다만 성령이 충만을 계속 사모하고 간절히 기도해야 합니다.

우리말 성경 번역에서 "성령 받아라" 또는 "성령을 나누어 준다"는 등으로 표현해서 무척 큰 오해들이 있습니다. 마치 성령이 무슨 물건이거나 능력이라서 나약한 인간들이 이것을 받아 자기가 바라는 일을 해결하는데 사용할 수 있는 것처럼 가르쳤기 때문입니다. 아라비안나이트 이야기 중 알라딘의 요술램프 같이 문지르며 주문을 외우면 마왕이 나와서 무엇을 도와드릴까 묻고 해결해 주는 것처럼 인식한 것입니다.

사실 "성령을 받으라"는 것은 성령님을 모셔 들이라"는 뜻이며, "성령충만하게 해 달라"는 것은 "내 속에 성령님께서 꽉 차서 내 맘대로 못하고 성령님의 통치를 따르게만 해 달라"는 것입니다. 성령님은 인격자이시므로 강제로 우리를 점령할 수는 있으나 그렇게 안하시고 원하는 만큼 도와주시고 함께 하시고 하나님 나라의 일을 할 만큼 힘을 공급하십니다. 때문에 사탄이 우리의 죄성있는 옛 성품을 자극하여 성령님을 대적하면 성령님은 근심하거나(엡 4:30) 소멸할 수도 있습니다(살전 5:19).

예수를 믿고 "성령을 선물로 받는다"는 것은 하나님께서 예수 믿도록 마음을 움직여 주셔서 마음에 주님을 영접하고 받아들이며 성령께서 역사하여 인쳐 주심이 순전히 하나님의 은혜로 되는 것이니 그런 의미에서 선물과 같다는 표현입니다.

제가 군대에 입대하여 병장일 때니까 용돈도 모자랄 때인데 애인의 생일을 맞았습니다. 물론 지금 사모님이지요. 약속 시간에 만나서 좋아하던 바닷가의 인쳑이 드문 곳으로 갔습니다. 날씨가 차가울 때였는데 제가 "생일 선물을 줄 테니까 받아요. 웅!" 하고는 코트의 단추를 다 열고 양복 속으로 손을 넣으니까 「속 주머니에 무얼 사서 가져왔을까」 궁금해서 기대에 찬 눈으로 열심히 쳐다보는 거예요. 그런데 다시 와이셔츠 단추를 또 풀었지요. 그리고 「야!」 하고 양손으로 제끼니까 러닝셔츠도 입지 않은 내 가슴이 드러나 보였지요. 그다음에 제가 「자! 날 가져요!」 그랬지요. 그러니까 와락 달려들어 둘은 꼭 껴안았지요. 자 여러분 날 갖도록 주었으니 내 전체 몸이 선물인 셈이지만 진짜는 제가 내 애인을 꽉 껴안고 있는 것 아닙니까! 이런 의미에서 성령께서 선물이 되시는 것입니다.

성령님은 처음 예수님을 구세주와 주님으로 영접할 때, 영접하여 구원받는 개인에게 오신 것이고 이것은 일생에 단 한 번밖에 없는(단회적) 사건입니다. 또 성령 주세요. 성령 주세요 할 필요가 없습니다. 그러나 성령께서 오셨지만(받았으나) 충만하도록 각자 마음을 열고 비워 놓고 기대하고 간절히 소원하며 기도해야 온통 성령께서 꽉 차시고 선하고 아름답고 귀한 통치(다스림)를 하시게 되는 것입니다.

성령님의 통치를 받는 성도들은 능력을 받습니다. 그런데 능력 받아서 호통치고, 고함지르듯 기도하고, 한 옥타브 높여 찬송하고, 열심히 교회에서 이일 저일 간섭하며 설치는 것이 아닙니다. 이상한 기도원에서는 그런 성령(?)을 받을지 모르지만 참으로 진리 말씀에 기초한 바른 믿음을 소유하고 하나님 말씀에 순종하며 예수님의 삶을 따라 살기로 소원하는 성도들이 성령충만하면 얼굴은 해맑은 웃음으로 환하고 미소를 머금고 모든 사람들을 사랑으로 품고 조용하고 겸손하며 온유하고 부드러워지는 것입니다.

말없이 남들이 피하는 일을 숨어서 하며 성도들을 돕고 예수님을 자랑하며 가정에서나 직장에서 충실히 자기소임을 다 감당하는 책임 있는 인간이 먼저 되게 됩니다. 능력 받아 세계 복음화를 부르짖으며 침을 튀기지 않고 썩어져 가는 밀알처럼, 빛과 소금으로 사는 것입니다. 오해하고 핍박하는 자까지도 받아들이고, 변명하고 다투고 누가 옳은가를 따지지 않고 그냥 묵묵히 당하면서도 "하나님 저를 이해하고 싶습니다. 제게 바다 같은 마음을 주셔서 모두 품을 수 있게 하시고 결국 사랑할 수 있게 해 주옵소서" 기도하는 것입니다.

이런 모습은 성령충만했던 선배들의 공통모습이었습니다. 초대교회 스데반 집사님을 기억하십니까? 행 6:8~7:60까지 보세요. 은혜와 권능과(8절) 지혜와 성령이(10절) 충만해서 변론(복음 전파와 진리 파수)에서 이기고, 잡혀가서도 얼굴이 천사 같았고(15절), 그리고 유명한 설교(창세기부터 선지자들의 예언과 예수를 죽인데까지 전 이스라엘의 역사를 통달한)를 했고(7장) 성령이 충만하여(7:55) 하나님 영광을 보고, 그런 다음에는 하나님의 극적인 기적으로 죽이려던 사람들이 회개했다는 것이 아니라 스데반 집사가 순교했습니다.

성령충만했더니 반대파들이 항복하고 빌어서, "그것 봐 까불지 마" 하고 큰소리친 게 아니라 성령충만해서 설교하고 죽었습니다. 그런데 단 하나 죽으면서도 "주여, 이 죄를 저들에게 돌리지 마옵소서" 기도했다는 것이 바로 성령 충만한 사람의 특징 중 하나였음을 잊지 말아야 합니다.

성령 충만을 산기도 철야해서 받았다고 자랑하며 믿음이 약하다고 이웃을 무시하거나 가족들의 식사를 제때 해주지 않아 충고하는 남편에게 마귀 새끼라고 하는 여신도들이 있는데 이들은 성령님이 누구신지, 무엇하시기 원하시는지, 성령충만하면 무슨 일을 하게 되며 어떤 사람으로 바뀌게 되는지 전연 모르는 예수 무당들에 틀림없습니다.

성령님께 간구해서 라이벌 회사의 비밀을 투시 은사로 보게 해달라거나 병 고치는 은사를 받아 병 고쳐주고 헌금을 강요하거나 아들이 대학에 합격할 것인지 예언 기도해 달라 하고, 그러마 하고 복채 받듯이 돈 봉투 주고받는 일들이 사실 있으니 이 얼마나 부끄러운지 모릅니다. 이런 것은 성령님과 전연 관계가 없습니다. 그런 요구를 계속하면 악령이 틈을 타서 성령을 가장하여 응답하는 것처럼 접근해 조금씩 기적을 허락하면서 완전히 영혼을 도적질하게 됩니다. 이렇게 되면 속아서 성령의 역사로 자기는 착각하지만 기도해서 기적을 허락받고 하늘의 음성을 직접 듣는 직통 계시만 기대하면서 성경 말씀에서는 점점 멀어지게 되고 말씀은 자기 입장 변명하고 합리화시키는 방편으로만 이용하게 될 뿐, 말씀에는 결코 순종하지 않게 됩니다. 이런 것을 잘 구별할 수 있는 영분별력이 있어야 합니다. 물론 진리 말씀을 잘 배우며 기도하는 자에게는 영분별의 능력을 주십니다. 이래야 이단이나 사사로운 학설에 현혹되지 않게 됩니다.

성령님으로 충만 합시다. 그래서 우리 영으로 하나님을 찬양하며 모두를 사랑하며 주님께로 이끌어 함께 영생의 복을 나눕시다. 하나님을 아는 수준만큼 우리의 신앙은 확실해집니다.

8. 삼위일체

참으로 궁금하신 것 중의 하나가 삼위일체 교리일 것입니다. 이것 때문에 시비도 많고 설명의 어려움 때문에 답답하고 안타까워 어쩔 줄 모르면서도 이단의 주장에 속수무책인 현대 교인들에게 가장 전제되어야 할 문제를 제시하겠습니다. "셋이 어떻게 하나며 하나면 하나지, 하나가 어떻게 셋이냐 모순이다"라고 주장하는 사람들의 말이 우리가 처해 있는 세상의 논리에는 맞는다는 것을 먼저 인정해야 합니다. 그런데 절대 잊지 말아야 할 것은 우리 인간과 하나님이 똑같은 존재인가 하는 것입니다. 하나님께서 우리와 같은 존재라면 인간의 논리대로 설명도 되고 증명도 가능하겠지만 본질과 존재방식 전체가 우리와 다르다면 우리의 인식과 표현과 논리로서는 설명 또한 불가능하다는 것을 인정해야 솔직한 이성의 소유자입니다.

하나님은 우선 영이신데 그래서 우리의 육안으로는 볼 수도 없으신데 설명이 어디까지 가능하겠습니까? 어차피 우리의 인식 범위 내이지 우리의 지식과 경험을 초월할 수가 없습니다. 세 살짜리 어린아이가 당신에게 하는 질문에 당신은 언제나 자신이 있습니까? "이 나뭇잎이 왜 파란색이지요" 물으면 무엇이라 설명합니까? "나뭇잎은 다 파랗게 만들었어?" 그렇게 설명하고 넘길 수가 있습니까? 다시 "다 파랗지 않은데?" 하면 곤욕을 치르게 됩니다. "아기는 어떻게 낳지?"라고 사람들이 많이 있는 차 안에서 크게 질문하면 어떻게 설명합니까? "몰라도 돼!" 하겠습니까? 아니면 결혼과 성관계와 정충과 난자의 상합으로 인한 임신과 염색체 배열과, 수의 관계나, DNA를 설명하고 이렇게 되면 남자, 저렇게 되면 여자를 낳게 된다고 설명합니까? "네가 내 말을 더 알아들을 수 있을 때 설명해 줄게"라고 적당히 넘기겠습니까? 알고 싶어 한다고 해서 다 가르쳐 줄 수는 없습니다. 왜냐하면 우선 말이 안 통하기 때문입니다. 설명해도 알아듣지 못하기 때문이지요. 답답해도 할 수가 없지 않습니까?

삼위일체도 마찬가지입니다. 바로 알려면 하나님께서 우리에게 보여 주시는 만큼 아는 것인데 이것 역시 영적 눈이 열리지 않은 상태에서는 거의 불가능하다는 것입니다. 하나님께서 자신을 알려 주시는 것도 인간의 표현 수단을 사용해서 할 수밖에 없으니 "…내 손으로" 또는 "내 눈동자같이" 이런 식의 표현이 등장하게 됩니다. 그렇다고 하나님께서 손이 있고 눈이 있고 옷을 입고 계십니까? 심지어 하나님께서 흰옷 입고 서 계신 모습을 보았다고 자랑하는 기도원생들도 있지만 이게 바로 성경 표현 중 의인화 표현임을 이해하지 못해서 생기는 일입니다. 또 하나님의 형상을 모습으로 상상해서 하나님의 크기를 그린다고 하면 얼마나 크게 그리겠습니까? 우주 만물 전체를 모두 합친 것이 하나님의 손톱에 낀 먼지보다도 작다면 도대체 상상할 수 있겠습니까? 어쨌든 그 엄청난, 크신 모습이나 형상이 있다면 그 형상이 존재하는 더 큰 공간이 또 있어야 한다는 결론이 나올 수밖에 없는데 하나님보다 더 큰 공간이 있고 그 안에 하나님께서 존재하신다고 하는 생각 자체도 하나님을 제한하는 것이 아닙니까?

하나님은 인간과 전연 다른 분이심을 필히 인정부터 하십시오. 하나님의 존재를 설명하는 중 Persona의 개념은 쉽게 설명할 수가 없습니다. 굳이 설명하겠다고 고집하다 보면 이상한 쪽으로 가기 십상입니다. 사실 하나님은 설명으로 이해시킬 수 있는 존재가 아닙니다. 설명해서 믿게 하겠다는 욕심과 열심은 좋으나 그것 자체가 무리입니다.

솔직히 우리 제한된 존재들이 설명할 수 있는 분이라면, 우리가 속속들이 전부 알 수 있고 완전히 파악할 수 있는 존재라면 그런 시시한 존재를 믿어야 할 이유가 어디 있겠습니까. 인간의 지성 안에 가둘 수 있는 하나님은 이미 하나님이 아니지 않습니까. 하나님께서 자신을 성경에 계시 하셨는데 구원을 완벽하게 이해시키려는 의도와 인간을 향하신 사랑의 속성을 표현하다 보니 한 본체이신데 구별이 가능한 세분이 계신 것을 밝히신 것입니다. 창조, 구원 등에 있어 설계 부분에 더 깊이 관계하시는 성부 하나님의 모습이 보이며 창조와 구원 등에 주체자(主體者)로서 직접 앞서시는 특히 구원자로 직접 인간사에 개입하시고 구원절차를 모두 이루어 주신 성자 하나님을 확실히 보게 되며 믿는 자들의 마음속에 하나님을 의지하게 하고 예수 그리스도를 확실히 믿게 하고 계속적인 신앙을 유지하게 하시고 실제적으로 삶 속에서 도우시는 성령 하나님을 또한 보게 됩니다. 그래서 삼위일체란 단어는 없으나 하나님의 존재를 정리하다 보니 삼위일체란 가장 적절한 단어를 만들어 함축성 있게 표현한 것뿐입니다.

그러므로 하나님을 능가할 존재가 없는 한 이 신적 존재의 양상과 존재 방식과 본질과 속성을 완전히 알 수도, 표현할 수도 없는 것은 당연한 것입니다. 우리가 이해하기 쉽게 예를 든다면 한 인격 속에 지, 정, 의 가 내포되고 지정의가 따로 구분해서 생각할 수 있는 것과 같다고 하겠습니다. 보이는 것은 좋은 예가 아니지만 이해를 돕는 조건으로만 제시한다면

1) 커피, 크림, 설탕이 한 잔의 커피

2) 빗물, 강물, 바다

3) 수증기, 얼음, 물 모두 H_2O

4) 1×1×1=1

5) 태양과 햇빛과 닿는 부분에 작동하는 열

6) 뿌리, 나뭇가지, 열매

7) 정, 반, 합이 합하여 논리 등입니다.

8) 한권의 책은 가로, 세로 높이로 이루어짐

성부 하나님은 초월적으로 근원, 기원, 권위면에서 더 일하시고

성자 하나님은 내재적으로 표현, 중보, 계시, 모범적 면에서 두드러지고

성령 하나님은 개인적으로 이해, 성취, 현실 적용면에서 강하게 역사하심을 보게 됩니다. 우리는 분명히 한 하나님을 믿습니다. 그런데 한 본체, 한 영원성, 동일한 능력, 동일한 영광, 같은 본질이지만 이름이 다르고 사역이 구별되는 세분이 함께 삼위로 계심을 또한 믿습니다.

표면에 나타나는 것은 각위가 다르게 나타나지만, 동시적으로 함께 역사하십니다. 각위는 종속적 관계, 우열의 관계에 있지 않습니다. 그러면 성부, 성자, 성령이 동일한 하나님이라는 증거는 성경에 있는가 반문하실 분도 믿을 수밖에 없는 것입니다. 성경의 해설은 생략하고 관계 성구들만 제시하겠습니다. 창 1:1, 26, 마 3:16~17, 마 28:19, 요 16:15, 벧전 1:2, 롬 9:5, 요 1:1, 14, 18, 10:30, 14:9, 행 5:3~4, 엡 3:3~14, 요 20:28.

비교하여 보실 성구의 예

1) 창 17:22, 35:13, 삿 13:20과 요 3:13

2) 사 6:10과 요 12:41

3) 사 41:4, 43:10, 44:6, 48:12과 계 1:17~18, 2:8, 21:6, 22:13

4) 시 45:6과 히 1:8

5) 시 102:25~27과 히 1:10~12

6) 사 68:18과 엡 4:8, 9

7) 사 7:14과 마 1:21~13

특히 성령 하나님을 부인하는 이단들이 많은데 성령님께서 인격과 신성을 갖고 계심을 증거하는 성구를 열거하면

고전 2:11(아신다), 엡 4:30(근심하신다―정), 행 16:7(뜻을 갖고 행사하심), 히 9:14(영원성), 시 139:7~10(무소부재), 고전 2:10(전지), 요일 5:7(진리되심), 롬 8:9(신자 안에 내주), 롬 8:16(증거하심), 행 1:8(권능주심), 고전 13:4(은사를 나누어 주심)

그러므로 삼위 중 한분이라도 부인하면 하나님을 부인하는 것이 됩니다.

9. 조심해야 할 일

「삼위일체」는 성경을 해석하기 위해 만들어진 낱말입니다. 해석을 위해 사용하는 낱말이 꼭 성경에 나오는 것이어야 하는 것은 아닙니다. 「여호와의 증인」이란 단어도 성경에는 없습니다. 이사야 43:10에 「나의 증인」이란 말이 있을 따름입니다. 여호와란 말도 없습니다. אהיה라고 써 놓고 하나님의 이름을 함부로 부르지 못하게 해서, 모음이 표기되지 않아 읽지 못했습니다.

사실은 「야아훼」입니다. 그런데 「주님」이란 "아도나이"로 바꾸어

불렀는데 거의 16세기에 와서 아도나이의 모음을 붙여 여호와로 다시 고쳐 사용하게 된 것입니다.

그러므로 세계적 학자 한 사람도 없는 여호와의 증인들의 오류에 속지 않도록 성도들이 담임목사에게 잘 공부해야 합니다. 사실 부끄러운 말씀이지만 목사님들 중에도 삼위일체 교리에 대해 확실히 공부하지 않고 잘못 가르치는 분도 있습니다. L.A.의 H교회 목사님은 부흥회 때마다 삼위일체를 설명하면서 "내가 교회에선 목사요 집에 가면 자녀들에게는 아버지이고 아내에게는 남편인 것과 같다"고 하시는데 이것은 양대 이단설 중에 하나입니다.

양대 이단설은 첫째 아리우스가 주장하는 것으로 하나님은 오직 한 분이시므로 그 외에 존재 즉 예수님이나 성령님은 하나님이 될 수 없고 그분들도 하나님이라면 하나님이 셋이 되니까(Tri-theism) 말도 안 되며 예수와 성령은 피조물이라 주장하기에 이른 것입니다. 예수님께서 피조물이라면 구원자가 될 수 없으며 성령께서 활동력이나 감화력이라면 보증사역과 구원 적용 등 전체 성경의 내용을 뒤집어 놓게 됨으로 분명한 이단인 것입니다. 둘째는 Modalism의 일종으로 사벨리우스가 주장한 것인데 한 하나님이 나타나는 데에 따라 다른 가면을 쓰고 있어서 어떤 때는 성부로, 어떤 때는 예수로, 어떤 때는 성령으로 역사한다는 주장입니다. 이것은 신학에서 「계시양태설」이라고 합니다. 나타날 때마다 모양을 달리 한다는 것입니다. 예수님이 요단강에서 침례(세례)받으실 때 장면을 까맣게 모르는 모양입니다. 아무리 쉽게 설명할수가 있다고 해도 성경의 진리와 동떨어진 설명은 그 자체가 잘못이요 더구나 이단설을 선전해 주고 있는 것이며 성도들을 오히려 혼돈 시키게 됨으로 조심해야 합니다.

더 경악스러운 사실은 잘못된 부흥사들의 횡포입니다. 소위 뜨겁게 부흥회를 인도한답시고 입에 거품을 물고 귀가 아프게 큰 소리로 "성령 받아라!" 하는 것까지는 참겠는데 두 손을 펴 대중들에게 내뻗으면서 "쉬 - 쉬 - 성령 나간다 성령 받아라!" 소리치고 더 나아가 "아멘 아멘하며 받아먹어라 성령을 생수니까 받아 마셔라 그것도 순종 안 하는 놈들은 뭐냐!" 호통치는 데는 견딜 수가 없어요. 이런 식이니 성령님을 하나님으로, 인격자로 알고 믿고 있는 것인지 의심이 안 갈 수가 없습니다. 부흥사가 성령님을 나누어 줄 수 있다면 하나님을 나누어 줄 수 있는 그 부흥사가 하나님의 하나님이 아니겠습니까?

성령은 물건이 아닙니다. 누가 나누어 줄 수 있는 물건이 아닙니다. 이런 식으로 오도하니까 성령을 힘으로 오해하고 성령을 받으면 그것으로 자기가 할 수 없었던 일들을 해서 이익을 보려고 욕심을 갖게 되는 것입니다. 성경에서 "성령을 받으라"는 말씀으로 번역된 것은 "성령의 통치를 받으라"는 뜻임을 알아야 합니다. 성자 하나님이나 성령 하나님을 오해하게 하는 데는 이단보다도 기성교회 지도자들의 무관심이나 무식에 더 이유가 큰 것이라 보입니다. 이따위 부흥사들이 발붙이지 못하도록 교회들이 연합해야 하며 양심 있는 목사라면 이런 사람들을 초청하지도 말아야 할 것입니다.

참으로 조심해야 할 일입니다.

제2장

성경

Bible

CHAPTER

성경

1. 책 중의 책

이 세상에는 수많은 책이 있습니다. 요사이는 홍수처럼 쏟아져 나오는 책이 공해라고 할 만큼 출판되고 있습니다. 좋은 책도 많으나 별로 좋지 않은 책도 있습니다. 많은 뜻있는 사람들에게 참된 삶의 방향을 제시하고 인간다운 인간을 만드는데 기여도가 큰 책을 명작이라 합니다. 세계에는 지역과 시간에 구애되지 않고 한결같이 사랑받는 명작들이 많은데 밀턴의 실낙원이나 단테의 신곡이나 괴테의 파우스트, 톨스토이의 부활, 앙드레 지드의 좁은 문, 도스토엡스키의 죄와 벌, 셰익스피어 작품 등이 문학 작품으로는 최대 수준급의 명저들로 꼽히고 있습니다. 그런데 이 책들의 테마(주제)나 근거가 바로 성경입니다. 그래서 세상에서도 책 중의 책으로 최고의 판매 기록을 매년 계속 유지하고 있습니다. 성경을 읽는 사람들은 확실히 세상의 책들과 다른 신비함을 알게 되고 놀라며 더 깊이 깊이 들어가 하나님을 만난 후에는 완전히 삶의 규격과 내용이 바뀌어 역사를 이끄는 주인공들이 되고 하나님 나라를 준비하는 믿음의 선진들이 되었습니다.

2. 성경의 저자는 누군가

성경이 책 중의 책이요 역사 이래 최고의 베스트셀러인 이유는 원저자가 성령 하나님이시기 때문이며 내용과 연대와 인간 저자들과 보존과 사본, 번역 등이 특이하기 때문입니다. 성령 하나님은 인간 저자들을 감동하셔서 깨닫고 느껴 기록하게 하셨습니다(딤후 3:16, 벧후 1:21, 3:2, 고전 2:13, 눅 1:70, 행 3:18). 문장을 불러주어 필기하게 하신 것이 아니라 인간 저자의 인격, 학식, 습관, 언어, 경험을 진리 표현의 도구로 사용하시는 간섭을 통해 하나님의 지식과 진리와 생명에 관한 것들을 기록하게 하신 것입니다. 인간 저자를 보면 약 40명에 이르는데 왕, 목자, 귀족, 학자, 고관, 의사, 어부, 세무원, 음악가, 전도자 등 다양한 직업의 사람들이었으며 출신 지방이 다르고 시대적 차이도 상당히 커서 전연 연관성이 없는 사람들이 많았습니다(BC AD 500 ~100 약 1600년 기간).

3. 성경의 주제

우리가 대학 시절 크리스마스가 되면 축하 파티 등으로 모여서 오락을 즐기다가 소설 짓기를 합니다. 리더가 연애 소설이든 추리소설이든

정해서 대략 한 스토리 전개를 말해준 뒤 빙 둘러 앉은 순서대로 한 문장씩 지어갑니다. 몇 바퀴 돌면 처음 의도와는 엉뚱한 방향의 스토리로 발전하게 됨을 보며 이상하다고 생각하고 웃어버리고 말았었던 기억도 납니다.

그런데 성경은 저자들의 지식 차와 시대 차 지방 차가 극심했고 서로 어떤 의논이나 참고한 적도 없는데 주제가 하나로 통일되어 있다는 것입니다. 이것이 바로 신비요 성령 감동의 증거이기도 합니다. 성경의 주제는 하나님의 사랑이요 주인공은 예수 그리스도입니다. 그래서 구약은 오실 메시아 예수 그리스도를 예언하며 신약은 오신 메시아요 임마누엘 하신 하나님, 예수 그리스도의 이야기이며 마지막 책 계시록은 다시 오실 예수 그리스도에 대한 예언입니다.

4. 성경은 누가 누구에게 준 책인가

성경은 하나님께서 믿는 자에게 준 것입니다(요일 5:13). 때문에 "가라사대" 즉 "하나님께서 말씀하시기를"이란 전제가 곳곳에 나타납니다. 그래서 기독교를 말씀의 종교라고도 합니다. 이 말씀 즉 진리는 영적으로 귀가 열린 성도들이 들을 수 있지 불신자는 들어도 알 수가 없습니다. 때문에 세상에선 무식해 보여도 성경의 저자이신 성령님께 깨닫게 해 달라는 기도를 드리고 성경을 읽는 할머니들은 진리의 내용을 쉽게 감지하는데 믿지 않는 사람은 박사라 할지라도 이해를 못 하는 것입니다.

5. 성경의 목적은

1. 하나님의 사랑을 알고 예수 그리스도를 믿어 구원 즉 영생을 얻게 하려는 것(요 3:16).
2. 예수께서 하나님의 아들 그리스도이심을 믿게 하고 생명 얻게 하는 것(요 20:31)
3. 영생이 있음을 알게 하려고(요일 5:13)
4. 예수 그리스도를 증거하는 것(요 5:39) (행 18:28)
5. 교훈, 책망, 바르게 함, 교육과 훈련을 통해 온전케 하려고(딤후 3:16~17)
6. 하나님의 지식을 갖게 하려고(호 4:6)
7. 하나님의 진리, 지식, 계획, 목적, 뜻, 영광, 본성, 기뻐하심 등 일체를 알아 바른 믿음 소유케 함
8. 교훈 통해 인내로 소망 갖게(롬 15:4)함 등입니다.

6. 성경 이해

성경을 바로 알려면
- 망원경을 통해 전체를 관찰하듯 성경 전체를 파악해야 합니다.
- 비행기를 타고 높이 올라가서 성경 내용을 내려다보면서 굵은 선을 먼저 찾아야 합니다.
- 각 책의 주제, 내용, 언어, 역사, 문화, 표현방법 등을 미리 알아서

해석을 바로 해야하며

• 현재 나에게 주신 의미를 생각하여 그대로 살아야 체험적 신앙을 갖게 되고 인쇄된 글자나 제시된 내용보다 더 깊고 더 큰 성경의 능력을 알게 됩니다.

시대 구분	구 약 시 대			BC ✝ AD	신 약 시 대		
	암 흑 기						
	구약 : 사건적(영화의 화면)				신약 : 설명적(영화의 자막)		
해당 성경	역사서 (창~에)	경험서 (욥~아)	예언서 (사~말)		역사서 (복음서~행전)	경험서 (롬~유)	예언서 (계시록)
주제	오실 메시아 예수그리스도				오신 메시아	오실 예수	
계명	시내산에서부터 613개 계명				서신 통해 1051권면(계명)		
굵 은 선	1. 창조	타락			구원(회복)		
	2. 언약	파기재언약			실현(구주 강림)		
	3. 낙원	실낙원			복낙원(임마누엘)		
핵 심 단 어	계획 선포 순종 안식 기쁨 기대 지혜 구별 풍요 사람 가정 에덴 생명 축복 자녀 율법 통치 영광 사명	교육부재 사탄 개입 약점침투 자연파괴 수치 거짓 변명 야영 교만 정죄 추방 저주 침묵 단절 공의 고통 유혹 노예 핍박 지옥 수고 악순환 죄확산			희생 강림 승리 언약 예배 연단 예언 은혜 재통일 피 믿음 교회 찬양 재림 전도 메시아 용서 십자가 새생명 사랑 감사 친교 겸손 평화 회개 거룩 변화 복음 완성 왕관 상급 소망 영생 순종 건설 능력 신천신지 하늘나라		

전체의 내용과 의미와 핵을 보지 못하고 **현미경** 식으로 작은 것을 확대하여 보다가는 큰 것을 오히려 놓치게 됩니다. 또한 한쪽으로 치우치다가 잘못된 길로 빠져 숲 속에서 헤매게 될 수도 있습니다. 굵은 메시지와 선과 핵을 꼭 잡아야 합니다.

7. 성경의 흐름

구약시대**에서**	신약(성령)시대로
구약=율법(언약)을 통한 성부 하나님의 사랑	신약=십자가를 통한 성자 하나님의 사랑
	부활의 영광을 통한 성령 하나님의 사랑

〈가시적. 물질적. 일시적. 예고편〉　　　　　〈영적. 영구적. 본 편〉

물질계 태초(창1:1) ···영적 태초(요1:1)

"뻬레쉬트" 우주만물 시간의 시작 ·····················(요일1:1) 태초 시작된 구속역사의 주인 예수 그리스도.

"빠라 하나님만의 주권적 행사 시간적 참조 ······ "아르케" 초시간적 개념 물질계 이전

물질계 창조(창1:1~31) ··영적 창조(사57:16 요3:6, 6:63 롬8:6)

　　　완전 통일 상태(엡4:6) ···························　　재통일로 인도(엡1:10)

　　　에덴(창2:8~25) ···································　　영원한 처소(눅16:9 요14:2~3 고후5:2)

심판 주 하나님(시7:8 렘1:16 겔39:21) ··············사랑의 하나님(요일4:8~9, 5:3. 요3:16)

이스라엘(민족. 국가) 선택(신7:6~7 4:37) ········영적 이스라엘 선별

예루살렘(수10:1 삼하5:5)·································새 예루살렘(계3:12 21:2~8)

언약(렘31:31~33 히8:9.13) ·····························새 언약(눅22:20 마26:28 히7:22 8:8 9:15)

　　　(창9: 15:18~19 출24:8 레26:42) ·················　　(렘11:10 31:33 32:40 겔16:60 고전11:25)

인간 족보(창4:16~ 5: 10:) ·····························믿음의 족보(마1: 눅3:23~38 히11:4~40)

첫째 아담(창3:12. 호6:7 고전15:22 45) ············둘째 아담(고전15:22. 45. 47)

일시적 대 제사장(대상24:19 히5:1) ·················영원한 대 제사장(히3:1 4:14~15 9:12)

일시적 중보자(히5:1 9:25)······························완전한 중보자(딤전2:5 갈3:19~20 히6:20 7:27 8:6 12:24)

성전, 성막. 성회(출26:1 렘7:4~11) ················교회(고전3:16 마16:18 행2: 4:23~)

　(레23: 합2:22. 시11:4, 65:4 132:7)

제사(출12:27. 23:14 삼상15:22 레1:~7:27) ········예배(롬12:1 요4:5~26 미5:24 4:10)

레위족－제사장(대상23: 24: 출28: 29:) ············모든 믿는 자(벧전2:5, 9)

　　　찬양대(대상25: 스2:41 느12:29 ········온 성도(엡5:19 골3:16)

　　　　　대하30:21)

안식일(출31:13~16, 35:3. 레16:31) ················주일(눅24:1. 요5:9~18 20:19. 행20:7. 마12:8 계1:10)

십일조(신12:1~7) ···연보(마23:23 막12:43 고전16:2 고후8: 9:)

할례(롬2:25~29 수5:2 렘4:4 창17:10) ··········침례(마3:11~17 롬2:29 6:3~5)

계명(출20: 롬7:7) ···은혜(롬3:24, 28 8: 11:6 엡1:6~7 2:8)

행위 구원 (레25:18 렘4:4 17:10 ·····················믿음 구원(마9:2. 22 롬1:17 3:22, 28 갈2:16, 3:26)
       왕상8:32. 39 민9:13)
율법 준수 실패(왕상8:46 대하6:36 15:3 ·············예수 안에서(회복) 성취 (요7:19 롬3:20~22, 26 8:1)
        시14:3 143:2)
하나님의 백성 강조(신27:9 28:9 29:13 ·············하나님의 자녀(롬8:14~ 요1:12 마6:9)
          겔13:21 욜3:16)
결과 중시(렘6:19 출15:26)·······················원인 중시(마9:4 히4:12)
소유적 복(물질. 자녀)·····························상태적 복(임마누엘) (시1:1~3 마1:23)
      (창15:5, 14~15 욥1:2~3 42:12~7)
제일 큰 죄(우상숭배, 율법불순종) ···············제일 큰 죄(불신, 성령훼방)
      (삼상15:22 출20:3) ·······················   (요3:36 8:24 마12:31)
제일 큰 계명(십계명) (출20:3~17)···············제일 큰 계명(사랑) (마22:37~40)
유대교(예수 그리스도 불인정, 신약거부) ·········기독교(예수 그리스도 구원자, 대속의 십자가,
                                          삼위일체, 부활 영생 천국)
선지자, 모세(율법) ·····························예수(은혜와 진리) (요1:17)
율법 ············요한까지(마11:13)···········다른 보혜사 ···············영원까지(요14:16)
현세상··········벧후3:7. 10. 12 (현재) ···········새 하늘, 새 땅 ···········벧후3:13(미래)

※ 최우선 순위 ⇒ 하나님 〉 신성. 인성 소유자 예수님만 구원자 〉 성경 〉 신경 고백 성문서

8. 성경의 구조

성경은 구약(옛언약) 책과 신약책(새언약)으로 대별하고 구약은
역사서 17권(창세기부터 에스더까지)과 경험서 5권(욥기, 시편, 잠언,
전도서, 아가) 예언서(이사야부터 말라기까지) 17권으로 이루어졌고,
신약은 역사서 5권(4복음서인 마태, 마가, 누가, 요한과 사도행전)과
경험서(편지) 21권(로마서에서 유다까지) 그리고 예언서 1권(계시록)
으로 이루어져 있습니다.

9. 성경의 줄거리(요약) (History)

성경의 간추린 줄거리는 아래와 같습니다.

「태초에 하나님들께서 하늘들과 땅을 아무것도 없는 상태에서 창조했다. 하나님들의 형상대로 즉 하나님의 성품의 일부까지 닮은 존재로 사람을 창조하셨고 다스리고 번성하게 하면서 창조 질서와 구별을 위해서 에덴동산에 선악과를 만들어 두셨다. 선악과는 창조주와 피조물을 구별 짓는 지계표로서 "자유인인 네가 내 말대로 살겠느냐 네 맘대로 살겠느냐"를 책임 있게 결정 하라시는 시험수였는데 뱀을 이용한 사탄이 연약한 여자에게 접근해 타락시켰고 아담마저 완전히 타락했다. "나도 하나님과 같이 될 수 있다. 하나님 없이도 살 수 있다"는 독립선언으로 하나님을 등지고 하나님을 떠나 숨었다. 이로써 하나님은 뱀을 저주하고, 풍요로운 하나님의 동산에서 인간도 추방했으며, 땅까지 저주했다. 하나님 형상이 깨진 인간은 후손 역시, 영이 죽은 인간이며 하나님과의 관계 단절은 모든 면에 심각한 영향을 받게 되어 가인이 시기하여 동생 아벨을 죽였고 그 피를 땅이 받았기에 땅도 인간을 적대시하므로 수고의 땀을 흘려도 소출 얻기 어려운 곤고한 육신의 삶이 계속되게 됐다.

인간의 사악함이 날로 더해가 하나님은 온 땅에 홍수로 인류의 죄를 심판했고 노아 가정을 구원했으나 그 후손 역시 교만과 폭력이 집단화하고 하나님을 대적하였기에 바벨탑 사건을 기점으로 언어불통과 분산을 당하게 됐다. 흩어져 각기 문화가 시작되는 때에, 하나님은 메소포타미아에 사는 아브라함 가정을 선택하여 불러냈고 히브리 민족을 이루게 했다. 4대 족장(아브라함, 이삭, 야곱, 요셉)을 거치는 동안 가

나안의 대 가족이 되고 애굽에 이주해 살다가 종살이를 400년 했으며 하나님을 찾고 부르짖어 모세의 인도로 애굽에서 해방되어 약속의 땅으로 향할 수 있었고 여호수아가 앞장서 인도하기까지 광야에서 교육받고 연단되고 재훈련 받았다. 순전히 하나님의 기적과 은혜로 가나안에 입성하여 14명의 사사들에게 다스림 받다가 이방나라들처럼 왕을 요구하여 왕국이 된 후 사울, 다윗 솔로몬의 계승된 왕권아래 발전하기도 했으나 이어지는 학정과 반란으로 남북 왕조로 나누어졌고 이방 문화에 혼합된 북왕국 이스라엘은 19명의 악한 왕들이 통치한 후 앗수르에 의해 포로되어 분산되며 망했고 남쪽 유다는 20명의 왕들 통치가 끝난 후 바벨론의 포로가 되면서 망했다.

에스라, 느헤미야가 유대인을 본토로 인도하는 동안 에스더는 바사에서 구원의 왕후 역할을 했다. 우여곡절이 있는 중에 성전 재건을 이루며 안간힘을 썼으나 하나님께서 언제나 시대마다 보내셨던 선지자들의 예언이 중단되어 400년간 침묵의 암흑시대를 맞게 됐다. 이제 타락한 인류를 구원할 하나님의 때가 이르러 역사의 주인이신 예수께서 인간 역사 속에 직접 사람의 모습으로 오셨다.

이 임마누엘의 사건은 신비하지만 조용히 이루어졌으나 동방의 박사들이 찾아오므로 문제가 되어 소동이 벌어지기도 했다. 그러나 정세 변화와 이주로 조용해졌고 구약 예언들이 차례로 성취되어 가면서 드디어 예수 그리스도의 공생애가 침례로부터 시작된다. 그 후 예수님은 제자를 택하고 줄곧 동거하면서 훈련하고 복음을 전파했다. 자신이 하나님임을 증거하는 기적과 이적이 가는 곳마다 일어나도 현세의 치유만 목적으로 몰려드는 군중들은 구세주를 이해하지 못했으며 종교 지도자들과의 마찰이 점차 심화되면서 급기야는 인간들의 죄를 대신하여 죗값으로 피를 십자가 위에 쏟으시고 죽으셨으며 장사되었다가 부활(다시 사심)하셔서 제자들에게 보이시고 지상명령을 내리신 후 하늘 나라로 다시 돌아가셨다.

약속대로 성령의 강한 임재가 역사하면서 교회가 설립되고 사도들이 생명을 내놓고 복음을 전하여 급속히 확산되어 나감과 동시에 핍박이 강화되어 순교의 피가 낭자하며 핍박과 가난으로 고통받는 성도들에게 그리스도의 재림과 영원한 새 하늘 새 땅이 보장되는 약속으로의 마지막 서신이 용기를 준다.

이렇게 간단히 요약할 수 있습니다.

10. 성경 형성

1) 원어
구약은 히브리어(다니엘과 에스라에는 아람어 사용)
신약은 헬라어(곱트어)로 기록했고

2) 자료
파피루스(갈대나무 일종이며 넓은 잎사귀를 엮어 사용)
양피지(양의 가죽) 등을 썼으며

3) 기록 동기
언어로의 전달(구전)은 망각과 변질로 지속력이 약하고, 세대가 변하며 목격자들이 사망하여 증거가 필요해졌고, 하나님이 기록하라 하셨고 성령께서 기록자들 마음을 감동하시니 쓰지 않을 수가 없었습니다.

4) 필사

점차 복음이 확산되고 교회들이 많아져 수요가 커지니 사본이 필요했고 파피루스 등은 수명이 짧아 계속 재고를 유지, 소장해야 하므로 서기관들이 필사(카피)일을 전문화했으며

5) 번역

복음이 문화권이 다른 곳에 전파되고 이방 세계에 교회가 세워지니 성경의 번역이 자연히 요청되었습니다. 최초는 BC 3세기경 히브리 구약성경을 아랍어로 번역한 Targum(탈쿰)이며 유명한 것은 알렉산드리아 파로스에서 70인의 유대 학자들에 의해 번역된 헬라어 번역 구약성서인 Septuagint(70인 역)이며 이외에도 많은 번역본이 나왔습니다. 천주교에서 사용하는 라틴어 역본 벌게이트가 제롬에 의해 70인 역에서 번역되었습니다.

영어 번역본은 1382년 위클리프에 의해서, 70인 역에서 처음 완역됐고 윌리암틴델 역본이 1525년 원문에서 출간되었고, 1611년에야 영어성경 제임스 왕역(King James Version)이 나왔는데 이 성경은 유명한 학자 54명이 제임스 왕으로부터 "새 영어 성경 번역을 하되 최대한 주교 성경을 따르고 틴테일 성경, 매튜 성경, 커버 데일 성경, 대 성경, 제네바 성경을 에라스므스의 헬라어 성경과 히브리 성경을 함께 참조하라"는 지침을 받아서 번역했으며 13세기 켄더베리 대주교 스티브랭튼의 장(Chapter)구분법과 1551년 로버트 스티엔느의 절(Verse) 구분법을 사용했습니다.

6) 정경 결정

히브리어 구약성경 39권의 결정은 AD 90(얌니아 랍비 회의)에서, 신약 27권의 결정은 AD 393년 히포 회의와 AD 397년 칼카타 회의에서 이루어졌습니다. 히브리정경을 따라 외경을 제외했고 각 권 분류는 70인 역을 따랐습니다.

7) 외경

구약정경 39권 외에 15권이 더 있는데 내용이 의심스러우며 허구적이며 지나친 신비의 문헌이며 정경공통의 사상이 결여되어 있는 책입니다. 신약 외경은 67권이나 되는데 AD 3세기 영지주의 사상이 깊이 융해된 문헌들이므로 참고적 가치만 인정합니다.

11. 성경에 오류가 있는가?

이 질문은 성경의 종류를 밝혀야 정답을 얻을 수 있습니다. 마5:18에 천지가 없어지기 전에는 율법의 일점일획이라도 반드시 없어지지 아니하고 다 이룬다는 등의 말씀을 근거로 「성경에는 오류가 없다」고 할 때 사실 오류 없는 성경은 처음에 기록한 원본 성경을 말하는 것이지 지금 우리가 갖고 있는 성경을 의미하지 않습니다. 성경의 오류는 서기관의 사본 제작에서부터 생겼습니다. 그러나 이것은 피곤해서 졸았기 때문에 점하나 덜 찍거나 한 줄을 빼놓고 쓰거나 한 경우니까 별 문제가 없지만 다른 언어로 번역되면서부터는 원본과 사뭇 다른 해석이 나올 만큼 문제가 생기게 되었습니다. 「번역은 반역」이란 말이 있습니다.

문화가 다르고 지역, 감정, 사상, 개념, 표현방법이 다른 외국어로 바꾸는 것이니 성령님의 도움 아니면 원본에 가깝게 할 수가 없습니다. 때문에 영어 성경이나 한글개역성경에도 오류가 있음을 시인해야 합니다. 다만 오류 된 부분이 적다는 것을 감사해야 합니다.

12. 우리가 소유한 한글 성경 번역

1873년 스코틀랜드 선교사 로스가 만주에서 선교하던 중 1875년 한국인 서상륜을 만났습니다. 서상륜은 로스 목사에게 한국어를 가르쳤고 동시에 한문성서에서 한글로 번역을 시작했습니다. 이때 이응찬, 백홍준 두 분이 협조하여 1882년 누가복음이 처음 완역됐습니다. 1887년에는 로스와 매킨타이어 선교사의 합작으로 「예수성교전서」라는 신약성경이 완역되었습니다. 한편 일본에서는 한문으로 된 4복음서와 사도행전을 이수정이 이두로 토를 달았고 미국성서공회가 3천부를 인쇄해 주어 언더우드와 아펜젤러 선교사가 한국에 가져왔습니다. 1882년 한국 문호가 개방되자 부분적인 번역들이 여러 사람들(선교사)에 의해 나왔고 1900년 5월 신약전서가 번역위원회에 의해 완역됐고 구약은 1911년 완간되었습니다.

그 후 원문에 충실한 개역의 필요성 때문에 성서공회가 노력해 1937년 개역성경이 나왔습니다.

13. 우리나라 개역성경의 문제점

1) 번역의 실수

우리가 주로 사용하는 개역성경전서(1962. 5. 10 초판)는 아주 잘 번역된 성경으로 알려졌는데 옥에 티처럼 번역의 실수가 조금 있습니다. 예를 들어보면 민 25:11은 「비느하스가 이스라엘 자손 중에서 나에 대한 정성이 지극함으로 나의 분노를 이스라엘 자손 중에서 돌이켰나니 내가 질투심에서 그들을 벌하려던 것을 거두었노라」로, 신 23:12은 「변소를 마련하고 그리로 가서 용변을 보되」로 삿 4:11의 장인은 처남으로, 삿 20:42은 「나온 자들이 그들을 진멸」로, 삼하 2:14는 「일부 청년 장정들로 하여금 우리 앞에서 맞붙어 격투하게 하자」로 대상 25:3 「여섯 사람이니」하고 5명만 열거했는데 시므이가 빠졌고, 욥 13:15는 「비록 하나님이 나를 데려가신다 해도 내가 하나님께 소망을 두리라」로, 또 욥 42:11 「금」은 「은」으로, 시 50:5 「네 앞에」는 「내 앞에」로, 시 91:16 「내가 장수함」은 「내가 그를 장수케 함」으로, 렘 14:8 「거류하는 자」는 「거류하지 아니하는 자」로, 겔 27:8~9는 「항해에 익숙한 자들이」라고 고쳐야 합니다. 삼상 1:24에 "수소 셋"이라 되어 있는데 「3년 된 수소」(한 마리)라 해야 하고 마 6:34 "내일 일은 내일 염려할 것이요"로 번역했으나 내일이 염려를 해결해 준다는 것이며 눅 9:31 "별세"는 「출발」로 해야 하며 행 2:38 "성령을 선물로"라 했는데 「성령의 선물」로 번역했어야 됩니다.

또 해석에 지대한 영향을 주게 되는 접속사의 생략(예—엡 2:4 초두의 「그러나」)이 많고 낱말을 약화시킨 경우도 있습니다(예—엡 1:10

통일은 「재통일」이 맞음) 이런 예는 많아서 꼭 원어를 배운 목사님들에게 평신도 지도자들이 먼저 공부하는 것이 필요합니다. 성경 공부는 싫어하면서도 수십 년 교회 다니고 성경도 읽고 가르쳤다고 하면서 성경을 아는 척하는 사람들이 생각 밖으로 많은데 안타까운 일입니다.

2) 어려운 낱말 사용

우리가 사용하지 아니하는 어려운 단어를 사용하여 성경을 읽어도 무슨 뜻인지 모르는 경우에는 좋은 번역이라 할 수 없습니다. 영어성경이나 현대인의 성경을 대조하지 않으면 목사도 이해하지 못하는 단어가 많으니 말입니다.

욥기에 준승, 어거한 자, 시편에 군박, 보수하다, 퇴축하다, 유벽한 곳, 헌화하다, 비루한 자, 궤사, 영혼의 경영, 궤휼, 박격하다, 숭하다, 신원하다, 후욕, 선척, 반차, 파쇄하다, 국문하다, 늑봉하다, 사반, 신칙하다, 선만하게 하다, 반구, 전집하다, 보발꾼 등 이 중에서 과연 몇 개나 확실히 알겠습니까? 성경전체에는 말할 필요가 없습니다. 「구속」이라하면 붙잡아 가둔다는 것으로 대부분 알고 있는데 하필이면 해방과 자유를 뜻하는 구원의 내용을 구속으로 표현해야 되겠습니까?

고전 15:3 「죄를 위하여」라 했는데 위할 게 없어서 죄를 위하나요? 우리를 위하여 죄 때문에 죽어 주신 것입니다. 그래서 원문에 충실하면서도 현대어법에 맞는 좋은 번역이 나와야 합니다. 초창기 번역을 주도한 선교사님들은 우리말지식이 부족했으니 의미 전달에 한계가 있었고 우리나라 번역자들은 원어와 외국어 지식이 부족해서 그렇다 치더라도 이제는 다르니 정말 기도하면서 충실한 번역본을 펴냈으면 싶습니다. 1977년 출간된 공동번역성경은 하나님을 하느님이라 번역하고 성령충만 자나 악령에게 사로잡힌 자나 마찬가지로 「신들린 자」로 번역해서 거부감을 샀으며 이번에 나온 표준 새 번역도 사 53:3을 「언제나 병을 앓고 있었다」로 번역해서 예수님이 항상 병자였던 것처럼 오해하게 했다는 등 몇 가지 강한 반발로 사용 거부를 표명한 교단이 많아졌습니다. 그러나 좋은 번역들이 계속 나오고 있으며 준비 중에 있음도 감사한 일입니다.

제3장

성경 해석

Bible Interpretation

성경 해석

1. 성경 해석

성경이 하나님의 말씀이고 성도들의 신앙 근거요 생활의 지침이기 때문에 해석이야말로 가장 중요한 작업이 아닐 수 없습니다. 어떻게 해석하느냐에 따라서 도는 무엇을 더 강조하느냐에 따라서 교파가 생길 만큼, 어떤 경우 싸움이 될 만큼 큰 문제가 됩니다. 해석을 바로 하지 못한 엉터리 집단을 따라다니다가는 집단 자살도 하게 되고 재산도 빼앗기고 순결을 잃고 가정이 파괴되기도 합니다.

특히 종말론 같은 주제는 해석이 쉽지도 않은 데다가 저마다 해석이 다르니까 어느 것이 옳은지 성도들이 분별하기 어려운 게 현실입니다. 때문에 바르게 해석하는 교회를 만나서 성경을 배워야 합니다. 여기서는 해석학에 관한 서적들이 잘 다루지 않는 부분만 예를 들어 설명해 보겠습니다.

2. 복음주의와 자유주의

성경을 보는 두 가지 큰 입장에 따라 복음주의와 자유주의로 구분합니다. 복음주의라 해도 또 여러 계층으로 구분이 있고 자유주의도 마찬가지라서 다 설명할 지면도, 필요도 없으니 대별되는 복음주의와 자유주의만 요약해서 설명합니다. 복음주의는 성경 말씀이 하나님의 말씀이니 그 앞에 무릎 꿇고 "말씀하시는 대로 순종하겠습니다" 하는 입장이고 자유주의는 "성경도 인간의 기록이니까 오류가 있을 수 있으며 전체가 하나님 말씀이 아니고 성경 안에 하나님 말씀이 섞여 있으니 골라내자"는 쪽입니다.

성경을 보는 시각이 처음부터 다르면 해석과 강조점도 당연히 다르게 되는 것입니다. 우리 교회는 복음주의에 속합니다. 우리가 주체가 되어 따지고 갈라놓고 자르고 합리적, 논리적인 메스를 가하는 게 아니고 겸손히 하나님 말씀을 통해 우리에게 주시는 위로와 은혜를 체험하면서 말씀에 순종하고 더 풍성한 사랑을 경험하며 거룩한 변화의 삶을 추구하며 교회를 통해 훈련받으려는 입장입니다.

3. 해석의 기초

(1) 분류를 바로 해야 합니다.

성경을 바로 해석하기 위한 가장 기초적 작업은 성경을 분류하는 것입니다. Genre(장르)를 아십니까? 문학의 장르는 소설, 시, 수필, 희곡, 기행, 논설 등으로 구별하고 소설을 또다시 장편소설, 단편소설, 콩트,

중편소설로 나누고 장편 소설은 또다시 애정소설이니 탐정소설이니 하는 식으로 나눌 수 있습니다. 시 역시 그 안에 종류를 많이 갖고 있으며 수필도 에세이만 있는 게 아닙니다.

이처럼 성경을 어느 부류로 구분하는가에 따라 해석이 달라집니다. 예를 들면 "예수님의 제자가 12명이다." 했을 때 역사로 구별하면 실제로 12명이 사실이란 것입니다. "다윗이 죽인 자는 만만이다" 했을 때 이것이 역사로 구분되면 만에 만을 더한 2만이거나 만에 만을 곱한 1억이 되지만 이것은 시(노래)이기 때문에 「많다」는 뜻이고 "사울이 죽인 자는 천천이요"라는 앞 문장과 함께 붙어 있어서 "사울보다 월등한 다윗"을 찬양함이라고 이해가 되는 것입니다. 이때 우리는 숫자 개념에 집착할 필요가 없습니다. 그래서 성경을 분류한 것을 보면(＊성경을 약자로 표시합니다).

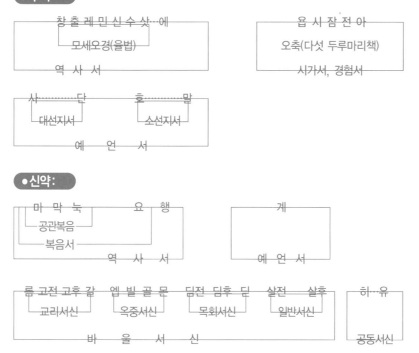

그러니까 역사를 시처럼 해석해도 안 되고 시는 시어로 만들어지니까 역사처럼 해석해도 안 되는 것이며 예언서는 특히 하나님께서 어떤 상황에서 무엇 때문에 어떤 경로를 통해 어떤 방법으로 예언자를 사용하셨는지 바로 알고 난 후에야 해석이 가능한 것입니다. 상징적인 표현을 그 모양 그대로 이해해도 안 되고 한 책인데 앞부분은 상징으로, 뒷부분은 역사처럼 해석하는 것도 평형의 원리에 어긋납니다.

예를 들어 계시록 1장 4절에 "보좌 앞에 7영"이 있는데 모두 "성령"이라고 해석합니다. 계 5:6 하나님의 일곱영 역시 성령이라고 해석하면서 계 7:4이 144,000명을 문자적으로 해석하는 "여호와의 증인"들이나 계 13:18의 666을 숫자로 해석하는 종말론자들은 한심하기 그지없습니다. 물론 역사서라고 해도 그 가운데는 시나 노래가 들어 있으므로 잘 구분해야 됩니다. 창 2:23 아담이 이브를 보면서 "이는 내 뼈 중의 뼈요 살 중의 살"이라 했는데 이는 아내에게(wife) 준 첫 번째 사랑의 노래이므로 문자적 해석이 아니라 의미로 이해해야 합니다.

(2) 전체 속에서 부분을 파악해야 합니다.

「창세기」하면 창세기는 처음부터 끝까지 한 책이므로 전체를 파악한 후 부분 부분을 살펴야 합니다. 사무엘서 하면 처음부터 상, 하로 나누어졌던 것이 아니며 장, 절로 구분된 것도 아니므로 한 권으로 파악한 후 부분들이 다루어져야 합니다(물론 시편이나 잠언의 경우는 단편 저작들을 모은 것이므로 별도로 해야 합니다.) 비행기를 타고 내려다보면 전체를 볼 수 있는 것처럼, 먼 곳에서 망원경으로 살피고 다른 각도에서 돌아가며 먼저 살펴 종합적인 개관을 가진 후 여러 언덕을 서서히 등산해야 합니다.

언덕마다 골짜기마다 특이한 풍경이 장관을 이룹니다. 한 언덕을 넘고 조금 더 가면 울창한 숲과 아름다운 나무와 온갖 형용할 수 없는 귀한 약초들과 거대한 바위들이 장관을 이루고 있는데도 가장 가까운 야산에 올라 야호, 야호 하면서 온 산을 다 정복한 것처럼 소리치고 있다면 얼마나 부끄러운 일이겠습니까?

(3) 문맥, 문장을 통해 해석해야 합니다.

성경에서 어느 한 구절이나 낱말 하나를 가지고 해석하며 설교를 만들고 또 이 설교를 통해 은혜받는 경우도 있지만 앞뒤 문장을 보지 않고는 바른 해석을 할 수 없는 경우가 너무 많습니다.

왕상 22:13~15 읽으면 미가야 선지자가 싸우라고 말하고 있으나 왕상 22:16~28에 보면 전연 반대의 뜻임을 알 수 있습니다. 고등학교를 졸업하는 딸이 남학생들과 캠핑을 다녀오겠다고 해서 "그건 안 된다"고 하며 이유를 설명했는데 그래도 자꾸만 졸라대면 "네 맘대로 해"라고 소리칩니다. 이 말대로 "허락했구나 맘대로 하랬으니 가야지"라고 생각하는 딸이 있겠습니까? 오히려 이것은 강한 부정이 아닙니까! 못된 짓을 계속하는 아들에게 어머니가 "그따위로 하려면 죽어버려"했다고 순종해서 죽는다면 어머니의 뜻을 바로 이해한 것입니까? 성경에도 이런 식의 표현이 있으니 앞뒤를 필히 살펴야 합니다. 갈 5:12 베어 버리기를 원하노라 했다고 잘라 버립니까?

(4) 관련 성경을 통해 해석해야 합니다.

마 7:7에서 "구하라" 하면서 기도에 관해 설명한 문단이 있습니다. 그러면 무엇을 구하라는 것인가 할 때 "구하라"는 「기도하라」는 것이요 관련 성경 눅 11:13을 보면 동일한 기도에 대한 교훈에서 「성령을 구하라, 성령충만 달라고 기도하라」는 뜻임을 알 수 있습니다. 관련 성경을 보지 않고 각자가 해석한다면 어떤 이는 건강을, 어떤 이는 사업 성공을, 어떤 이는 자녀 출세를 구하라는 것으로 이해하게 됩니다. 그러면 전연 딴 의미로 변질됩니다. 그러므로 성경으로 성경을 해석해야 합니다.

(5) 당시 문화를 알아야 합니다.

우리말에 추운 겨울 학교 다녀온 아이들이 집 마당에 이르는 기척을 아는 어머니가 "문 닫고 들어와" 소리칩니다. 문 닫고 어떻게 들어가나요? 들어오자마자 빨리 찬바람이 들어오지 못하게 문 닫으라는 뜻임을 압니다. 또 "낫 놓고 기역자도 모른다" 하면 무슨 뜻인지 우리는 다 압니다. 낫이 기역자처럼 생겼는데 낫을 옆에 놓고도 기역자 쓰라니 모른다고 해서야 되겠는가 하는 말이지만 이것을 그대로 영어 번역하면 어떻게 이해될까요? "진지 잡수셨어요" "밤새 안녕하셨어요"와 같은 인사를 외국인들이 어떻게 이해하겠습니까? 약혼, 정혼, 결혼 세 단계의 혼인예식 절차를 가진 유대 풍속을 모르면 성모 마리아의 임신 사건의 심각성을 깊이 이해하지 못하며 요셉의 넓은 인간미를 쉽게 이해할 수 없습니다.

예수께서 염려한다고 키가 한자나 더 할 수 있느냐 하신 것은 로마인들보다 키 작은 데 대한 열등감을 갖고 있던 유대인들을 이해해야 표현 이유를 알게 됩니다.

행 2:1~2에 초대교인들이 오순절에 한 곳에 모여 앉아 있었는데 성령 강림 역사가 일어났습니다. 이들이 앉아서 기도했나요? 유대인들은 기도할 때는 일어서거나 무릎을 꿇었지 앉지는 않았습니다. 말씀을 들었던 것입니다.

마 11:28 무거운 짐 진 자 오라 했는데 오면 주님이 짐을 대신 져 준다는 게 아니지요. 쌍두마차처럼 양쪽에서 멍에를 같이 메고 가면 힘도 덜 들고 의지되고 방법과 지혜도 배운다는 것인데 두 마리의 소가 나란히 멍에를 메고 끄는 풍속을 모르면 이해가 잘 될 수 없지요.

빌 1:27 "생활하라"는 「정치해 나가라」는 말입니다. 빌립보는 로마의 식민지였으나 로마 시민과 같은 대우를 받던 도시였으니까 바울 사도는 긍지 있는 당당한 삶을 성도들이 살도록 격려했고 정치적 특별대우로 자부심이 있던 빌립보 교인들은 이 말뜻을 금방 알아들었습니다.

(6) 표현 방법도 이해해야 합니다.

문화, 언어가 다르면 표현방법에도 차이가 있게 마련입니다. "얼마나 많은지 모른다" 이것은 알 수 없다는 뜻도 되지만 부정을 통한 강조법일 경우에는 많다는 뜻이기도 합니다. "알 수 없다"면 모른다는 것인지 부정 강조법인지 구분하기가 어렵습니다. "죄를 위하여"에서 「위하다」는 소중히 여긴다, 존대한다, 이롭게 하려 생각한다는 뜻이니 "죄 때문에"라고 번역해야지 죄를 왜 위합니까?

(7) 부호에도 관심을 가져야 합니다.

원문은 점 하나에 따라 달라지는 경우가 있습니다. 우리말에는 "가진 것"과 "가질 것"이 다르지 않습니까? "현금"과 "헌금"이 다르지요? 헬라어와 히브리어도 점 하나 때문에 발음이나 내용이 달라지는 경우가 많아요. 여러분, 이 영문을 보세요.

Every student thinks the teacher is bad. 이 문장은 『모든 학생은 선생님이 나쁘다고 생각한다』는 것이지만 Every student, thinks the teacher, is bad. 점 두 개를 찍어 놓으면 『선생님은 모든 학생이 나쁘다고 생각한다』는 것입니다.

(8) 원어를 배운 사람에게 배워야 합니다.

성경은 물론 원 저자이신 성령님께 도와주시기를 기도하면서 공부해야 합니다. 이것은 불변의 대 전제 조건입니다. 그리고 나서는 혼자 많이 읽고 생각하고 깨닫고 순종해서 살면 거룩한 변화를 체험하게 됩니다(Q.T).

그러나 사실 성경은 그리 쉽지가 않습니다.

특히 개역 한글판 성경을 보면 솔직히 목사도 모르는 낱말이 많습니다. 앞의 단원에서도 예를 들었는데 답을 말씀드리지 않아 다시 열거해 보면 신칙하다=경고하다(출 19:2), 전집한다=담보한다(신 24:6),. 번영의 체번(보초교대(삿 7:19), 보장으로=대피소로(삿 9:46), 준승=측량줄(욥 38:5), 어거한 자=모리꾼(욥 39:7), 선만하게 하다=모욕하다(느 9:18), 어눌한 자=말더듬이(사 32:4), 보발군=전령(렘 51:31) 등 이외에도 많지요. 이뿐만 아니라 성경을 읽어도 구약의 경우 이해가 어려운 대목이 많습니다. 그래서 교회는 성경을 가르쳐야 합니다. 성경을 가르칠 때 두 가지가 다 필요합니다. 즉 지식적으로 배우는 일과 의미와 자기와의 관계를 깊이 느끼고 각성하고 새로운 각오를 갖게 하는 훈련입니다.

지식적인 교육은 잘못하면 머리만 비대해지게 해서 문제가 될 수도 있으나 기도하면서 다져나가야 합니다. 이 일은(교육) 원어를 배운 목사 또는 교역자들이 해야 합니다. 훈련적 성경공부는 평신도도 할 수 있습니다. 그러나 교육자들에게 성경 전반에 관해 교육을 먼저 받아야 합니다.

창 2:7 하나님이 흙으로 사람을 지으시고 생기를 그 코에 불어 넣어 생령이 됐다는 말씀을 근거로 인간이 타 동물과 다른 점이라고 주장하는데 원어를 안다면 창 2:7이 생령이나 창 1:24에서 「생물을 그 종류대로」의 생물이나 똑같은 단어 「네페쉬카야」임을 알게 됩니다.

사람이 타 동물과 근본적으로 다른 것은 하나님의 형상으로 창조되었다는 것입니다. 마태 5장 우리가 잘 아는 산상수훈에서 "심령이 가난한 자는 복이 있나니 천국이 저희 것임이요 애통하는 자는 복이 있나니 저희가 위로를 받을 것임이요. 즉 「…하면 복이 있나니 …하게 될 것이다」로 번역했기에 앞 소절의 조건 때문에 후반의 복을 받게 된다는 문장으로 이해하기 쉬우나 헬라어 「마카리오이」는 「…해서 …을 받게 될 것이다」란 뜻이 아니고 심령이 가난한 상태, 애통하고 있는 상태가 이미 축복 안에 놓여 있는 것이라는 뜻입니다.

마 28:20 항상 함께 있으리라 하시니라… 「있으리라」는 「있을 것이다」라는 말인데 원어는 「벌써 함께 있다」는 것입니다.

요 14:6 "내가 길이요 진리요 생명이니"라고 했는데 원문은 "내가 곧 하나밖에 없는 그 길이요 내가 곧 그 하나뿐인 진리이며 내가 곧 그 하나뿐인 생명"이란 것입니다. 요 14:16 "다른 보혜사를 너희에게 주사" 했는데 「다른」이란 말이 「알론」인데 질이 같은 즉 동질이나 사역이 다르다는 뜻일 때 쓰인 단어요 질이 전적으로 다를 때는 「헤테로스」를 쓰게 됩니다. 요 21:5 "애들아 너희에게 고기가 있느냐" 하고 예수께서 제자들에게 질문했는데 "고기가 있느냐 없느냐" 하고 몰라서 질문한 것 같으나(우리 문법으로는) 원어를 보면 "고기가 없지? 없다고 고백하려무나" 하는 의미입니다.

요 15:17 보면 "이 사람들 보다"라고 번역했으나 "이 모든 것 보다"로 바꾸어야 하고 요 21:15 이후에는 부활하신 예수님께서 베드로에게 세 번 질문하며 목양을 명하는 내용을 보게 되는데 거기에 「사랑하느냐」는 질문이 「아카파스」인데 베드로의 답변은 「필로」입니다. 두 번 똑같이 반복되자 예수님의 질문도 「필레이스」로 바뀝니다. 이런 것을 우리 성경에서 구분할 도리가 없습니다.

엡 1:10에 "통일되게"라고 한 단어 「아나케파라이오싸싸이」는 "재통일되게"입니다. 굉장한 차이가 납니다. 이런 예를 들려면 상당히 많으니까 정규 신학을 이수하고 계속 원어와 한국성경을 대조하며 공부하는 사역자들에게 배워야 하는 것입니다.

롬 1:17 「오직 의인은」이라고 한국 성경에 번역 했으나 원문에 "오직"은 없습니다. 인용해 온 합 2:4에도 「오직」은 없어요. 시 1:2, 마 6:20, 요 20:31, 행 1:8, 엡 5:18, 히 10:38, 약 1:6 "오직"이 아닙니다. 원문은 "De" 또는 "αλλα"인데 영어 성경은 "But"로 번역했어요. "오직 믿음"만 강조하니까 "행위"는 밀려 나는 현상을 초래했습니다.

오직 믿음으로 구원 받으니까, 행위는 제쳐 놓는 꼴이 되니까 잘 믿는다는 교인들이 정계나 재계나 교육계, 교회 내에서도 못된 범죄 사건에 연루되는 일이 얼마나 많습니까!

눅 15장에는 잃어버린 양, 잃어버린 드라크마(동전), 집 나간 아들 비유가 있는데 3절의 비유라는 헬라어 단어가(파라보렌) 단수니 하나의 비유라는 것입니다. 계속 찾고 생각하시는 열심과 참고 기다리시는 아버지 즉 하나님의 사랑이 주제인 비유입니다.

주인공은 하나님이시지 탕자가 아닙니다. 그러면 설교도 바꾸어야 지요. 갈 5:22 성령의 열매는 9가지라고 하지만 열매(칼포스)도 단수 입니다. 하나의 열매인데 경우에 따라 나타나는 표현이나 반응이 9가 지라는 것입니다.

눅 17:21 "하나님의 나라가 너희 안에 있느니라" 하셨는데 "마음속 에 있다"고 이해하시는 분들이 많지만 예수님과 함께 있던 바리새인들 마음에 하나님 나라가 있다고요? 마음 안(속)에 있다고 할 때는 엔(ἐν) 이라고 쓰는데 여기는 엔토스(ἐντὸς)를 썼어요. 영어 표준 성경 Midst, 예루살렘 성경은 Among, NIV, KJV은 within으로 번역했는데 여기 예 수님께서는 "세상 나라처럼 생각하고 하나님 나라를 기다리는 바리새 인들아 아직은 이해하지 못해 받아들일 수 없겠지만 너희들 가운데 있 는 내가 이 땅에 내려온 하나님 나라다"라고 하신 것입니다. 하나님 나 라인 예수님 자신이 바리새인들 가운데 계시다는 것입니다.

요 19:26 십자가 위의 예수께서 모친에게 "여자여"라고 했는데 어떤 분이 "이 말씀은 어머니에게 최상의 예절을 표하신 단어"라고 하면서 "끝까지 효심을 들어낸 모범"이라 했는데 무시입니다. 여인(구네)은 요 2:4, 4:21, 8:10 모두 같은 단어입니다(어머니에 2번, 여러 남편 있었던 여인, 간음한 여인). 예수님은 하나님의 자리로 돌아가시기 전에 하나 님 아들의 자격으로 인간인 여인과 구별해 대면하시면서 사용한 단어 입니다. 그러므로 원문 공부하지 않고는 알 수 없는 것들입니다.

솔직히 한국 개역성경이나 영어 성경 읽고 아는 척하고 고집부리고 따지는 사람들 창피한 줄 알아야 합니다. 겸손히 배우려는 자세가 중 요한 것입니다.

부모를 떠나 둘이 한 몸이 된다 할 때 「에카드」가 복수인 「하나」입니다. 엘로힘도 복수입니다. 이 원리들을 알아야 삼위일체를 이해합니다. 꼭 장엄 복수로만 쓰이진 않았습니다. 「야다」는 「안다」는 말입니다. 이 말을 헬라어로 "오이다"로 번역하지 않고(지식적으로 안다는 뜻) "기노스코"(경험적, 체험적으로 안다는 뜻)로 번역했어요. 예수께서 하나님을 안다, 성령께서 하나님의 깊은 것을 안다 할 때 "속속들이 안다"는 뜻입니다. 마치 결혼 전에 애인의 모습, 습성, 기호 등을 지식적으로 알다가 결혼 후에는 마음과 생각과 인격과 비밀스러운 습관과 신체의 각 부분과 심지어 Sex의 클라이맥스까지 속속들이 알 때 사용하는 말입니다.

(9) 불필요한 의미부여도 삼가야 합니다.

마 14:30 "주여 나를 구원하소서" 여기 구원을 조직신학적으로 구원론에 의거해 분석, 해석하는 것은 웃기는 일입니다. 그냥 물에 빠지고 있으니 건져 달라는 의미일 뿐입니다. 롬 1:16 능력은 「뒤나미스」인데 이 어원에서 다이너마이트라는 단어가 나왔습니다. 그래서 "다이너마이트 같은 능력의 복음"이란 설교를 한다면 유식이 아니라 무식입니다. 왜냐하면, 바울 당시엔 다이너마이트가 발명되지도 않았고 바울이 다이너마이트를 염두에 두고 로마서를 쓴 게 아니기 때문입니다.

(10) 성경을 이용하려 해서는 안됩니다.

자기 경험이나 의도를 뒷받침하기 위해 성경을 이용하려는 생각이나 성격에 맞는 것을 취사선택해선 안 됩니다. 이단들은 자기들의 주장이나 교리를 증명하기 위한 수단으로 성경을 사용합니다.

그래서 성경 여러 책에서 문맥을 고려하지 않고 증거될 만한 구절들을 모아 교리 해설집을 만들고 가르칩니다. 이단은 아니지만 건축을 위한(?) 부흥회를 열고 강사를 초빙하면서 건축헌금 좀 많이 내게 집회를 인도해 달라고 부탁하기도 하고 또 강사 역시 마 6:19~21을 인용하면서 "보물을 하늘에 쌓아야 합니다. 하나님께 드려야 합니다. 이 세상은 도적이 많고 좀이나 동록이 많습니다." 하다가 더 흥분하면 "말 3:10을 보십시오. 온전한 십일조를 들여 보세요. 하나님께서 창고마다 가득가득 은금으로 채워 주십니다."하면서 사기 치는 것입니다. 정말 십일조가 축복받기 위한 복채로 드리는 것인가요? 하나님께서 십일조 낸 자에게 복 주시나 안 주시나 테스트하도록 허락하신 뜻인가요? 내 목적을 이루기 위해 성경을 이용해선 안 됩니다. 성경 짜깁기 대회가 얼마나 많은지 모릅니다. 문제는 불건전한 성경공부 모임에 많은 사람들이 따라가고 있는 것입니다.

(11) 남들의 해석은 확인해야 합니다.

제가 성경에 있는 내용 중 쉬운 질문을 할 테니 답해 보라고 한 후 물으면 별별 답이 다 나옵니다.

1. 기독교의 가장 큰 명절은? (성탄절)
2. 예수님 태어났을 때 경배하러 온 동방박사는 몇 명? (3명)
3. 예수님이 체포되어 심문당할 때 제자 베드로가 예수를 모른다고 부인했는데 닭이 몇 번 울었나? (3번)
4. 예수님이 십자가에 달리셨을 때 같이 십자가에서 구원받은 강도는 어느 쪽 강도인가? (바른쪽)
5. 예수님 제자 중 수제자는? (베드로)
6. 베드로는 어떻게 죽었나? (십자가에 거꾸로 매달려)

대부분이 괄호 안의 답변들인데 전부 성경적 답변이 아닙니다. 성경에는 없는 소리들인데 옛날부터 전해온 말이 교인들의 고정관념이 되어진 것입니다. 행 17:11보면 "베뢰아 사람은 데살로니가에 있는 사람보다 더 신사적이어서" 여기 "신사적이다"는 말의 뜻은 「진리에 대해 마음이 열려서」란 의미이고 「이것이 그런가 하여」 날마다 성경을 상고했다는 것입니다. 이처럼 설명이나 해석이 맞는지 성경을 통해 확인하는 습관이 있어야 합니다. 그러므로 남의 말을 비판 없이 받아들이고 기준 삼으면 안 됩니다.

예를 들면 창 32:22에 보면 고향 찾아오는 야곱이 형 에서가 벌써 알고 400명이나 되는 사병을 보냈다는 보고를 받자 두려워하며 예물을 앞세우고 온 가족을 밤에 얍복강을 건너보낸 후 홀로 남아 불안하고 초조해하고 있는데 침입자가 생겨 씨름했다고 했는데 「예아베크」는 싸움입니다. 그래서 전통적 해석은 영적 씨름, 영적 싸움 즉 기도를 했다고 합니다.

칼빈은 침입자가 생겨 싸움했다는 것을 환상으로 봤으나 그것도 잘못입니다. 야곱의 상황에서 침입자가 있을 때 사생결단의 싸움을 한 것입니다. 자객 중 하나라고밖에 생각할 수 없었을 것입니다. 그래서 온 힘을 다해 싸우는데 야곱의 환도 뼈를 쳐 위골시켰습니다. 절뚝거리게 만들어 맞상대가 못됨에도 자기를 죽이지 않는 분! 이때야 야곱은 이 침입자가 보통 인간이 아님을 알고 붙잡아 늘어진 게 26절입니다. "그렇다면 나에게 약속했던(창 31:3, 29, 42) 그분의 사자겠구나 그렇다면 내가 그냥 이 기회를 놓칠 수는 없다"고 간절한 매달림을 계속한 것입니다. 지금까지 다리 힘만 믿고 살던 야곱을 하나님만 바라보게 하시려는 하나님의 뜻이었습니다. 그래서 "그래 내가 졌다 내가 너를 사랑하기 때문에 내가 졌다. 무엇을 원하느냐 축복, 축복하는데 하나님을 이겼다는 것보다 큰 축복이 어디 있느냐 하나님이 네 편이 아니냐" 이 메시지인 것입니다. "육체를 포기하고 하나님만 의지하라 내가 사랑 때문에 네게 졌다" 이런 의미로 이름을 바꾸어 준 것입니다. 이것이 싸움이었음을 호 12:3~4 보면 알 수 있으며 또 기도였다면 기도하는데 왜 환도 뼈를 쳐서 병신 만드나요? 열심히 하나님께 기도한다고 절름발이 만듭니까? 실상 기도는 그 후에 했다고 봐야 합니다. 이런 오해들은 목사님이나 학자의 설교 또는 설명을 그대로 듣고 인정하고 인용해 왔기 때문입니다.

마 7:12의 경우도 기도에 대한 교훈 중에 느닷없이 대접하는 문제를 제기해야 할 이유나 근거가 없습니다. 더구나 접속사 "그러므로"가 있으니 반드시 앞의 문맥과 관계된 것이 아닙니까? 그렇다면 여기서 대접이란 무슨 의미인가를 깊이 생각해야 합니다. 어떤 목사님의 설교에 저도 그렇구나 감격하며 깨닫는 은혜에 감사했어요. 그게 뭐냐 하면 사울이란 큰 자란 뜻이고 바울은 작은 자란 뜻이라는 것입니다. 바울이 예수 그리스도를 만나기 전에는 교만하게 큰 자로 군림했으나 예수 그리스도를 만나니 세상학문, 명예, 가문 다 버리고 겸손히 작은 자가 되어 평생을 섬겼다는 것입니다. 바울이 작은 자란 뜻은 맞지만 사울이 큰 자란 뜻이라는데 어느 사전을 찾아도 없습니다. 만들어 낸 말일 뿐입니다.

(12) 신기하다고 속아도 안 됩니다.

눅 10:25~37에 선한 사마리아인의 비유가 나옵니다. 실제 비유는 30~35절 사이에 있습니다. 이것을 영적 해석한 설교에 많은 사람들이 은혜를 받았다고 합니다. 해석 내용은 「예루살렘=교회, 여리고=세상, 선한 사마리아인=예수 두렙돈=신약과 구약」이라 하면서 교회를 떠나 세상으로 가니까 강도를 만나는 것이라고 하는데, 지금 예수님은 강도 만난 자를 꾸중하려는 것도 아니고 그 이유를 설명하시려고 예를 든 것도 아닙니다.

「강도당해 불쌍한 사람이 바로 네가 사랑해야 할 사랑의 대상인 네 이웃이다」라는 것을 가르쳐 주시는 게 목적입니다. 본문과는 엉뚱한 해석임을 알아야 합니다. 어쨌든 은혜만 받으면 될 것 아니냐고 한다면 북한 공산당 괴수의 말속에도 은혜 될만한 말은 많이 있는 것입니다. 하기야 어거스틴도 이 본문을 알레고리칼한 해석을 했었습니다. 「강도=사탄, 강도당한 자=아담, 예루살렘=낙원, 내려감=타락, 제사장=모세, 레위인=선지자, 사마리아인=예수, 기름과 포도주=성령과 보혈, 주막=교회, 주막집 주인=목사, 두렙돈=이생과 내생, 다음날=부활일, 다시 올 날=재림」 등으로 풀어보니 신기하고 더구나 대학자가 해석했으니 한동안 비평 없이 그대로 받아들여졌었습니다. 그러나 이 본문의 핵심은 네가 사랑을 베풀어야 할 이웃이 누구냐를 가르치기 위한 것일 뿐 비유 자체가 목적이 아님을 알아야 합니다. 사람들은 이상한 소리, 처음 듣는 해석을 좋아하며 그런 설교자나 강사를 높이 평가하는데 그래서 이단들이 쉽게 자리 잡을 수 있다는 것도 아셔야 합니다.

(13) 계속 밝혀지는 자료를 신속히 입수 공부해야 합니다.

성경 낱말, 지리, 고고학적 자료들에 민감한 공부가 필요합니다. 성경에는 한번 밖에 사용되지 않는 낱말이 많고(구약 8,000단어 중 1,300개 단어) 그 뜻이 분명치 않은 것도 사실 많다는 것을 알아야 합니다. 「공허」나 「혼돈」이란 창 1:2의 낱말을 비롯해서 연구되어야 할 단어가 많습니다.

창 6:4 네피림이란 단어도 민 13:33에 한 번 더 나올 뿐이며 해석에 따라 엄청난 문제들이 발생할 수 있는 중요한 낱말들입니다. 「무드셀라」라는 제일 오래 산 사람의 이름 뜻이 "창을 던지는 자"라고 알려져 있었습니다. 얼마나 창을 잘 던졌기에 이런 이름을 주었는지 당대에는 그 고을에 쳐들어갔다가는 창을 잘 던지는 자가 있으니 이길 수 없다는 전설이 있을 만큼 유명한 족장이었다는 해설도 있습니다.

그러나 근대에 와서 유베리라는 학자에 의해 「죽으면 심판이 온다」는 뜻이 있음을 발견했습니다. 그래서 조사해 보니 무드셀라가 969세 때 바로 노아가 600세였고 대홍수 사건이 났습니다. 계속 성경 사본의 연구와 당시 문학 작품들의 비교 연구가 이루어지고 있으므로 새로 발표되는 논문들을 재빨리 읽어야 합니다.

또한, 기록자가 문법적으로 틀릴 수 있습니다. 그렇다고 성경이 틀렸다고 할 수는 없습니다. 삼하 24장에는 하나님께서 인구조사하게 했다고 했는데 역대상 21장엔 사탄이 하게 했다고 했습니다. 신약에는 겨자씨가 제일 작은 씨라 했으나 더 작은 씨가 있습니다. 그 당시 알려진 씨 중에는 가장 작다는 것입니다. 그래서 모순처럼 보이는 것들도 잘 살펴보면 그전보다는 나중에 이해가 더 밝다는 것을 알 수 있습니다. 그 시대가 지나서 알 수 있다는 것입니다.

신 34:5 보면 모세가 죽은 것이 기록되었습니다. 그런데 창세기부터 신명기까지 모세 5경을 모세의 작품으로 말합니다. 죽은 자가 쓸 수는 없습니다. 그러나 마지막 부분을 여호수아가 몇 장을 써 완성시켰다고 해도 전체는 모세의 저작이라 해야 맞는 것입니다. 유명한 신약 주석 「핸드릭슨 성경주석」도 끝까지 다 핸드릭슨이 쓴 것이 아닙니다. 저작 도중에 하나님의 부르심 받아 소천하니 그분과 동일한 신학 입장을 가진 그의 제자나 친구들에 의해 완성되었습니다. 그러나 핸드릭슨의 신약성경 주석이라고 합니다.

또 어떤 사람들은 낱말의 뜻에만 매달리는 경우도 보는데 한 낱말에도 여러가지 다른 의미를 가지고 있으니 어차피 하나를 선택해야 합니다. 그런데 그 단어에서 그 뜻이 제일 좋아서 선택은 했으나 앞뒤로 연결시키니 이상해지고 마는 수가 많아요. 그래서 낱말공부는 초등학생 수준이며, 문장공부는 중학생 수준이고, 사상 심기나 분석이 대학생 수준임을 깨닫고 많이 읽고 두루두루 섭렵하는 계속적 연구가 필요한 것입니다.

또한 $ax+bx+c=0$ 이것을 보고 영어 공부하겠다고 박박 우기지 말고 문장분류부터 정확히 해서 처음 말씀 주실 때의 의미를 바로 찾아 삶에 접목시키는 성도가 복 받은 자임을 알아야 합니다.

인간 창조와 타락

Human Creation and
Corruption

CHAPTER 04

인간 창조와 타락

1. 창조

하나님은 무궁하신 지혜와 능력으로 천지를 창조하시었습니다.

창 1:1은 "태초에 하나님이 천지를 창조하시니라"는 위대한 선언으로 시작됩니다. 태초(레쉬트)에, 이것은 "시간, 물질, 공간, 물건 덩어리 모두의 첫머리에"란 뜻입니다. 또 하나님들(엘로힘)은 복수로서 권능, 위험, 충만을 나타낼 뿐 아니라 삼위일체의 하나님임을 뜻합니다.

천지(하샘마임)는 「하늘들」인데 우주를 가르칩니다. 태양이 하나가 아니라 태양이 수천억 개이므로 태양계만도 수천억 개니까 상상을 초월하지요. 지구가 속한 은하계에 2천억 개 별이 있고 은하계만 한 바퀴 도는데 2500만 년이 걸린답니다. 이런 은하계도 먼 곳에서 보면 한 개의 점입니다. 세 개의 성좌가 있는데 그 별 하나가 오리온별이고 호주 쪽에서 보면 대마제란 성운과 소마제란 성운이 있는데 각각 태양 정도의 별을 2000억 개씩 보유합니다.

그냥 읽지 마시고 생각을 좀 해보세요. 자동차를 시속 100마일로 달린다면 무척 빠른 것으로 생각하시겠지요. 창밖으로 휙휙 지나가는 가로수를 보면 겁이 날 것입니다. 그런데 지구는 1년에 한 번씩 태양을 돕니다. 놀라지 마세요. 시속 64,800마일로 달리는 것입니다. 그런데도 우리는 느끼지 못하는 것입니다.

빛의 속도는 1초에 186,273마일(지구를 7바퀴 반 돌 수 있는 거리)까지 가는데도 지구에서 은하계 중심까지는 빛으로 33,000년이 소요됩니다. 도대체 상상이나 됩니까? 오리온별, 안타레스별의 직경은 태양보다도 500~1,000배나 크니(태양은 지구의 1,300,000배인데) 우리 지구의 몇 배나 되겠습니까?

그 작은 점보다도 작은 지구, 그 속에 또 한 대륙, 그 속에 한 나라, 그 속에 한 도시, 그 속에 한집, 그 속에 한 가정의 일원인 「나」는 도대체 어떤 존재인가를 겸손히 살펴봐야 합니다. 암스트롱이 로켓을 타고 지구를 떠나 한동안 가다가 지구를 보니 농구공만 해 보이고 한참 더 가다 보니 야구공만 해 보이고 더 가다 보니 탁구공만 해 보였을 때 저 작은 곳에서 서로 잘났다고 싸우고 자랑하고 네 것이냐 내 것이다 하는 모습들이 얼마나 우스꽝스러운지 부끄러웠다고 간증했던 것이 기억납니다.

우리 언어로 표현할 수 없는 그 엄청나고 원대한 우주를 창조하신 하나님께 「생각할 수 있다」는 사실 하나 때문에 거부하고 무시하고 건방 떨고 하나님이 있네 없네 까불어 대니 이건 해도 너무하는 것입니다. 그래서 시편 14:1에는 「어리석은 자는 그 마음에 이르기를 하나님이 없다 하도다」고 갈파했습니다. 지금도 새로 만들어지는 별은 파랗고, 빨간색 별은 언젠가 없어지고 있다는 것입니다. 이 모든 것을 다 창조하시고 지금도 섭리하시는 하나님 앞에 우리를 비교할 수 있을까요?

아브라함은 별들을 보면서 놀라서 별들을 믿은 것이 아니고 이 우주를 창조하신 하나님을 믿었습니다. 「땅」은 단수로 지구를 가르치며 이 작은 지구의 땅도 우리가 다 밝혀낸 것이 몇백 년 전밖엔 안 됩니다. 창조 「바라」는 창조에 쓰이는 4가지 단어 가운데 무(없는 것)에서 유(존재함)를 만들어 냈을 때만 사용한 말입니다. 하나님께서 어떻게 모든 것을 창조하셨는지 설명이 나오기 시작하는데 처음에는 빛을 만들었습니다.

그러나 이 빛은 태양이 아닙니다. 우리가 이해할 수 없는 어떤 빛입니다. 과학자들은 에너지의 근원으로 해석합니다. 모든 물질은 분자로 이루어졌다는 것을 알게 된 것이 불과 백 년 전이고 그 분자는 원자로, 원자는 전자로, 전자는 광자로 이루어졌다고 밝혀진 것은 근래 일입니다. 그런데 광자는 더 이상 나눌 수 없는 모든 물질 구성의 최초 단위라고 합니다. 이 광자의 배열순서와 방법에 따라 물질이 만들어지고 우주의 창조가 가능한 것입니다.

이 광자(光子)가 첫째 날의 빛이 아닐까요? 그 다음에는 궁창의 물과 아래 물로 구분했는데 궁창은 하늘이라 했으니(라키아=허공, 망치로 두들겨 얇게 해서 둥글게 둘러싼 것) 수증기로 가득한 부분 즉 대기권과 물로 둘러싸인 지구 땅의 분리일 것입니다. 수증기도, 얼음도, 물도 화학분자식은(H_2O) 모두 같습니다. 사실 수증기층이 지구를 둘러 온도와 수분을 조절함으로 생명체 창조를 준비한 것입니다. 대기권에 무게가 있음도 파스칼이 알아냈으니 300년밖에 안 됩니다. 지구가 물속에 쌓여 있었고 서서히 땅이 드러났다는 것은 지질학, 고고학 연구에서 밝혀졌습니다. 6~3억 년 전 암석이 고생대 전반기 암석인데 조사해 보니 모두 수성암입니다. 즉 성경 말씀대로 물속에서 땅이 드러나

기 시작한 것입니다. 그러고 나서 넷째 날에 드디어 태양과 별들과 계절을 만드셨습니다.

태양이 생긴 후부터는 나무에 나이테가 생겼습니다. 어떤 층에서 나온 나무 화석은 나이테가 없어 과학자들이 이상하게 여겼고 계속 조사해 보니 고생대 나무는 나이테가 없어 나무화석의 유무로 고생대와 중생대를 구별하자고 결론지었습니다. 이방 종교는 해, 달, 별 들을 숭배하지만, 성경을 소유한 히브리 민족은 태양, 별, 달들을 만드신 창조주 하나님을 믿고 찬양하고 의지했습니다. 여기서 당연히 문제 되는 것이 「날」이란 단어의 의미입니다.

하루가 24시간이라는 것은 태양과 지구가 창조됐을 때 가능하지 태양이 없는데 24시간 하루가 존재할 수 있겠습니까? 그러므로 적어도 첫째 날 둘째 날 셋째 날은 24시간 하루가 아님이 분명합니다. 그러면 「날」로 번역된 「욤」이 갖는 뜻은 무엇일까요? 학자들이 많이 연구하여 발표한 논문들에 의하면 (1) 24시간 하루, (2) 한 세대, (3) 하나님께서 정한 기간으로 쓰였다는 것입니다.

창세기에 「저녁이 되고 아침이 되니 이는 …째 날이더라」는 표현이 노래의 후렴처럼 나오는 것은 창조의 노래로 음운율, 음수율에 맞춘 시적 표현이니 창조 순서를 노래한 것으로 간단히 해석하자는 학자도 있고 세대주의자들처럼 24시간 하루로 고집하는 학자도 있고 오리겐처럼 상징적 의미로 피조물들의 등급으로 해석하기도 하고 빠실루스나 어거스틴처럼 앞의 세날은 24시간 하루가 아니고 뒤에는 24시간 하루니까 통틀어 같은 의미의 낱말을 사용했다고 보는 학자도 있고, 창 2:4의 경우와 같이 「때」로 사용하고 있으니 세대로 보는 견해도 있는가 하면 욥 14:6, 시 50:15 90:4, 140:7 등에서 사용된 것처럼 한정 지을 수 없는 시간의 길이 즉 하나님께서 정한 기간으로 보는 학자들이 많습니다.

태양들을 만드신 하나님은 다섯째 날 수중생물과 날짐승(새)들을 만드셨고 그런 다음 들짐승과 가축을 만드셨습니다.

이런 세밀한 계획과 그 설계의 한 페이지씩 이루어 가시며 보시기 좋았다고 확인하시던 하나님은 드디어 창조의 극치인 인간을 하나님의 형상으로 만드셨습니다. 다 준비해 놓고 그것들을 관리하고 다스리게 하시며 심히 좋았더라고 하셨습니다. 그러므로 처음 창조된 인간 아담은 피조물로서는 최고의 존재이며 하나님의 형상 특히 자유 자로 창조될 뿐 아니라 지혜와 지식도 월등하여 육축, 새, 짐승들의 이름을 그 생물들의 특성대로 한마디로 표현해서 명명할 수 있는 존재였습니다. 그런데 아담을 처음에 만들고는 하나님께서 아무래도 짝이 있어야 좋겠다는 생각으로 여자를 만들어 남자를 돕는 배필로 삼았습니다.

그런데 재료가 특이합니다. 남자 아담은 흙으로, 여자 이브(하와)는 아담의 갈비뼈로 만들었습니다. 그러니까 남자와 여자는 처음부터 합쳐야 온전한 하나이며 뼈가 흙보다 강한 것처럼 여자와 남자가 싸우면 여자가 이기게 되어있습니다. 뼈가 흙을 긁어대면 별수 없이 긁혀야 합니다. 그러나 뼈도 결국은 흙 속에 묻힙니다. 뼈를 품을 수 있는 넓고 풍성한 흙! 이게 남자의 마음이어야 합니다.

2. 시련수: 선악과(창 2:15~17)

하나님께서 선악과를 만드신 것에 대해 시비가 많습니다. 전지전능하셔서 인간이 반드시 타락할 줄 아셨다면 선악과를 만들어 동산 중앙에 두지 말거나 따 먹지 못하게 천사를 동원해서 막아 주면 됐을 텐데 왜 만들었으며 타락을 방조했느냐는 것입니다. 하나님은 "우리가 우리의 형상으로" 사람을 만들자 하시고 그렇게 만드셨습니다. 하나님의 형상까지 허락한 피조물! 대단한 존재이나 역시 피조물이므로 창조주와 반드시 있어야 합니다. 그래서 하나님은 "우리는 창조주이고 너는 피조물임을 확실히 해 두자"는 뜻으로, 그리고 "자유의지를 주었으니 네 스스로 결정하여 보라"고 기회를 부여 한 것입니다. 이것이 하나님의 결정인데 왜 우리가 이의를 제기할 수 있나요? 우리는 우리 멋대로 생각해도 좋고 하나님은 하나님 멋대로 할 수 없습니까? 사실 하나님은 인간을 사랑하셔서 자유의지까지 주셨습니다. 만약 로버트처럼 만들고 "이렇게 해라 저렇게 하라 이리 가라 저리 가라 먹으라 중지하라" 조종한다면, 자유가 없는 존재라면 이미 존재 가치가 없습니다.

선택과 결단의 자유야말로 사람을 사람이게 하는 필수적 요소입니다. 스스로 자기 길을 선택할 수 있는 존재 이게 바로 하나님 형상의 일부인데 자유가 없다면 참사람이라고 할 수도 없습니다. 이것을 사람에게만 주신 것은 최대 선물이 아닙니까? "자유를 소홀히 말고 포기도 말고 잘 간수하고 옳게 행사하기 바란다. 그러나 네가 맘대로 포기할수도, 소홀히 할 수도 있다. 다만 그에 따른 책임 역시 네가 져야 한다" 이것이 하나님의 생각이었습니다.

만약 타락을 못 하게 자유를 정지시켰다면 이것은 자유를 주시기로 결정했던 하나님 자신의 타락입니다. 자유를 빼앗고 꼭두각시 만드느니 타락한 자식이 낫다고 판단하신 것입니다.

3. 인간의 범죄

첫 번째 범죄

사악한 마귀는 뱀 속에 들어가 이브(여자)에게 접근했고 관심사로 대화의 길을 열었습니다. 이때 이브의 답변(창 3:3)을 보면 처음 아담에게 하나님께서 주셨던 명령과는(창 2:17) 다르다는 것을 금장 알게 됩니다. 이로 보건대 아담이 이브에게 잘못 가르쳤거나 이브가 변질시켰거나 둘 중이 하나입니다. 이브는 "먹지말라"를 "먹지도 말고 만지지도 말라"로 덧붙였고 "먹는 날에는 정녕 죽으리라"를 "죽을까 하노라"로 약화시키면서 이미 하나님의 명을 거역할 뜻을 은근히 표출했습니다.

뱀에게 안겨 준 승리의 찬스를 그 약은 놈이 놓치지 않습니다. "하나님과 같이 된다면"하는 은근한 기대 속에 이브는 남편과도 의논 없이 하나님께 묻지도 않고 자유를 선악과 먹는 쪽으로 사용했고 남편 아담에게도 제공했습니다. 아담도 "무슨 짓이냐 하나님께 용서받자" 하지 않고 그냥 받아먹으므로 자유를 행사했습니다.

이 선악과는 하나님께서 「내 말대로 살겠느냐 네 멋대로, 네 마음대로 살겠느냐」를 묻는 것이었는데 결국 인간은 하나님 말씀에 따라 살기를 거절하고 자기 맘대로 살겠다는 독립선언을 하고 말았으며 하나님과 같이 되어 보겠다는 교만을 표출한 것이었습니다.

하나님 말씀을 거역한 것과 하나님과 같이 되겠다는 의도가 바로 뿌리 되는 죄악입니다. 하나님 없이 살 수 있다는 부부의 행위는 완전한 범죄였습니다.

두 번째 범죄

창 3:9에 보면 하나님께서 "네가 어디 있느냐" 부르시며 찾으셨습니다. 하나님께서 아담이 어디 있는지 몰라서 찾는가요? 다 아시면서 부르셨다면 그것은 회개의 기회를 주신 것이 분명한데 "제가 범죄하였나이다. 용서하옵소서"가 아니라 "하나님이 주셔서 함께 하게 한 여자 그가 주워 먹었을 뿐"이란 핑계를 댔습니다.

이것은 책임을 하나님과 아내에게 전가하는 두 번째 범죄였습니다.

여자도 물론 뱀에게 책임을 전가했습니다. 숨으면 숨었지 회개는 할 수 없었던 죄인들! 악을 먹었으니 악을 알게 되고 악을 따르게 된 것입니다. 악을 보고 따르도록 눈이 밝아진 것이었습니다.

4. 하나님의 사랑

첫 번째 큰 사랑

범죄한 인간이 악을 볼 수 있게 되자 제일 먼저 가린 부분이 생식기 부분입니다. 이것은 하나님의 저주를 받기 바로 이전이었는고로 수많은 후손들이 생식기를 성욕 충족의 수단으로 변질시키며 수없이 많고 많은 큰 죄악들을 저지를 것을 바라볼 수 있었기 때문일 것입니다. 모든 죄악의 시발이 성범죄가 아닌가 싶습니다.

인간은 부끄러운 부분을 해결하기 위해 무화과 나뭇잎으로 치마를 만들어 입었습니다. 이것은 완전한 방법이 아니었습니다. 그래서 하나님의 사랑이 이제는 직접적인 간섭으로 넘어갑니다. 어떤 짐승을 잡아 희생시키고 가죽옷을 만들어 입혔습니다. 이것은 죄인을 구원하시려는 구원계획을(예수 그리스도를 죽여서 핏값으로 의의 옷 입혀 죄인 전체를 구원하시려는) 슬며시 표출한 행위였으며 범죄한 인간에게 베푸신 큰 사랑이었습니다.

두 번째 추방의 사랑

에덴동산에는 선악과 외에 생명 나무도 있었습니다. 죄를 범한 상태에서 생명 나무 열매를 먹어 버리면 죄인으로 영생할 것이 아닙니까? 그래서 하나님은 인간을 에덴에서 내쫓으셨습니다.

이 추방은 회개의 기회를 주며 죄인으로 영생하지 못하게 하시려는 하나님의 또 다른 역설적인 사랑표현이었다고 할 수 있습니다. 아무튼, 하나님은 사랑하지 않고는 견딜 수 없는 존재이십니다. 감사하지 않을 수 있습니까!

5. 범죄의 결과

1) 아담과 이브 가정에 대한 결과

죄 중에 제일 큰 죄는 나도 하나님과 같이 될 수 있다는 교만죄이며 하나님 없이 살 수 있다는 창조주에 대한 독립선언인데 이 죄의 결과는 자못 심각한 것입니다.

죄(하말티아)는 하나님을 등지는 것입니다. 하나님을 떠난 상태에서 기회를 주었음에도 빨리 깨닫지 못하자 하나님의 저주 선언이 지엄하게 내려졌습니다. 뱀과는 후손들 끼리도 원수가 되게 한다는 것이요 여자는 자식 잉태와 출산의 고통을 크게 더하고 남편의 다스림을 받아야 하다는 것이었습니다. 아담에게는 종신토록 수고해야 소산을 먹을 것이며 땅마저 대적하게 될 것이며 죄의 결과로 죽어 흙으로 돌아가야 할 것과 아울러 에덴에서 쫓겨나게 되었습니다.

2) 모든 인류에게 미친 결과

사실 아담과 이브는 모든 인류의 대표이니 그들의 체내 조직 속에 용해되어 있는 모든 후손은 심각한 타락의 영향을 입게 되었습니다. 타락으로 얼룩진 몸과 피를 받게 되므로 죄인으로 출생하게 된 것입니다. 이것을 원죄라고 하는데 이 원리를 거부하는 사람들이 많습니다. 그렇다면 아동 발달 심리학의 권위자이며 스위스 교육학자인 피아제의 보고에 귀를 기울여 보십시오. 저 역시 경험한 일입니다.

딸 아이가 두 살 때 엄마의 보호만 받으면서 자랐고 찾아오시는 분들도 모두 귀여워만 해 주고 성경을 따라 외우게 하고 노래 들려주고 그랬어도 혼자 방에서 물을 엎지르고 나서 누가 그랬느냐 물으니 깜찍하게 자기가 안 했다고 거짓말을 하는 것입니다.

누가 거짓말을 가르쳤단 말입니까? 피아제도 밀폐된 환경에서 연구했는데 인간은 처음부터 거짓되더란 결론을 얻었습니다. 오염된 피를 받았기 때문입니다. 식민지에서 태어난 우리가 죄가 없어도 역시 식민이었던 것과 같은 것입니다. 힘없이 당파싸움만 하다가 침략당한 것은 우리 조상들이지만 그 영향은 우리에게 계속 미치는 것과 같습니다. 때문에 여기서 우리는 중요한 원리를 하나 찾아내야 합니다. 인간이 하나님을 거부하고 자기중심적 이기심을 따라 자유의지를 행사했더니 인간과 하나님 사이에 단절이 왔습니다. 관계가 절단된 것입니다. 그러므로 인격적 교제나 사랑의 교통이 끊어졌습니다.

뿐만 아니라 에덴에서 추방되자 제일 먼저 느끼게 되는 것은 부족이었습니다. 그 엄청난 부요를 하나님 앞에서 누렸던 경험 때문에 절대 부족, 절대 빈곤은 견디기 어려운 문제였습니다. 농사로 만족이 없습니다. 조금 가져도 부족은 마찬가지입니다. 원치 않아도 고통이 있고 악이 있고 죽음까지 있으니 돌파구를 찾게 됩니다.

이때 그 원인이 최고로 부요하시고 한없는 복의 근원 되시는 하나님을 떠났기 때문이라고 빨리 깨닫고 손들고 울면서 통회자복하고 하나님께로 나갔어야 하는데 인간이 택한 방법은 무엇인가요? 이웃을 바라본 것입니다. 이웃이 소유한 것을 보고 빼앗아서 자기 부족을 채우기로 한 것입니다. 힘으로 빼앗고 힘으로 안 되면 머리를 써서, 사기 쳐서 뺏는 것입니다. 그래도 부족은 여전히 느껴집니다. 때문에 계속 남의 것을 뺏으려 하니 그 사람도 마찬가지로 당하고만 있는 게 아니라 남의 것을 빼앗아 자기 부족을 메꾸어 보려 합니다. 그래서 인간과 인간의 단절이 왔습니다. 하나님과의 단절은 인간끼리마저도 단절하게 하는 원인이 된 것입니다.

인간과 인간의 단절, 그리고 빼앗기 전쟁, 이것이 확대되면 부족끼리, 더 나아가서 나라끼리의 전쟁이 되는 것입니다. 하나님과의 분리는 인간과 인간의 분리를 일으켰는데 거기서 머물지 않아요.

남의 것을 빼앗으려다 보니 내 뜻대로 다 되지 않는 것을 알게 됐습니다. 그때 무얼 느끼는가 하면 자기 자신을 믿을 수가 없다는 것을 알게 되며 그러므로 급기야 타락한 인간은 자기와 자기마저 단절시킵니다. 3중적 단절이 연쇄 반응식으로 일어난 것입니다. 그러므로 죽음으로 대표되는 악과 고난의 상태는 계속되고 빌딩을 몇십 개 소유해도 욕심은 없어지지 않고 채우고 채워도 내 한 사람의 부족도 채울 수가 없는 것입니다.

3) 기타 피조물에 미친 결과

타락은 우리 인간이 했지만, 그 결과는 피조물의 모든 세계에까지 저주가 임했습니다. 최고의 존재로 창조했던 인간이 범죄하니까 하나 님은 너무나 속이 상하셔서 창조한 것 모두를 실패한 장기나 바둑판을 탁 쳐 버리듯 장본인 뱀과 사람뿐 아니라 육축과 짐승, 심지어 땅까지 저주했습니다.

자연이 고통받는 것도 인간 때문이요 동물 세계가 치열한 생존경쟁 속에서 서로 피 흘림도 인간의 죄 때문이요 공해 문제도 우리가 만든 이기심의 결과입니다. 그래서 짐승들이 우리를 물고 쏘고 괴롭히는 것 이며 모든 피조물이 바라고 고대하는 것이 하나님의 아들들이 나타나 원상태로 회복하는 것입니다(롬 8:18~22). 때문에 우리가 하나님의 아 들들이 되면 어린아이가 사자 굴에서 노는(사 65:17~25, 11:6~9) 새 하늘과 새 땅이 도래하게 되는 것입니다.

4) 성경이 말하는 타락한 인간의 상태

1. 세상에 어떤 것보다 거짓되다고 할 정도로 부패되어 있다는 것이 며(렘 19:9)
2. 선한 것이 거하지 않으며(롬 7:18)
3. 하나님의 영광에 이르지 못하며(롬 3:23)
4. 당연히 죽고 심판 받으며(히 9:27)
5. 롬 1:18~32에 표현한 대로 진노의 대상자이며
6. 롬 3:10~18 말씀처럼 의인은 하나도 없고 진리와 하나님을 깨달

는 자도 없고 하나님을 찾는 자도 없고 선행자도 없고 속이고 죽이고 싸움 좋아하고 하나님을 두려워하지도 않는다는 것입니다.

그러므로 아담의 아들 가인은 동생 아벨을 시기하여 살인하며(창 4:8) 라멕은 두 아내를 취했고(창 4:19) 칼의 노래를 지었으며(창 4:23~24) 또 창 6:5 보면 사람의 죄악이 관영함과 마음의 생각과 계획이 항상 악했다고 하나님이 판단하셔서 대홍수 심판을 내리시게 되지만 그 후에도 인간은 바벨탑을 쌓고 인간 위주의 문화건설에 급급하여 죄악의 연속성을 증명해 주고 말았으며 지금까지 죄성은 계속되고 있는 것입니다.

제5장

구원

Salvation

구 원

1. 구원이란

구원이란 죽음으로 대표되는 악과 고난의 상태에서 벗어나는 것입니다. 잃어버린 하나님의 형상을 회복하는 것이며 깨진 하나님과의 교제를 다시 시작하는 것이며 하나님과 단절되어 하나님을 떠났던 인간이 관계 정상화를 이루며 하나님의 충만과 영광과 부요 속에 돌입하는 것이며 영적 새 생명을 얻는 것이며 잃어버린 신의 성품을 찾는 것이며 쫓겨난 에덴에 새롭게 들어가는 것입니다. 영생을 얻고 하나님의 즐거움에 참여하는 것입니다.

2. 구원의 필요성

구원이란 무엇인가와 밀접한 관계 주제입니다. 구원은 영원한 죽음 문제를 해결하는 것입니다. 왜 죽음이 왔습니까? 죄 때문임을 모두 압니다. 죄의 대가이지요! 인간범죄 후 모든 악과 고난의 상태가 계속되게 됐습니다. 개인적 결핍, 이웃과 관계단절에서 오는 갈등과 결핍상태에서 해결 받아야 합니다.

결핍 중에 가장 큰 것이 죽음입니다. 죽음은 영생을 단절시키기 때문입니다. 죄란 하나님의 권리에 도전하는 것입니다. 본래 인간은 창조주 하나님께 의지하고 순종하며 살도록 창조된 것입니다. 인간이 피조물이라는 것을 알면 동시에 인간의 자원도 제한되어 있음을 알아야 합니다. 삶도 100년 안팎으로 제한되어 있습니다. 능력과 자원이 제한돼 있음을 안 인간은 불안한 것입니다. 그리고 그 제한 때문에 고통과 고난이 있습니다. 때문에 구원은 받아야만 합니다.

3. 구원의 걸림돌

구원을 방해하는 걸림돌은 단 하나 죄악입니다. 죄인은 결코 천국에 들어갈 수 없으며 하나님 앞에 서지 못합니다. 왜냐하면, 하나님의 속성 중에 거룩과 공의성이 있어 죄를 그대로 용납할 수 없으며 죄를 보면 돌격하여 없애버리시기 때문에 죽을 수밖에 없습니다.

4. 인간은 스스로 구원 못합니다.

제한 속에 있는 자가 어찌 스스로 구원할 수 있나요? 그런데도 모든 종교와 마르크스주의 같은 유사 종교들이 스스로 구원할 수 있다고 주장했습니다. 자기 수양, 교육, 고행, 종교적 업적, 공로, 계급투쟁 등을 통해 구원이 가능하다고 했습니다. 문명낙관론자들은 인류가 계속 스스로 지혜를 개발하면 언젠가는 전쟁이 없고 평화한 세계를 건설할 수 있다고 기대했습니다.

계몽주의에서 자유주의에 이르기까지 극치를 이룬 사상이었으나 인간 이성을 개발하고 인격 교육과 과학기술을 발달시킨 결과가 인간 최대의 파멸을 초래하는 무기 생산과 그 결과 세계대전을 통한 대량 살상을 보고서야 인간 내재적 힘으로는 구원이 불가능함을 알게 되었습니다. 그래서 구원은 우리 밖에서 우리를 위해 와야 함을 인식하게 됐습니다. 우리 밖에서 우리보다 더 월등하신 존재가 사랑의 손길을 내밀어야 함을 알 수 있습니다.

제한된 자원에 갇혀 죽어가는 인간들에게 하나님께서, 우리 밖에서 초월하여 군림하시는 무한한 자원의 하나님으로부터 구원사건이 계획되고 오늘날 이루어졌다고 선포하는 것이 복음입니다. 그 구원사건이 어떻게 일어났느냐 하면 예수 그리스도 안에서 일어났다는 것입니다.

5. 구원자가 이 땅에 오셔야 할 이유

개미 떼가 목적 없이 헤매면서 점차 다리 난간 끝으로 가고 있는데 얼마 후에는 강물 위에 모두 떨어져 죽게 될 찰나일 때 이들에게 아무리 인간의 언어로 그리 가면 죽는다 소리쳐도 알아듣지 못합니다. 방법이 있다면 개미의 말로 가르쳐 주어야 합니다.

타락한 인간은 하나님의 음성을 듣지 못합니다. 하나님께서 직접 이 땅에 개입하셔서 사람의 언어로 장래일이며 구원에 관한 좋은 소식을 전해야 되는 것입니다. 때문에 예수님께서 인간의 역사 속에 개입할 수밖에 없었습니다. 여기 큰 늪이 있습니다.

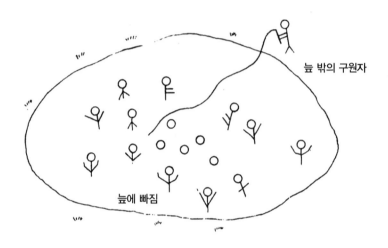

늪 밖의 구원자

늪에 빠짐

이 수렁에 빠지면 어차피 죽을 수밖에 없습니다. 다만 시간문제일 뿐입니다. 힘이 있다고 살겠다는 노력을 하고 힘을 쓰면 쓸수록 빨리 빠져들어 갑니다.

머리를 써서 연합전선을 구축하기 위해 서로 손을 잡았다고 해결되지도 않습니다. 스스로의 구원은 불가능합니다. 세계라는, 즉 지구라는 늪에 빠진 인간들은 아예 자포자기하거나 스스로 살아보려고 힘써보거나 합심해서 살아 보자고 UN 같은 연합체를 만들어도 보지만 구원은 없습니다.

여기서 우리는 기독교 외의 자력 종교들이 모두 엉터리라는 것을 금방 알 수 있습니다. 개발된 지성으로 연합체를 만들어 지상의 유토피

아를 건설하자던 꿈도 오히려 개발된 지성이 만든 최신 무기로 삽시간에 수많은 인류를 죽이게 되니 깨져 버렸습니다. 그래서 소망 없이 버려진 채로 살고 있습니다.

여기서 살 수 있는 길이 있다면 늪 밖의 구원자가 나타나야 한다는 것입니다. 죽음의 늪 밖에서 늪에 빠진 자들을 구원하는 것은 쉬운 일입니다. 나무에 매든지 바위에 매든지 줄을 가져다 계속 던져 주면 됩니다. 「그까짓 것 안 받는다」 거절하면 죽는 것이고 던져준 줄을 잡고 계속 끌어당기면 사는 것입니다.

밖에 있는 존재는 어린아이라도, 힘이 늪에 빠진 어른과 비교될 수 없이 큽니다. 같이 줄을 당기면 더 빨리 구원할 수 있습니다. 기독교는 구원자가 이 세상에는 존재할 수 없고 외부로부터, 즉 하나님 나라에서 찾아와야 되며 그분이 메시아 예수 그리스도라고 주장하는 것이며 그래서 타력 종교라고 합니다.

6. 구원은 어떻게 이루어지나

먼저 하나님은 구원계획을 세우셨습니다. 그 계획은 공의와 사랑을 (롬 5:8) 다 만족시켜야 하므로 아들(성자) 예수 그리스도를 보내, 죗값으로 사망해야 할(롬 6:23) 죄인 대신 죽어 피를 뿌리게 했고 다시 부활하여 승천하셨다가 마지막 최종심판을 위해 재림하게 될 예수 그리스도를 믿고 삶의 주인으로 모시는 자를 구원하는 것입니다. 그래서 이대 구원의 드라마를 이루시기 위해서 예수 그리스도는 잠시 하늘 영광을 유보하시고 이 땅에 개입해 들어오셨습니다. 이 사실이 임마누엘입니다. 즉 하나님이 우리와 함께 계시다는 것이며 이것이 죄인인 우리에게 가장 큰 복입니다.

이 일은 하나님과 예수 그리스도의 인간에 대한 사랑의 가장 확실한 표현이며 계획을 끝내 희생을 통해서라도 이루고야 말겠다는 하나님의 열심입니다. 이 일을 구약에서 예표하기 위해 출애굽 사건이 동원되고 제사 제도, 성막과 기구, 제사장 제도 등이 모든 계명과 규례들과 절기 등과 함께 주어졌고 선지자들을 통해 시대마다 예고됐습니다.

7. 왜 하필 아들 예수를 죽여야 하나

우리가 잘 아는 예를 다시 떠 올려 이해를 도와 봅시다. 어느 나라 임금님이 전국에 범죄자는 두 눈을 뽑겠다고 선언했는데 얼마 후 범죄자로 결판 받아야 할 사람이 바로 왕자였습니다.

공의를 위해서는 반드시 왕자의 눈을 뽑아야 하고 뽑으면 왕위를 계승할 수가 없으므로 왕은 자기 눈 하나와 왕자 눈 하나를 뽑아 공의도 만족시키고 왕자 구원과 아버지 사랑도 확인할 수 있었던 것입니다. 죄인 구원을 위해 죗값으로 아들을 희생시키는 아픔을 당하신 것입니다. 공의 만족 때문만이 아닙니다.

죄인이 죄인을 대신할 수가 없습니다. 죄 없는 자가 대신하려니 인간 속에서는 찾을 수 없어 직접 아들 예수를 택했고 하나님 아들의 값은 죄인 몇 천만 억보다 크니까 단번에 많은 사람의 죗값으로 드려질 수 있고 반복적 희생이 불필요한 것입니다.

어떤 이들은 예수님이 한 사람의 죄를 대신하여 1:1로 죽어 죗값을

치를 수는 있지만 어떻게 한 사람이 전 인류를 대신할 수 있겠느냐고 하시는데 이것은 가치의 문제입니다.

어떤 임금님이 왕자 하나와 수천 명의 하인이 있다고 합시다. 이 임금님에게 왕자 하나와 수천 명의 하인 중 어느 쪽이 더 귀하겠습니까? 왕자의 생명은 값으로 계산할 수가 없습니다. 더구나 하나님의 아들을 값으로 치른다면 어떨까요?

그래서 지나간 모든 세대와 지금 또 앞으로 모든 세대에 존재할 인간 모두를 합해도 비교할 수가 없는 것입니다. 하나님 앞에서 의인 한 사람의 값이 악인 몇 억의 값보다 크다는 사실은 아시겠지요?

또 이미 치러 주셨기 때문에 해결이 원리적으로는 다 된 것입니다. 제가 대학생 시절에 가정교사를 여러 해 했는데 큰 부잣집에 있을 때입니다. 당시는 운동장이 없고 학교마다 문을 닫고 사용하지 못하게 해서 야구나 축구를 동네 넓은 길에서 했습니다.

지금 영등포 법원이 있는 주변에는 당시 놀이터였고 제가 가르쳤던 애들은 늘 여기서 야구를 했는데 잘못하면 옆집 유리를 깨뜨렸어요. 그래서 야단도 많이 맞았고 저도 심판 봐주다가 옆집에 불려도 가보고 했는데 한번은 또 유리창을 깼는데도 아무런 욕도 없이 청소만 해요. 그러니까 애들은 그 집 딸이 저를 좋아하니까 그런 것 같다고 떠들어댔지요. 하도 이상해서 제가 자식들 공부방을 둘러보던 사장님, 사모님께 보고하면서 옆집이 이상하더라고 했더니 비밀이라면서 귀띔을 해 주셨는데 큰집으로(야구장이 있는) 이사할 때까지 애들이 맘대로 운동하게 하고 싶으니 양해해 달라고 하면서 유리를 수백 장 갈아 낄 만큼의 큰돈을 사례비까지 합쳐서 10만 원(당시 교사월급 3만 원이었음)을 이미 옆집에 주었다는 것이었습니다.

엄청난 금액을 미리 지급했으니까 그 문제는 더 이상 문제가 아니라는 것이었습니다. 하나님은 우리의 죗값을 충분하게 이미 치러 놓으신 것입니다.

또 한 가지 큰 이유는 인간에게도 만족해야 하고 하나님께도 만족해야 되기 때문입니다. 그래서 하나님이요 인간이신 예수만이 적임자인 것입니다.

8. 오직 예수만 구원자인가

구원사건이 예수 그리스도 안에서 일어났다면 예수 그리스도를 바로 알아야 믿게 됩니다. 그러므로 예수의 삶과 죽음과 부활을 살펴 봐야 하며 초대교회 시대로 거슬러 가봐야 이해할 수 있습니다.

예수께서 자기가 구원자라 하고 그 가르침이 죽음으로 헛된 것 같이 생각됐으나 부활에 의해 확인됐을 때야 확실히 예수께서 구원자임이 증명되는 것입니다. 예수님은 제자들에게 "인자가 온 것은 섬김을 받으려함이 아니요, 도리어 섬기려 하고 자기 목숨을 모든 사람의 대속물로 주려함" 이라고(막 10:45) 분명히 하셨습니다.

그리고 신성과 인성(神性과 人性)을 소유한 자로서의 삶을 사셨고 고난받는 주의 종으로서 종말에 새 언약의 백성들을 창조하기 위한 사역을 마치시고 모든 구약성경의 예언대로 십자가를 지시고 만백성의 죗값으로 피를 흘리시고 죽으셨습니다. 이것으로 끝났다면 아무것도 아니지만 과연 제자들에게 가르치시고 주장하신 그대로 다시 살아나셨습니다. 이것은 어느 종교에도 없는 어느 역사에도 없는, 특별하고 처음 있는 확실한 사건이었습니다.

이것은 왜 중요한가요? 죽음으로 끝났다면 유대나라 사건 밖에 안됩니다. 그런데 부활 사건은 자연의 내재적 힘에 의한 사건이 아니고 우주 밖의 초월자가 직접 개인한 생명 창조의 사건이기 때문에 누구에게나 관계가 되는 것입니다. 시공 밖에 있는 초월자 하나님의 사건이니까 절대적 의미를 갖는 것입니다. 창조자가 「이 사건만이 너희를 위한 구원의 사건」이라고 선언한 것입니다. 그래서 시공을 초월해서 적용됩니다.

모든 종교는 역사 속에서 일어난 인간 사건이었으니까 상대적 의미 밖엔 없었고 도덕적 교훈의 수준에 머물지만, 예수가 구원자라는 창조주의 선언은 그 사건만이 절대적 구원 사건이라는 것입니다. 그러므로 예수 그리스도 이외에는 구원이 없습니다(행 4:12, 요 14:6).

어떤 이들은 "예수만 구세주라 하고 기독교만 구원이 있다는 게 독선이다. 편협하다. 다른 종교도 구원이 있다는데 옹졸하고 일방적 고집이다"라고 하는데 원래 진리는 배타적이라는 것을 바로 인식해야 합니다. 「1+6=7」이다 하면 「1+6=8」은 틀린 것입니다. 「1+6=9」도 틀렸습니다. 답이 「7」 이외는 다 틀린 것입니다. 이것이 배타적이란 말이고 이 원리는 한국인이나 미국인이나 어느 시대 사람이나 다 옳다고 인정하니까 보편 타당성을 갖게 되는 것입니다. 그래서 진리는 먼저 배타적이고 그 때문에 오히려 보편타당성을 지니게 됩니다. 예수 이외의 구원자가 없다는 것이 성경의 진리요 바로 믿는 성도들의 고백이요 우리의 거룩한 고집입니다.

9. 그 구원은 어떻게 내 것이 되나

구원은 오직 믿음으로 됩니다. 믿음은 무엇인가요? 선포된 복음을 받아들이는 것입니다. 그러면 선포된 복음이란 무엇인가 할 때 예수께서 우리를 위해 죽고 부활했다는 것입니다. 그 안에 영생이 있다는 것입니다. 하나님께서 약속하시고 성취하시고 보증하시는 진리라는 것입니다. 더 쉽게는 예수 그리스도의 인격을, 하나님의 진리를 그대로 받아들이는 것이 믿음입니다.

어떤 이들은 내 행위가 깨끗해야지 구원될 것 아닌가? 하나님이 알아주고 인정해서 구원을 베풀지 않겠나 하지만 결코 아닙니다. 왜요? 하나님 앞에서 죄인인 우리 중에는 하나님의 수준에 이를 의를 가진 자가 하나도 없기 때문입니다. 조금 낫다는 것은 소용없습니다.

하나님의 요구에 맞아야 합니다. 우리 편에서 「저 사람은 착하고 선하고 행위가 옳다」고 보고 그래서 구원을 받을 자격이 있다고 생각하지만, 하나님은 중심까지 꿰뚫어 보시니 더 잘 아시고 또 성경에 제시한 높은 표준에 이미 이를 수 있는 자가 없으니까 그쪽은 아예 생각도 말고 하나님만 바라보고 있으면 하나님께서 은혜로 믿음 주시고 예수 그리스도를 믿을 때 의롭다 인정해 주시고 내 아들이다라고 양자 삼아 불러 주시는 것입니다. 그래서 구원받는 것입니다.

행동의 변화는 구원받은 후의 변화가 의미 있는 것입니다. 불신자들은 성경의 진리를 모르기 때문에 계속 선행을 앞세워 비판합니다. "교인이 거짓말한다. 또는 집사가 싸움쟁이다. 목사가 사기 친다. 그래서 나는 예수 믿지 않는다. 그런 사람들이 어떻게 구원받는다는 것이냐? 비난하고 조롱합니다. 그러면서 "예수 안 믿어도 나는 경로당에 냉장

고도 사다 주고 보육원에 1년에 두 번씩 몇백만 원씩 희사하고 동네 청소도 앞장서고 법 없어도 살 만큼 선하게 생활한다"고 자랑하지만, 성경과는 거리가 먼 것입니다.

행위로는 구원받을 아무 육체가 없다는 게 성경의 말씀입니다. 하나님을 거역하고 타락한 죄가 얼마나 큰지 몰라서 그렇지 바로 알면 우리 선행이 아무리 많고 커도 죄용서의 조건이 될 수 없음을 알게 되며 죄 중에 제일 큰 죄가 믿지 않는 죄임도 알게 될 것입니다. 그래서 오직 하나님의 자비와 긍휼을 기대할 수밖에 없고 은혜만 기다릴 수밖에 없습니다. 솔직히 하루에 단 한 번도 화를 안 내고 거짓말도 안하고 교통법도 어기지 않고 한 번도 미워하거나 남을 무시하거나 신문이나 TV 보며 정부기관을 비난하지 않은 적이 있나요? 있다면 1주일간에도 없나요? 우리는 언제나 한 가지 이상의 죄를 마음으로라도 짓고 있으니 다 죄인입니다. 다 죄인인데 착한 일 좀 했다고 상쇄되나요? 죄는 용서를 통해서만 해결되는 것이며 아니면 죗값을 치르어야만 합니다. 그래서 겸손히 은혜만 기다리는 것입니다.

은혜란 도무지(전혀) 받을 자격이 없는 자에게 베풀어 주시는 하나님의 호의입니다. 그러면 "믿는다 하고 개판 쳐도 되는가"라고 또 오해하는 사람이 있는데 믿는다는 것은 하나님의 진리와 예수 그리스도의 인격을 받아들이며 특히 예수께서 성경대로 죄인을 구원하기 위해 죽고 부활하심을 의심 없이 받아들이는 것인데 바로 믿는 자는 구원의 감격 때문에 생활 전체가 변하기 시작하게 되어 있으며 하나님을 바로 아는 정도에 따라 변화가 빠르냐 늦느냐의 차이는 있는 것입니다. 계속 변하지 않는다면 그 믿음을 의심할 수밖에 없습니다. 자신이 거짓으로 믿는 척하고 있는 것인지 믿음 아닌 것을 믿음으로 잘못 알고 있거나 하나님이 주신 믿음이 아닌 것을, 예를 들면 신념, 사상, 생각, 결심을 믿음으로 착각하고 있거나 그중 한 경우일 것입니다.

다시 말해 바로 믿으니 삶이 거룩한 쪽으로 변하는 것이지 착해서 믿는 자라고 하지는 않는다는 것입니다. 뿐만 아니라 믿지 않고 선행으로 구원받을 수는 전연 없음을 알아야 합니다.

또한, 사회에서 사용하는 선행이란 말과 성경에서 말하는 선행과는 의미가 사뭇 다르다는 것 역시 알아야 합니다.

10. 구원 확신

한동안 구원 확신 문제가 교계를 떠들썩하게 했고 구원파까지 생겨날 뿐 아니라 오대양 사건 등으로 사회문제로까지 번져 큰 물의를 빚어낸 적이 있었습니다. "당신은 구원받은 것을 확신하는가? 언제 어디서 구원받았는가 증거가 무엇인가" 이런 질문에 얼떨떨하던 교인들은 말 한마디 못하고 그것이 그런가하여 따라갔습니다. 그리고 새로운 진리나 되는 것처럼 법석이었습니다.

교회마다, 기독교 교육기관마다 구원 확신에 대해 큰 관심을 두고 교육하기에 이르렀습니다. 구원 확신이 그만큼 중요한 것으로 모든 교회도 인정하고 확실히 가르치고 있습니다.

그러나 저는 참으로 이상한 것을 느꼈습니다. 왜 그토록 「구원확신 구원확신」하는지 알 수가 없습니다. 그렇다고 구원 확신이 중요하지 않다는 것이 아니라 더 중요한 것 보다 덜 중요한 것을 너무 침소봉대해서 주객이 전도되는 듯한 느낌이기 때문입니다.

근래 와서는 구원에 관한 책보다 구원 확신에 관한 책이 훨씬 많은 것 같습니다. 도대체 구원이 더 강조되어야 합니까? 구원 확신이 더 강조되어야 합니까? 구원은 누가 하고 구원 확신은 누가 합니까? 구원은 하나님이 하시는 것이고 확신은 내가 하는 것입니다.

하나님께서 예수 그리스도를 통한 구원을 내게 베풀지 않으시면 끝장이지만 하나님이 날 구원했다면 내가 구원받은 것을 확신하거나 확신하지 못하거나 관계없이 구원받은 것이 아닙니까? 확신이 뭐가 그리 대단한 것인가 말입니다. 구원이 훨씬 중요하고 구원을 베푸시는 하나님은 더 귀하신 분이십니다. 우선순위부터 정확히 해놓고 더 강조할 것을 더 강조한 다음에 확신도 이러 이러한 장점이 있으니 가져야 좋다고 해야 할 것이 아닙니까? 예를 들어 봅시다.

애굽에서 이스라엘이 떠나려 해도 바로왕이 허락하지 않으니까 모세에게 10가지 재앙을 경고하게 하셨습니다. 들어줄 듯하다 또 거절하고 또 거절해 9재앙까지 끝났습니다. 이제는 최후로 10번째 재앙이 선포되었습니다.

애굽 가운데 처음 난 것은 사람뿐 아니라 짐승까지도 다 죽이겠다고 하고 이스라엘 백성에게 재앙을 피하려면 어린 양을 잡고 그 피를 좌우 문설주와 인방에 바르라 했을 때 네 가지 다른 가정을 소개하려고 합니다.

1) 이스라엘 백성으로 양 잡아 피 바르고 모세 통해 주신 하나님 말씀 확신하고 잘 잔 가정식구

2) 이스라엘 백성으로 양 잡아 피 바르고 하라는 대로는 했지만 혹시 걱정되어 한잠도 못 자고 뜬눈으로 밤을 지샌 가정식구

3) 이스라엘 백성이니까 재앙이 넘어갈 것을 확신하고 재앙은 애굽

의 장자를 치시려는 하나님의 뜻임을 아니까 편하게 잘 잔 가정
식구

4) 애굽인이지만 이스라엘 민족 중에 섞여 살던 가정이 양 잡아 피
바르고 그러나 불안해서 한잠도 못 잔 가정식구

이 네 가정 중에 어떤 가정이 구원을 얻지 못하고 장자가 죽었을까
요? 그것은 당연히 3번 가정입니다. 그 외는 다 구원 얻었습니다.

아무리 불안에 떨고 확신이 없어서 잠 못 잤어도 재앙은 지나갔습니
다. 3번째 가정은 아무리 확신에 확신했어도 장자가 죽었습니다.

확신보다 중요한 것은 말씀에 순종하는 것입니다. 그런데 이왕이면
구원도 받고 잠도 잘 자는 게 좋습니다(1번 가정처럼). 이것처럼 구원
이 중요하고 확신은 이왕 신앙생활하는데 확신이 있어서 의심이나 두
려움이나 걱정 없이 기쁘게 하면 얼마나 좋습니까! 이런 차원에서 확
신이 필요한 것입니다.

다시 분명히 해 두지만 구원이 확신보다 더 중요한 것입니다.

엡 1:3~14 보면 사실 구원은 언제 이루어지는가요? 구원 확신하면
구원받는 게 아닙니다.

더 엄밀히 말하자면 내가 예수 믿을 때 구원받는 것도 아닙니다. 구
원은 이미 하나님의 예정하심에 따라 창세 전에 이루어졌고 양자 명부
에 이미 올려졌는데 어떤 경로를 통해서 말씀을 듣고 깨닫고 믿게 된
날이 뒤에 생겼고 이것을 우리 쪽에선 구원 받았다고 합니다. 또 구원
확신은 그 뒤거나 동시에 내가 예수 믿으니 약속한 말씀에 비추어 구원
받았구나를 확인하게 되는 것, 즉 깨달았다는 것입니다.

11. 구원 확신의 근거

내가 구원받은 것을 어떻게 알고 증거할 수 있을까요.

1. 하나님의 약속이 있으니까(예수 그리스도를 믿으면 구원받는다고 한 말씀이 많이 있습니다. 요 3:16 행 16:31 행 4:12).

2. 예수께서 많은 사람의 죄를 담당했으니까 죄 문제에서 해방되었기에(히 9:28)

3. 성령께서 인을 쳐 소유권을 확정하시니까(엡 1:13)

4. 내 마음과 생각과 생활 속에서 예수 그리스도가 주인이심을 주장하고 고백하니(고전 12:3)

5. 점점 세상 오락보다 말씀 읽고 기도하고 하나님과 친교하고 교인끼리 모이고 예수 전도하는 것이 더 좋아지는 걸 보니까(롬 8:5)

6. 성령의 열매가 갈수록 더 확실해지고 많아지는 것 보니(갈 5:22~23)

구원받은 것은 하나님이 제일 잘 아시고 그 다음에 마귀가 알고 그 다음은 자신이고 그 다음이 이웃입니다. 구원과정은 선후가 분명합니다. 즉 예수 그리스도께서 또는 하나님께서 구원을 선포함이 1차 과정이고 그 선포된 사실을 받아들이는 것이 믿음인데 이것이 2차 과정이며 때문에 기쁨이란 느낌이 오는데 이것이 3차 과정입니다.

1970년대 "감옥생활에서 찬송생활로"를 쓴 매더린 캐로더스 이야기가 있습니다. 전과자요 상습 도박자요 마약암거래상으로 체포되어 옥살이 하다 가출옥했는데 좀 더 기간 연장이 받고 싶었습니다. 그러나 큰 죄인이니까 허용될 리가 없었습니다.

다시 감옥으로 가야 하는데 특별 사면령이 내려졌습니다. 이해가 안

되나 대통령 특별 사면이니 감사하다고 생각하고 나오게 됐습니다. 공수부대로 월남전 전투 공적이 인정받은 것이었습니다. 사면령이 내려지고 그 다음 그 사실을 받아들이고 그 다음 기쁨을 느끼게 됩니다. 캐로더스는 그 후 새로운 삶을 시작하기 위해 나쁜 도박, 술, 마약으로 번 돈을 찢어 버리고 홀가분하게 찬송생활을 했습니다.

만약 사면조치를 믿지 않으면 믿어질 때까지는 감옥에 있어야 하거나 모자라는 고집쟁이로 웃음거리가 되어야 할 것입니다.

구원은 하나님의 조건에 만족되어야 합니다. 극장 입장료가 10달러라면 10달러가 있어야 하지 9달러나 8달러가 있어도 1달러 밖에 없는 자와 똑같이 못 들어갑니다. 하나님 표준에 어차피 이르지 못한다면 다 같다는 뜻입니다.

제6장

영적 일생

Spiritual Life

영적 일생

1. 죽었던 영혼

우리가 육체적으로 부모를 통해 출생하여 자라듯 영적으로도 일생이 있습니다. 영적 출생 이전 상태를 엡 2:1은 허물과 죄로 죽었었다라고 설명합니다. 예수 믿기 전의 영혼은 죽은 것이지 죽을 뻔한 게 아닙니다. 하나님과 관계가 끊어진 상태니까 하나님과 단절되고 하나님의 보호와 간섭 안에 있지 않고 사탄의 속임수에 빠져 물욕과 성욕 등 욕심을 만족시켜 보려고 멋대로 살던 모습은 영적으로 죽은 것입니다. "허물과 죄"가 바로 하나님과의 단절된 영적 죽음을 말합니다.

2. 영적 출생

그런데 하나님 나라의 백성이 되려면 거듭나야 한다는 것입니다(요

3:3). 거듭난다는 것은 중생, 영어는 Born Again이라 표현됐으니까 다시 태어난다고 이해하지만, 사실은 "새로 태어난다. 하늘로부터 태어난다"는 뜻입니다. 태어나려면, 새 생명의 역사를 보려면 씨(식물의 경우)나 정충(동물의 경우)이 필요합니다. 그래서 벧전 1:23에 보면 거듭나서 새 생명을 가지게 된 것은 썩지 아니할 씨, 즉 하나님의 살아 있고 항상 있는 말씀이라 했습니다. 그러니까 말씀(진리)의 씨가 우리 속에 성령님의 역사로 들어와 자리 잡으면(남자의 정충이 여자의 난자에 자리 잡아 임신이 되는 것처럼, 원어:스페르마는 정충) 새 생명이 태어나게 되는 것입니다.

그러므로 제일 중요한 것은 말씀의 씨를 하나님께서 주셨느냐 안 주셨느냐인 것입니다. 여기 풀밭에 이쪽은 씨를 심고 이쪽은 안 심었습니다. 지상에서 볼 때는 아무 구별이 없습니다. 어느 땅에 씨가 심기워져 있는지도 알 수 없습니다. 그러나 시간이 지나면 씨는 움이 트고 싹이 나서 자라기 시작합니다. 땅, 온도와 수분이 계속 공급되는 한 성장은 계속되며 드디어 땅 위로 그 모습이 드러납니다.

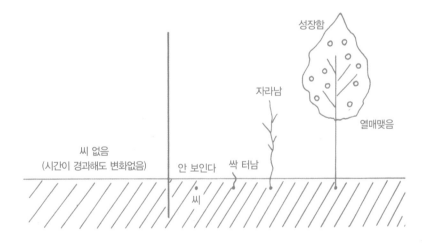

사실 그래도 아직은 사람들의 눈에 띄지 않습니다. 너무 작으니까요. 하지만 이제 햇빛의 도움과 바람의 역사까지 얻어 지속적인 성장이 이루어져 나뭇가지가 뻗고 잎이 나고 커다란 나무가 되면 이 과정에서 사람들의 시선에 점차 들어오게 됩니다. "저기 없던 나무가 자란다"고 생각했다가, "그 나무가 무척 잘 자란다"고 생각했다가, 이제는 그 나무 그늘 밑에서 쉬게 되고 열매가 맺고 익으면 따 먹을 수도 있게 되는 것입니다.

이처럼 말씀의 씨가 우리 속에 심어지면 점점 자라게 됩니다. 먼저는 우리 내면 속에서 가치관을 바꾸기 시작합니다. 생각이 바뀌기 때문입니다. 그리고 서서히 한 가지 두 가지씩 행동이 바뀌기 시작합니다. 그래서 가까이 있는 가족들이 "좀 이상하다 뭐가 바뀌는 것 같다"고 생각될 정도로 되고 시간이 가면 갈수록 변화는 더욱 확실해져서 "많이 달라졌다"고 하게 되고 더 나아가 "훌륭하다 거룩하다 부럽다 나도 저랬으면" 하게 됩니다. 이때는 모두가 다 아는 것입니다.

씨가 있다면 결국 자라서 열매 맺는 데까지(자라고 성장해서)갑니다. 예수 믿는다고 금방 천사가 되는 게 아닙니다. 서서히 생각이 변하고 가치관이 변하면서 밖으로 행동 역시 따라 변하게 됩니다. 어쨌든 제일 강조되어야 할 것은 씨입니다. 이것은 함축된 생명이기 때문입니다.

어떤 사람이 배를 타고 외국에 가던 중에 큰 풍랑을 당해 침몰하게 됐습니다. 필사의 노력으로 상자 하나를 껴안고 바다에 떠서 구조를 기다리다 지쳤습니다. 폭풍이 갔지만 구조의 가망이 없어 실망 속에 잠이 들었다가 깨보니 어느새 해변으로 밀려온 것입니다. 너무 좋아 육지에 내려 산 쪽으로 가보니 무인도였습니다.

누구의 도움도 받을 수 없어 자기가 움막도 짓고 풀뿌리라도 뽑아

먹어야 하겠다고 생각하고 바닷가 상자를 부숴보니 비닐 봉투가 여러 개인데 각종 씨가 들어 있었으며 어떤 무거운 비닐 봉투를 열어보니 깜짝 놀랄 만큼 보물이 들어 있었습니다. 남몰래 보물을 농부들이 필요한 종자(씨)처럼 가장 하려고 그 가운데 같이 섞어 별것 아닌 것처럼 상자에 담아 가지고 가던 상자였던 것입니다. 이 무인도에서 살아야 할 이 사람에게 어느 것이 가치가 있겠습니까?

보물은 상대적 가치 뿐입니다. 다이아몬드 반지 없다고 죽나요? 대도시 사치한 부유층들에게는 보물의 가치가 엄청나서 그까짓 씨와는 값이 비교가 안 되지만 아무 사람도 없는 데서 보물이 무슨 가치가 있나요? 그러나 씨는 소중한 것입니다. 잘 심어 놓기만 하면 각종 열매가 나를 살려 주기 때문입니다. 왜? 생명의 역사가 있기 때문입니다.

씨는 곧 생명이므로 절대적 가치가 있는 것입니다. 아무리 작아도 생명이 있는 피라미는 흐르는 물을 거슬러 올라갈 수 있으나 생명 잃은 상어는 물 따라 끌려 내려갑니다. 어느 동네 어귀에 여러 사람이 굴리지 못한 바위가 있었는데 동네 어른들이 가장 지혜롭기로 소문난 신동이라던 아이에게 네가 이 바위를 굴릴 수 있겠느냐 물으니 쉽게 할 수 있다고 하더랍니다. 건방진 녀석이라는 편과 지혜를 기대하자는 편이 나뉘어 내기를 걸었는데 이 아이가 바위 밑에 콩을 많이 심고 물을 계속 주었답니다. 결국, 새싹들이 움터 올라오면서 지각 변동이 일어나 바위가 밀리면서 굴렀다는 것입니다.

생명의 힘은 대단한 것입니다. 고속도로 가장자리를 보면 콘크리트 갈라진 틈 사이로 잡풀들이 자라고 있지 않습니까. 뜨거운 여름 볕에 고속도로의 열기 속에도 생명은 견디는 것입니다. 그런데 이 영적 생명이 자라는 과정상 어린 단계가 있고 성장한 단계가 있습니다.

3. 자라야 합니다.

벧전 2:2 보면 중요한 것은, 어린아이 시절에는 순전하고 신령한 젖을 사모하고 먹어야 구원에 이르도록 자랄 수 있다는 것입니다.

엄마가 너무 큰 심적 고통을 받으면 젖이 변하고 이 젖을 먹는 아이가 탈이 납니다. 변질된 우유를 먹이면 어린아이가 병들게 되는 것 같이 영적으로도 어린 단계일 때 순전하고 신령한 젖을 먹여야 합니다. 이것은 불순물이 섞이지 않은 하나님의 말씀을 뜻합니다.

요사이 하나님의 말씀에 자기 생각과 주장을 섞어 먹이는 사람이 얼마나 많은가요. 사탕을 발라서 달콤한데 계속 받아먹다 보면 중독되게 하는 저질의 말씀들, 성경의 잘못된 해석 또는 성경에 무엇을 첨가하는 일들이 흔합니다. 특히 이단들의 유혹이 심각합니다. 영적으로 분별력 없는 어린 심령들이 속아서 잘못된 것을 섭취하니 구토하고 기형적으로 성장하거나 죽어 버리거나 한 걸음 더 나가서 사탄의 도구를 전락하는 경우가 허다합니다.

통일교는 성경＋원리강론, 영호와의 증인은 성경 자체를 완전히 자기들 주장에 맞게 번역해서 새세계번역성경을, 크리스챤 샤이언스는 성경＋과학과 건강, 안식교는 성경＋교리 문답집, 몰몬교는 성경＋몰몬경, 천주교는 성경＋외경 등 그 외에도 개인적으로 기도원이나 교단을 만들고 성경＋체험, 성경＋자기복음을 가르치는 사람과 집단들이 너무 많습니다. 그래서 삐뚤어진 성경관을 갖게 하고 무식하면서도 자기가 제일 잘 아는 척하는 영적 기형아들이 득실거리게 하고 있습니다.

이단은 아니라 해도 이상한 색깔을 가지고 성경의 한 부분을 확대, 과장시켜 목소리 높이는 부흥사들도 많아 문제입니다. 물론 개교회에서 신령한 꼴을 제공하지 못한 탓도 있겠으나 그보다는 신기한 것을 좋아해서 동분서주 하면서 무분별하게 아무것이나, 예를 든다면 베뢰아, 그레이스 레마 등 성경공부 이름만 붙으면 찾아가 삼켜 버리는 한심한 사람들이 많다는 것이 더 큰 문제입니다.

남의 집에 가서 밥 먹고 자고 하려면 먼저 자기 부모 형제의 허락을 받아야 하고 정상적인 사람이라면 자기 어머니가 지어주는, 아니면 자기 아내가 지어 주는 밥을 그 가정 안에서 즐겁게 먹어야하는 것입니다.

4. 당당한 신분

예수님을 믿은 당신의 신분이 어떤 것인지 생각해 보셨나요. 성령으로 인해 말씀의 씨를 받고 새 생명을 얻었다면

(1) 그것은 훌륭한 가문에서 태어났기 때문이 아닙니다.(요 1:13)

수년 전 동부(미국)의 복음주의적 신학교에 유학 온 한국 학생이 한 방에 사는 룸메이트의 질문을 받았습니다. "너 구원 확신 있냐?" 이때 한국 학생이 "나는 한국의 ○○신학 대학장 아들이야." 대답하니 미국 학생이 "나는 너에게 구원확신이 있느냐고 물었어"라고 했습니다. 이때 크게 회개했다고 합니다.

영혼 구원의 문제는 1차적으로 하나님과 나와의 1:1 문제입니다. 목사의 아들이니까 자동적 구원인가? 결코 아닙니다. 이스라엘 백성들이 꼭 아브라함의 자손임을 자랑하고 으레 자기들은 구원받은 줄 알고 있으며 자랑하니까 그런 주장, 그런 소리 말라 돌을 갖고도 아브라함

의 후손을 만든다고 침례요한이 주장했습니다(마 3:9).

(2) 성경 지식이나 사회적 지위 때문도 아닙니다.(요 3:10)

니고데모는 유대 관원이요 바리새인입니다. 또 이스라엘의 선생이 었습니다. 그러나 이런 조건들 때문에 구원을 받을 수 있는 것이 아니 었습니다. 지식적으로 율법을 배우고 알고 또 가르친다고 해서 구원이 자동적인 것은 아닙니다.

(3) 교회의 활동을 잘 해서도 아닙니다.(마 7:22~)

"저 사람은 예배에 안 빠지고 꼭 나온다." 그래서 구원 받는 것도 아 니지요. "저 사람은 항상 목사님과 같이 다닌다." 그래서도 아닙니다. 목사는커녕 예수님을 따라 다녔어도 가룟 유다는 구원받지 못했습 니다.

주님의 이름으로 선지자 노릇 했다고 하는데 선지자들은 하나님의 말씀을 대신 전한 자들이니까 말씀을 전파했다고 해도 구원받는 것과 는 별개 문제이고 주의 이름으로 귀신도 쫓아내고 많은 권능을 행했다 하더라도 구원받는 것과 관계가 없다는 것입니다. 오히려 불법을 행한 자라고 호통치셨습니다. 우리는 병 고치고 귀신 내쫓는 일이, 더구나 주의 이름을 앞세워 했으니 부럽기도 하고, 대단해 보이고 신앙이 깊 어야 하는 줄 알지만 그렇지 않습니다. 여기 불법이란 자기고집, 자기 뜻이란 말입니다.

자기 좋아 자기 방법대로 하지만 내가 한다 하면 들어주지 않으니까 예수의 이름을 빙자한 것입니다. 귀신도 귀신을 쫓아내며 귀신도 기적 을 일으킬 수 있습니다. 문제는 자신마저 "이제 하나님이 나를 사용하시는구나." 착각할 수 있다는 데 있습니다. 하나님을 깊이 모르면서 자기 생각에 하나님도 동의하실 것이라고 짐작하고 열심히 하면 사탄의 표적이 되어 속아 활동할 수도 있습니다. 그러므로 구원은 순전히 하나님의 은혜일 뿐입니다. 은혜로 구원받은 우리는 어떤 존재입니까? 육신적으로는 아무 변화가 없다고 할지라도 영적으로는 엄청난 대변혁이 됐음을 알아야 합니다.

우리는 마귀(사탄)의 자녀였는데요(요 8:44) 이제는 하나님의 자녀요(요 3:2) 죄의 종이었는데(롬 6:17) 하나님의 종이 된 것이며(롬 6:22) 악한 영에게 나도 모르게 질질 끌려 다녔지만(엡 2:2) 이제는 부족해도 성령의 인도를 받으며(갈 5:18) 이전엔 죄와 허물로 완전히 죽었던 우리지만(엡 2:1) 이제는 주님 안에서 하늘로부터 태어난 새 생명을 얻은 존재입니다(엡 2:5). 그러므로 우리는 호적, 신분, 인도, 상태 이런 측면에서 완전히 바뀐 것입니다. 그래서 사도 바울은 고후 5:17에서 "누구든지 그리스도 안에 있으면 새로운 피조물이라 이전 것은 지나갔으니 보라 새것이 되었도다"라고 외쳤습니다.

5. 성장의 비결

이런 존재가 됐으니 이제 장성한 분량으로 자라야 할 텐데 그냥 있다면 되겠습니까? 자란다는 것은 영양을 섭취할 뿐 아니라 걸맞은 운동도 해야 합니다. 유치원에 가면 칭찬만 해주고 숙제도 없고 내 맘대로 할 수 있어서 계속 유치원에만 있겠다고 하면 심각한 문제가 아닐 수 없습니다.

우리나라 교인들의 가장 큰 단점이 바로 구원받은 것만 확인하고 안심할 뿐 성장을 위한 훈련에는 관심도 없고 피곤하고 힘든 일이라서 피해, 돌아서 가보려고 하는 것입니다. 지옥 가는 지름길은 있지만(자살) 천당 가는 지름길은 없습니다. 사실 그래서 구원도 원리적으로 받은 구원도 있고(Justification), 이루어 가는 구원(Santification)이 있고, 완성되는 구원(Glorification)도 있는 것입니다. 구원받은 성도는 훈련을 통해, 하나님과의 교제를 통해 자라가야 하는 것입니다. 자라가기 위해서는 반드시 말씀 섭취와 기도와 삶 속에서의 순종이 필수적입니다.

1) 말씀을 즐거워함

이미 성경이란 단원에서 살폈듯이 우리는 성경말씀을 통해서 하나님을 알게 되고 예수 그리스도를 알게 되고 영광스러운 내세의 소망을 갖게 되며 올바른 믿음 안에서 신앙을 성장시키며 구체적 삶속에서 예수 그리스도를 증거하고 하나님을 높여 영광 돌리며 강한 훈련을 통해 능력 있는 일꾼이 될 수 있습니다.

생활의 표준도 오직 말씀이며 가치관의 기준도 말씀 뿐입니다. 딤후 3:16~17 보면 교훈(생활지침), 책망(죄의식으로 깨닫게 함), 바르게 함(잘못 생각한 것, 그릇된 것을 바로 잡아 행동 바꾸는 것), 의로 교육함(의로운 생활을 하도록 훈련시킴)에 유익하다고 하면서 이 목적이 선한 일을 하는 하나님의 사람으로 온전케 하기 위한 것이라 했습니다.

시편 119:105엔 말씀이 내 발에 등이요, 내 길에 빛 즉 어둠을 밝히고 앞으로의 방향을 가르쳐 주는 것이라 했고 시편 119:9에는 하나님 말씀을 따르면 행실이 깨끗하게 된다 했습니다. 또 엡 6:17에는 악한 세력과의 영적 전투에서 승리할 수 있는 공격용 무기가 바로 성경말씀이라고 가르쳐 줍니다. 그러므로 우리는 행 17:11에서 보는 대로 베뢰아 사람들처럼 말씀을 연구해야 합니다. "신사적이어서"란 말은 점잖아서란 뜻이 아니고 진리를 사모하여 마음을 열었다는 의미입니다. 베뢰아 성도들은 간절히 받아드리고 날마다 지속적으로 깊이 조사 연구했다는 것입니다. 의심나면 더 깊이 조사하고 연구해서 바른 신앙을 소유해야 합니다. 그러므로 예수님을 믿는다면 당연히 개인들이 말씀을 읽고 연구하고 암송하고 실천해야 하며 교회에서 시행하는 성경공부와 집회에 필히 참석해야 합니다.

2) Q.T.밖에는

많은 목회자들은 성도의 삶을 변화시키는 가장 좋은 방법은 Q.T (Quiet Time)를 갖는 것이라 합니다. 설교보다는 성경공부가, 성경공부보다는 Q.T가 훨씬 효과적이라는 것입니다. 뭐니 뭐니해도 성경을 직접 읽어야 합니다. 조용한 시간을 정해 말씀을 대하면서 하나님을 만나고 주님을 만나고 성령님의 인도를 받으며 제 십자가를 지고 주님을 따를 능력을 공급받는 것입니다. 자기를 포기하고 주님의 뜻이 이루어지도록 하루를 맡길 준비를 하는 것입니다.

조용한 시간 없이 사색 없고, 사색 없이 사상 없고, 사상 없이 걸작 없습니다. 시끄럽고 복잡한 바쁜 생활 속에서는 천박한 신앙 수준을 넘어 서기가 어렵습니다. 시간과의 싸움부터 시작해야 합니다. 신앙생활에 속성과는 없습니다. 자라는 과정이 반드시 있어야지, 믿자마자 천사같이 되는 일은 없어요. 기다리며 하나님의 뜻을 이루어 가노라면 나도 모르게 변하고 있는 것입니다.

신앙은 내 생각에서 출발하는 것이 아니라 하나님의 말씀으로부터 비롯되므로 말씀에 근거하지 않고는 진정한 신앙의 싹이 트지 않습니다. 말씀 안에서 하나님을 아는 것, 하나님의 심정 속에 들어가 배우고 익혀 하나님처럼 생각하고 느끼는 수준으로 자라는 것입니다. 매일 영의 양식도 먹어야 자라지 않겠습니까?

Q.T하려면

(1) 시간을 정하고 성경과 노트와 성구사전이나 주석 등 참고도서를 준비하고

(2) 조용히 좌정하고 성경의 저자이신 성령님께 말씀의 의미를 깨닫게 도와 주소서 기도를 잠시 드리고 마음을 열기 위해 작은 소리로 찬송을 1절 이상 부른 후

(3) 한 책을 정해서 성경을 읽는데 한 문단을 읽고 또 읽으면서

(4) 이 말씀 속에 하나님은 어떤 분으로 나타나시는가 성부인가 성자인가 성령이신가 하나님의 사자인가 등등을 살핀 후

(5) 사건이나 말씀을 통해 그 내용과 의미를 찾아내고

(이때 당시 문화와 역사와 시대를 세밀히 살피고 상황에 맞추어)

(6) 이 말씀이나 사건과 현재 나와는 어떤 관계가 있으며 하나님은 왜 이렇게 말씀하시는가 묵상하고

(7) 내 삶의 전 영역에 이 말씀이 어떻게 적용되어야 하는지를 구체적으로 적어 다시 요약 확인한 후 그대로 이루어 가는 것입니다. 실패하면 또 적용해 보고 또 도전해 순종의 훈련을 해가야 합니다.

(8) 결코 많은 구절을 통해 많은 내용을 뽑아 내려하지 말고 가급적 소화 가능한 분량을 섭취하고 하루 종일 되새김질 하며 계속 생활 속에서 적용해야 합니다.

Q.T재료는 서점에도 많습니다. 초보자들은 성경만 갖고 Q.T하기가 어려울지 모릅니다. 가장 좋은 것으로는 두란노에서 펴내는 「생명의 삶」일 것입니다.

그 외에도 「일용할 양식」 「매일 성경읽기」 「오늘의 양식」 「오늘의 삶」 등이 있습니다. 하루하고 중단했어도 실망할 필요 없습니다. 그대로 또 계속하기만 하면 됩니다.

(3) 성장을 방해하는 옛 성품

언제나 하나님의 자녀로 하나님과 깊은 영적 교제를 가지려 할 때 사탄은 그냥 놔둘 수 없어 합니다. 자기 때가 얼마 남지 않았는데 그냥 포기할 수가 있겠습니까? 예수께서 태어날 때부터 십자가에서 죽을 때까지 온갖 수단방법을 다해서 도전했던 사탄이 우리에게 얼마나 더 방해하겠습니까?

예수를 믿어도 타락했던 옛 성품은 금방 사라지는 게 아닙니다. 그래서 갈등이 시작됩니다. 사탄의 도구인 옛 성품이 성경을 읽지 못하게 하고 공부를 못하게 사사건건 방해하며 교회 집회를 참석치 못하도록 자꾸만 일을 만듭니다. 기도할 시간도 없게 환경을 조성하고 시빗거리가 생기게 합니다.

이때 "사탄이 내 성질 체크하는구나" 생각하고 참고 이겨야 합니다. 원래 옛 성품은 자기 유익만을 위하고 편하고 즐길 수 있고 재미있고 자랑하고 남을 무시하며 거짓을 좋아하고 다투기를 잘하는 것이니 반대의 성품을 가지신 성령님을 모시고 성령님의 인도하심만 따르면 승리는 보장되는 것입니다.

기도

Prayer

기도

신앙생활은 기도로 시작된다고 할 만큼 기도는 믿는 자의 필수행위로 알려져 있습니다. 그만큼 강조되어야 함은 당연하지만 사실 기도에 대해 바로 알고 바로 하지 못해서 우리가 누려야 할 특권을 누리지 못하고 열심히는 하지만 하나님과는 상관없는 넋두리로 끝나는 경우가 너무나 허다합니다.

기도는 사실 기독교의 전용물이 아닙니다. 오히려 이방족의 우상 종교들에서 기원을 찾게 됩니다. 모든 종교는 다 기도라는 종교행위를 해왔습니다.

기도란 무엇이냐 묻기 전에 기도에서 제일 중요한 게 무엇이냐고 확인해야 합니다. 기도에서 제일 중요한 것은 순서대로 말한다면 1. 대상, 2. 내용, 3. 형식, 4. 방법입니다.

믿음도 마찬가지로 1. 대상, 2. 내용, 3. 형태 등이 중요한 순서였던 것과도 같습니다.

1. 그럼 기도란 무엇인가

"우리 기독교에서 기도란 무엇인가요."

이렇게 물으면 곧장 "하나님과의 대화"라고 대답합니다. 정확한 요약입니다.

그런데 이것도 말만 그렇게 하지 결코 대화처럼 하지는 않으니까 정말 아는 것인지 믿기가 어렵습니다. 대화라면 주고받아야 대화지 자기이야기 다 하고 곧바로 일어나 볼일 보러 가 버리니 하나님은 섭섭하실 수밖에 없습니다.

전화기에 대고 아버지 어쩌고 하다가 수화기 딱 내려놓으면 아버지는 어안이 벙벙해질 수밖에 없지 않습니까? 그러니 응답을 기다리지도 않으면서 안 준다고 짜증은 또 잘 부린다면 도대체 어떻게 하라는 것입니까?

기도는 무엇인가? 더 여러 요약된 정의를 소개하면 「"믿음의 고백이다." "하나님을 향해 창을 여는 것이다." "생명의 호흡이다." "하나님의 약속을 성취시키는 최선의 길이다." "우리 영혼이 하나님 앞에 들어가는 체험이다." "헌신이다." "하나님 마음을 알고 기뻐 받는 것이다." "나를 포기하고 하나님만 의지함이다." "사정을 아뢰고 하나님의 처방과 위로와 능력을 받는 것이다." "하나님을 만나는 최고의 영광이다." "하나님께 드리는 편지다."」 등으로 말씀드릴 수 있습니다. 이런 정의를 바로 알면 대상도 내용도 벌써 감을 잡게 되지 않겠습니까?

2. 기도의 대상

　기도의 대상이 누구인가를 물으면 쉽게 "하나님"이라고 답합니다. 말은 그렇게 하는데 생각하는 대상은 엉뚱하기 때문에 문제란 것입니다. 제한된 자원 안에 살기 때문에 부족한 건 많은데 내 힘으로 해결할 수는 없으니 누구든지 좌우지간 내 눈앞의 현실문제를 해결해 주실 그 어떤 신이 대상인가요? 그런 기도라면 사탄이 개입하기 십상일 것입니다. 하도 답답하니 하늘에 대고 실컷 울면서 하소연이나 해보자고 뇌까리면 독백으로 끝나게 됩니다.

　주문처럼 계속 정성껏 열심히 반복하노라면 지성이면 감천이니까 누가 들어 주겠지 생각한다면 역시 범신적 대상입니다. 또 기도에 칭찬을 기대하고 유창한 언어와 문학적 표현과 논리적, 수사학적, 합리적 방법으로 한다면 대상은 이미 하나님이 아니고 박수를 기대하는 사람들인 것입니다. 당시 랍비들처럼 기도를 가르쳐 달라고 제자가 요구하니까 우리 주님께서는 "주기도"를 가르쳐 주시기 전에 잘못된 기도부터 지적하셨는데 그것이 바로 사람을 의식한 기도였습니다(마 6:5~18). 사람 많은 데서 보라는 듯이 크고도 떨리는 듯한 소리로 그나마 이방인들처럼 한소리 또 하고 길게 해서 자기 신앙의 수준을 인정받으려 한 기도를 지양하라 하시고 "주기도문"을 말씀하셨습니다. 주기도문도 처음에 대상부터 밝히셨습니다.

　「하늘에 계신 우리아버지」 대상은 하나님 아버지입니다. 더 세밀히 구분하면 성부 하나님께 성자 예수님의 이름으로 성령 하나님의 도움을 받아 올려 드리는 것입니다. 그 대상이신 하나님은 초자연적 창조자로 하늘에 계시지만 놀랍게도 우리의 자상하신 사랑의 아버지이십니다. 첫째 하늘, 둘째 하늘, 셋째 하늘, 어디나 계시며 창조하시고 계획하시고 다스리시고 섭리하시고 통제하시는 살아 계신 인격자 하나님! 사랑이 풍성하시고 오래 참으시고 기다려 주시는 하나님! 그러나 죄를 미워하시고 공의를 베푸시는 질서의 하나님! 능력과 권세가 무궁하신 하나님! 그러면서도 내 생각과 계획을 아시고 내 머리털까지 세시며 내 삶의 부분들을 속속들이 살피시며 내 수고와 봉사와 헌신을 아시고 위로 하시는 아버지! 역경과 고통 중에도 나와 함께 하시는 하나님 아버지! 내 피곤과 아픔을 이해하시며 그러나 강인한 훈련을 통해 결국 내 수준을 십자가 지고 예수 그리스도를 따라가는 거룩하고 온전하게 하시고야 말 하나님 아버지! 그분만이 우리 기도의 대상이십니다. 아멘!

지면관계로 생략하지만 대상을 바로 알고 바로 기도드려야 일차적으로 기도가 성공하게 됩니다. 기도는 하나님께 드리는 것이므로 더욱 조심스럽게 진심을 보여 드리며 순간마다 드려야 합니다.

성경에 의하면 기도는 반드시 예수님의 이름으로 드려야 한다고 했습니다. 그런데 천주교에서 성모 마리아나 성자라고 하는 성인(Saint)들에게 드리는 기도는 성경을 무시하는 처사이며 하나님을 멸시하는 일입니다.

우리의 기도를 받을 대상은 오직 하나님뿐이신데 인간을 성인화시키고 공로주의 사상에서 기인된 성자들에 대한 기도는 우상 숭배임을 알아야 합니다. 인간은 중보자도 될 수 없습니다. 예수 그리스도 외에 중보자는 전연 없으며 있을 수도 없습니다.

관절염때문이라면, 성 제임스, 열병은 성 죠지, 담석증이라면 리베리우스, 심장병은 요한, 눈병은 루시, 피부병은 로치, 목구멍 아프면 부레스, 개에 물리면 성 후레르트, 불임이면 길렛, 두통이면 데니스, 유방문제면 다카타에게 기도하는 것은 예수 그리스도만의 대속적 은총을 약화내지 부인하는 것으로 신학상 이단이 아닐 수 없습니다.

3. 기도의 내용

어느 교회에서 장로님이 대표기도 중에 "하나님 우리 영구를, 불쌍한 영구를 도와 주옵소서." 해서 교인들이 폭소했다는 말이 있습니다. TV연속극 "여로"가 최고인기였던 시대라고 합니다. 이 장로님은 기도하다가 연속극에서 본 불쌍한 주인공 영구가 생각난 것입니다. 이때의 하나님은 소설이나 희곡의 작가이지요? 도대체 머릿 속에 무엇으로 꽉 차 있는 것일까요?

기도는 시사문제 해설이나 정치논평이나 설교가 아닙니다. 진실한 마음 표현이 중요하며 하나님을 알고 예수 그리스도를 믿고 의지함이 가장 귀한 기초입니다. 기도 속에 내포될 수밖에 없는 것들을 소개해 드리면

1) 창조주 하나님, 구원의 하나님, 역사의 주관자 하나님, 우리 삶의 개입자 하나님, 심판주 하나님을 의식하면 당연히 제일 먼저 하나님을 사모하며 찬양하고 높이며 경배하는 마음이 표출될 수밖에 없습니다.

2) 그런 후에는 삶 속에서 경배를 잘 드리지 못한 죄송함과 연약해서 하나님께 범죄한 사실들과 아직도 이기적인 심정과 못된 자아

의 돌출로 이웃에게 잘못한 모든 것을 솔직히 시인하며 용서를 구하는 고백이 **따라야** 하고

3) 그런 연속된 실수와 범죄에도 불구하고 참아 주시고 기다려주시고 용서와 구원의 은총을 계속 베풀어 주신 하나님 아버지, 그리고 일용할 양식을 비롯해서 필요를 아시고 베푸신 모든 은혜에 대해서 감사의 표현이 올려져야 하며

4) 영적인 성장과 말씀 순종을 위한 용기와 결단에 필요한 성령님의 도우심과 하나님 뜻에 부합하는 계획의 실현에 필요한 능력과 지혜를 공급해 주실 것과 교회의 필요와 이웃 성도들을 위한 요구와 선교사들의 사역을 위한 중보내용들을 간구해야 합니다. 간구 속에 하나님을 더 깊이 알기 원하는 소원은 무엇보다 중요합니다.

5) 당연히 요 14:13~14, 15:16, 16:24, 약 5:14 말씀대로 예수 그리스도의 이름으로 기도를 매듭지어야 합니다.

4. 합당치 않은 내용들

우리가 드리는 기도 내용 중에는 합당치 않은 것들이 있습니다. 지면 관계로 몇 가지만 예를 든다면 "오! 미지의 신이여" 할 멍청한 사람은 없지만 특히 간구하는 부분에서 두드러지는데 "이 야구 시합에서 필히 1등 하게 해 주십시오" 라는 기도입니다.

교회 대항 야구시합이니까 교회마다 이런 기도를 했다면 하나님은 어떻게 해 주어야 될까요? 또 어느 교회가 현재 사용하던 작은 교회를 팔고 더 큰 미국교회를 사려고 하면서 "주여 도와주소서. 이 교회를 구

입하려는 사람들이 서로 경쟁하게 하여 우리가 제시한 것 보다 넘치는 금액으로 팔 수 있게 해 주십시오… 아버지 하나님이시여 그러나 우리가 구입하려고 하는 교회는 성도들이 몇 명 안 남았다고 하오니 다 다른 교회로 떠나게 하시고 싼값으로 구입할 수 있게 성령께서 도와 주옵소서 우리 교인들이 여리고성을 이스라엘 백성들이 매일 돌 듯이 그 교회를 돌며 기도하겠나이다." 이런 기도가 실제로 있었다는 것을 부끄럽게 소개합니다. "저 북한의 김일성 하나만 죽여 주옵소서 그러면 통일이 될 줄 믿습니다." 김일성 죽이면 제2의 김일성이 또 나올 수 있지 않나요? 하나님이 죽일 수 있는 줄을 알면서 하나님께서 회개 시킬 수는 없단 말인가요? "전능하신 하나님이시여 시험지를 빼돌려 몇 장만 팔아 번 돈 중에서 십일조도 하고 보육원에도 기부하고 보냈사오니 수사당국의 조사에 걸리지 않게 해 주옵소서." "약삭빠른 사람들 다 세금 빼먹는데 나도 Tax 안 내고 그 돈으로 성가대 접대하겠사오니 주여 도와주시옵소서." 별난 기도가 다 있습니다. 설마 그런 기도를 하겠는가 하겠지만 이런 비슷한 기도가 있을 뿐 아니라 교회 대지를 구입하면서 중개인들이 가르쳐 주는 대로 전매하고 이익 보는 교회들이 실제 있었다고 합니다. 이렇게 기도하고도 응답을 바랄 수 있겠습니까?

특히 여러 사람의 대표로 기도할 때 조심해야 합니다. 이기적 심정이 그대로 노출되기 쉽고 자기과시로 전체의 분위기를 망치기가 쉽기 때문입니다. 중언부언하지 말라고 주님이 당부하셨는데 회중 기도를 15분이나 하시는 분을 보았습니다. 어떤 장로님이 15분이 넘게 기도하다가 "주여 무엇을 더 아뢰오리까" 하니 옆에 있던 친구 장로님이 손가락으로 쿡 찌르며 "하나님께 당신 기도 요약해 달라하시오" 했다는 우스개 이야기도 있습니다. 개인기도야 말할 필요가 없지만 회중기도는 모든 성도들의 마음을 모아 간결하게 드려야 하기 때문입니다.

5. 응답 받지 못하는 기도

아무리 열심히, 아무리 많이 기도해도 소용없는 일이 있습니다. 내용이 합당치 않은 기도들입니다. "무엇이든지 믿음으로 구하면 다 받는다고 약속했는데 무슨 소리냐" 항의도 있을 법 하지만 어떤 의도에서 왜 그런 표현을 했는지 잘 알아야 합니다. 정말 기도하면 다 됩니까? 그렇다면 두 손을 들고 북녘 땅을 바라보며 "통일 될 줄 믿습니다!" 3창을 하든 7창을 하든 12창을 해보시지요. 아니면 "세상에 있는 병자여 다 나을 찌어다" 이렇게 간단히 끝내 주면 얼마나 좋은 가요!" 유 전도사가 나를 사랑해서 결혼하게 해 주십시오. 믿습니다." 했는데 유 전도사는 생각 속에도 그 여자 없어 딴 여자와 결혼했습니다. 실제로 있었던 일입니다. 몇 가지 잘못된 유형들을 열거하면

1) 하나님의 뜻으로 확정해 놓은 원리들은 기도로 바꿀 수 없습니다.

이미 하나님께서 그렇게 정하셨기 때문입니다. "동그란 네모를 만들어 주세요." 안됩니다. "해가 서쪽에서 뜨게 해 주세요." 만 번에 만번 기도해도 안 됩니다.

2) 자기 이익만을 비는 것은 기도도 아닙니다.

하나님을 이용하는 파렴치한이 아닐까요. 기도만 하면 하나님은 들어 주실 수밖에 없는 분인가요? 오해 말아야 합니다. 알라딘 요술램프

처럼 주문을 외우면 연기와 함께 마술자가 나와서 "주인님 무엇을 도와 드릴까요?" "지금 저놈이 날 해하려 하니 막아 주세요." 그러면 해결해 주는 것처럼 하나님을 오해하지 마십시오. "일본나라가 바닷속에 쑥 들어가게 해 주세요." "나와 다툰 이 집사가 병들어 내가 옳고 이 집사가 잘못된 것임을 증명시켜 주옵소서." "저 라이벌 회사의 비밀서류를 볼 수 있게 내 영안을 열어 주십시오. 그래서 우리 회사가 더 빨리 큰 재벌이 되면 교회를 10곳에 개척하도록 돕겠습니다." 이런 잡놈들을 직사 시키지 않고 오래 참고 계시는 하나님은 얼마나 사랑이 많으신가요?

3) 성경에는 응답되지 않는 기도의 유형을 많이 설명했습니다.

사 1:15(회개 않는 자), 막 11:25(용서 않는 자), 약 1:6~7(의심하는 자), 벧전 3:7(부부간 불목한 자), 약 4:2(형제간 불목한 자), 잠 21:13(인색한 자), 약 4:3(욕심으로 간구하는 자), 마 6:5(형식적으로 하는 자), 빌 4:6(염려자), 눅 18:11~12(교만한 자), 마 6:7(중언부언하는 자), 렘 11:14(우상 숭배자)들의 기도는 응답을 받지 못합니다.

6. 그러면 기도의 응답은

기도에는 3가지 응답이 있다고 합니다. Yes, No, Wait 입니다.

1) 요구대로 들어주심(YES)
기도한 내용대로 하나님께서 들어주는 경우입니다. 이것은 우리 모두가 바라는 것이기도 합니다. 어느 때 일까요? 하나님 뜻에 맞을 때입니다.

주의 할 것은 자꾸 열심히 조르면 중간에서 마귀가 가로채서 욕심을 이루게 응답해 주는 경우도 있다는 것입니다. 이것을 하나님이 주시는 것으로 오해하여 계속 자기 유익만 구하면 자기도 모르게 진리에서 떠나 결국은 돌아오지 못하고 말 수도 있습니다. 현상적 응답의 맛에만 홀려서 영혼이 파리해져 병들면 치유가 어렵습니다. 내친 김에 기적을 보여 달라고 자꾸 기도하면 마귀는 기적을 보여 줍니다. 그런 맛을 보면 성경을 읽는 것이 지루해 집니다.

직통으로 빨리 기적 받고 계시 받아야 만족해집니다.

점차 계속되면 환상만 신나게 따라 다니지 성경 말씀은 졸려서 근처에도 가고 싶지 않습니다(시 106:15). 이것은 오히려 저주입니다. 그러므로 하나님의 소원, 뜻, 기뻐하심이 무엇인지 먼저 알고 그 뜻에 맞는 기도를 해야 하는 것입니다.

2) 기다리라는 응답(WAIT)

기도해도 지금은 때가 아니니 기다리라는 사인이 있습니다. 아브라함에게 약속으로 아들을 줄 것을 예고했으나 기다리고 소원해도 안 주셨습니다.

10년을 기다려도 안 되니 몸종 하갈을 통해 이스마엘을 낳았습니다. 이것은 참고 기다리지 못한 실수였습니다. 어린아이가 칼 갖고 놀겠다고 하면 "그래라" 할 부모가 어디 있나요. 우리 몸의 조직까지 다 아시는 하나님께서 더 아시니까 지금은 안 주지만 관리능력이 될 때 주시려는 것들도 있습니다. 기다려야 합니다. 사실 아브라함은 10년이나 기다렸는데 우리는 "기다릴 수 있는 인내심을 지금 당장 주십시오"라고 기도하는 존재들입니다. 하나님은 기다리라고 하시는데 우리는 기다려야지 기다리지 않으면 당연히 사탄이 개입하게 될 것이 아닙니까?

3) 우리의 요구를 거절하시는 응답(NO)

바울은 남의 병을 고치고 기적을 베풀면서도 자기 병을 못 고쳤습니다. 하나님께 간구 했지만 안돼! 라는 응답이었습니다. 하나님께서 안된다면 안되는 것입니다. 눅 18:1~8 말씀을 보십시오. 이 말씀을 많이 오해합니다.

"지성이면 감천" 자꾸 졸라대면 들어 주신다는 것으로 이해합니다. 정말입니까? 비유는 내 말을 쉽게 이해시키려고 사용하는 것이지 그것 자체가 의미 있는 게 아닙니다. 1~8절 중 제일 중요한 말씀은 몇 절인가요? 1절과 8절입니다. 주 문장은 1절입니다. 무슨 뜻입니까? 응답이 없어도, 응답이 「안된다」로 나와도 낙망하지 말고 기도를 끝내지 말고 계속해라 하는 말씀입니다. 열심히 기도해도 안 될 수 있다는 것입니다.

7. 수준 높은 기도

사실 기도는 꼭 응답받기 위해서만 하는 것이 아닙니다. 기도는 우리에게 명령으로 주어졌습니다. 꼭 하라는 이유는 우리의 행복 때문입니다.

어린 아들이 아버지께 하루 동안에 겪고 생각한 일들을 다 고하면 아버지는 그저 흐뭇해서 "그랬구나"를 연발하면서 머리를 쓰다듬어 주십니다. 친정집 간 딸은 친정어머니와 도란도란 이야기 꽃 피우면서 밤잠을 안 자고 계속 이야기합니다. 그래도 행복하기만 합니다. 무얼 받지 않았어도 아버지나 어머니 품에 안겨 이야기하는 것 자체가 행복한 것입니다.

응답이 문제가 아닙니다. 점차 엄마 아빠 얼굴을 보면서 "제가 더 자주 찾아올게요, 좋아하시는 것을 이제 알겠네요. 그걸 갖다 드릴게요. 제게 주신 말씀대로 할게요. 남편에게도 시동생, 시누이, 시집 식구들을 기쁘게 해 드리고 더 희생하고 참고 사랑할게요. 내가 시집살이 잘하는 게 소원이시지요. 물질 갖다가 만족시키지 않고 지혜 받고 성령님 인도하심 따라 순종할게요. 저는 엄마 아빠가 그냥 좋아요. 우리 아빠가 최고예요." 이 수준까지 가야 합니다.

8. 가장 먼저 구할 것

마 7:7~12까지는 기도에 관한 말씀입니다. 「구하라」 이것은 「기도하라」는 뜻입니다. 구하라 했다고 "장사가 불황 중이나 잘되게 해 주세요" 이런 식으로 인용을 하는데 사실 아무것이나 구하라는 게 아닙니다. 관련된 성경을 보고 바른 해석을 해야 합니다. 병행 구절은 눅 11:1~13인데 예수께서 주기도문을 가르쳐 주시고 9절부터 「구하라」는 똑같은 말씀이 나오는데 무엇을 구하라 하시는가 하면 13절에 「성령을 구하라」는 것입니다. 성령충만을 위해 기도하라는 것입니다. 가장 먼저 구해야 할 것은 성령충만입니다. 바로 이것이 Key(열쇠)이기 때문입니다. 성령충만만 하나님께서 허락하시면 모든 문제가 쉽게 해결됩니다. 내 자아가, 내 고집이, 내 자존심이 죽고 내 생각과 소원이, 가치관이 달라지니까 그 다음 기도내용은 바로 하나님의 뜻과 일치하게 되기 때문입니다.

마 5장부터 7장까지 산상보훈인데 "하나님의 자녀라야 천국에 들어간다"는 주제로 8복을 말씀하시고 이것과 관련해서 가정법, 사회윤리, 기도생활, 청지기 삶을 계속 가르치셨고 6:33에는 "너희는 먼저 그의 나라와 그의 의를 구하라" 하시고 그것이 먼저 되면 이 모든 것을 더해주마 약속하셨습니다. "하나님 나라와 하나님의 의"를 구하라 하셨는데 주기도문 안에도 "하나님 나라가 임하옵소서." 기도하라고 이미 가르쳤고 하나님의 의도 하나님의 뜻에 포함되어 간구하게 요청했습니다. "하나님의 의"는 하나님의 규격품 또는 하나님의 기준, 천국 통치 원리 또는 예수 그리스도를 의미합니다. 「하나님이 통치하시는 나라, 하나님의 뜻과 소원과 기준이 통하는 나라를 제일 먼저 구하고 찾고 두드리라, 달라고 간구하라」 이것이 제일 먼저 해야 할 우선순위 NO. 1의 기도라는 것입니다.

9. 기도의 형태와 종류

기도의 종류는
1) 사람의 수와 관련해서 나누면
개인기도, 짝기도(둘이 짝지어), 그룹기도(몇 명이 함께 합심하는)와 공중기도(대중 앞에서 대표로 하는)로 나눌 수도 있고

2) 장소에 따라 산기도, 동굴 속 기도, 지하실기도, 차내기도, 성전기도, 가정기도 등으로 나눌 수도 있으며

3) 시간에 따라 새벽기도, 심야기도, 철야기도, 한낮기도, 예배기도 등으로 나눌 수도 있고 요일에 따라 수요기도, 금요기도, 주일기도 등으로 구분할 수 있습니다.

이중에 어느 것이 더 좋으냐 하는 것은 기도하려는 사람의 목적, 생각, 환경, 믿음 등에 의해 결정하는 것이지 공식처럼 정할 수 있는 것은 아닙니다. 예수님이 새벽 미명에 기도했으니 우리도 …… 그게 은혜되면 그렇게 하면 되는 것입니다. 그러나 모두 그렇게 해야 하는데 왜들 안 하냐고 따지거나 화를 낸다면 큰 잘못을 하고 있는 것입니다. 그러면 당신이 예수님처럼 죽을 수도 있습니까? 우리 심성이 편한 것 좋아하고 적당히 신앙생활하려고 하니까 시간을 정해 자기 육신을 쳐 복종시키는 훈련 겸 새벽기도 하는 것은 귀한 것입니다.

그러나 다양해진 사회 구조상 미국은 3부 교대로 직장에서 일하는 경우가 많아요. 문제는 기도하는 것이요. 하나님을 깊이 만나 체험하고 하나님을 깊이 알고 만족하고 하나님의 뜻대로 살겠다는 결단과 성령님의 도우심을 믿게 되면 그 기도는 성공인 것입니다. 새벽기도 역시 유교, 불교를 섬기던 우리나라 조상들의 습관이 많이 작용한 것도 사실입니다. 우리나라 특유의 형태이며 교회부흥의 비결 중 하나이기도 합니다. 그렇다고 새벽기도 안 하면 죄인처럼 여겨선 안 됩니다. 산기도 역시 마음을 안 빼앗기고 집중해서 기도할 방법으로 선택하는 것이며 자연 속에서 하나님을 체험하기 위한 의미도 포함되지만 그것을 자랑의 근거로 알면 골치 아픈 일입니다. 금식을 신앙의 한 척도인양

의식하는 성도들이 있는데 한심한 것입니다.

금식의 의미는 먹어야 사는 게 사람이라는 일반 원칙을 넘어 생명의 주인이신 하나님께 전체를 내 맡기고 깊은 영적 교제로 만족하겠다는 의미 신장한 것이며 다급하고 중요해서 하나님의 선한 간섭과 직접적인 지도가 필요해서 "도와주세요" 하고 내 맡기는 것입니다. 어떤 의미로 보면 금식까지 해야 하니 안 된 것이지 자랑거리가 아닙니다.

마 6:16~18과 9:14~17 보면 요한의 제자들이 금식문제로 예수님께 와서 시비를 겁니다. 이때 예수님께서 "신랑이 함께 있는 잔치에서 왜 금식하냐 신랑 빼앗기면 그때 금식해야지 옛날 생각, 옛날 습관 버려라" 하셨습니다. 성령충만하면 내 마음 천국입니다. 예수 그리스도를 신랑으로 모셔 들였으면 울고 짜고 해야 할 일이 그리 많지는 않습니다. 이따금 필요하다고 자기가 느끼면 죄송한 마음으로 시작해 보십시오. 큰 은혜를 체험할 수 있습니다. 그러나 "예수께서 40일 금식했으니 나는 겸손하게 39일 하고 쉬었다가 다시 39일 해야지" 하는 사람은 참 안타까운 사람입니다. 하나님께 솔직하고 진실해야 합니다. 어떤 경우도 금식이 자랑될 수 없습니다. 훈련으로 필요할 때가 있는 것도 알아야 하지만 산기도 가서 금식기도하고 왔다면서 "목사 집사들이 금식도 안 해!" 하면서 눈 부라리면 그건 완전히 가짜입니다.

진실로 기도하여 성령충만하시고 내려오시면 오히려 겸손히 자기가 없어 하지 못한 집안 살림 더 빨리 해내고 미소 띤 모습으로 모두를 포근히 감싸 주시고 조용해지시기 때문입니다.

또 내용적으로 방언기도, 중보기도, 안수기도, 축복기도, 신유기도, 예언기도 등으로 나눌 수도 있으며 방법으로는 합심기도, 통성기도, 제목기도, 묵상기도, 찬송기도 등으로 나눌 수 있습니다. 특히 방언기도, 신유기도, 예언기도는 은사와 관련하여 문제를 많이 야기시키고 있어 조심스러운 교육과 분별력이 필요합니다.

● 방언기도는

자신의 신앙 성숙과 영적 교제에 큰 도움이 되지만 교회에 덕을 세우지 못할 경우 아무 의미가 없으므로 고린도 교회에서 공적 예배 시에는 통역 없이 못 하게 했습니다(고전 14:4~22). 고린도 교회의 방언 등 은사 문제가 심각해서 바울이 편지를 썼는데 그 후 방언을 했는지 안했는지 일체 기록이 없습니다. 교회와 성도에게 덕이 못되고 영적수준의 척도로 과시하는 데 이용된다면 이는 은사를 주신 하나님의 본래의 뜻을 전연 모르는 무지의 소치인 것입니다.

● 신유기도

우리 모두가 할 수 있습니다. 자기 자신의 병이나 자녀들이나 병자들을 위해 간절히 말씀에 근거해서 기도해야 합니다. 다만 신유의 은사가 강하게 나타나는 사람이 있습니다. 그래서 병을 기도해서 고쳤다면 하나님께 감사할 것이며 병 나은 사람을 말씀으로 양육해야 합니다. 병을 고쳤다는 것 때문에 헌금을 강요하거나 감사 예물을 받으면 그것은 잘못입니다.

그것은 자기가 고쳤다고 주장하는 행위이기 때문입니다. "성령께서 하셨다 하나님이 고치셨다"고 확실히 믿으면 치유 받은 자가 바쳐도 다시 가르쳐서 하나님께 드리도록 해야 합니다. 하나님 영광을 가로채는 사람들은 주의 이름으로 권능을 행해도 마지막 날 비극이 기다립니다(마 7:22~23).

귀신도 기적을 행할 수 있으며 신기한 일은 무당도 합니다. 병 고치는 것도 악령에 지배를 받으며 행할 수 있음을 알고 경계해야 합니다. 진짜 믿음의 사람은 병 고치려고 안달하지 않고 초연합니다. 그까짓 병 고쳐봤자 몇 년 더 연장할 뿐이지 결국 죽는데 천국이 확실히 최상의 곳이라고 믿는다면 오히려 기다려야 할 것 아닙니까?

입으로는 믿는다하면서 정작 삶에서는 믿지 않는다는 증명이 바로 "살려만 주신다면" 하고 쫓아다니는 모습에서 나타납니다. 이와 관련해서 우리가 진지하게 생각해야 할 것이 있습니다. 근래에는 경제적으로 부요하니까 천국보다 이 땅에서 오래 살기를 원하는 사람이 많아서 건강 세미나 한다면 돈과 시간을 아끼지 않고 몰려들며 몸에 좋다는 것은 기를 쓰고 구해 먹지요.

더구나 부흥사들이 부요와 건강을 큰 복으로 강조하면서 특히 히스기야 왕의 예를 들어 설명합니다. 병들어 죽게 되었지만 열심히 통곡하며 기도해서 15년을 더 살았다는 것입니다.

그러나 성경을 잘 봐야 합니다. 왕하 20장과 대하 32장을 보면 영생을 했다면 몰라도 15년 더 산 것이 무엇이 복입니까? 오히려 15년 더 살았기 때문에 가장 악한 왕 므낫세를 낳고 또 바벨론 사신들에게 속아 나라 안의 모든 것을 다 보여 주어 결국 모조리 빼앗기게 됐으니 결국은 더 살아 망신만 당한 것입니다. 우리는 육신건강만을 위한 욕심적인 기도에서 탈피하고 영적 평안을 희구해야 합니다.

● 예언기도

근래에는 앞으로 될 일을 예수님 이름으로 예언해 주고 헌금 받는 사람들이 있다고 합니다. 영안이 밝아 두툼한 봉투를 바치는 사람에게 앞날을 보고 말해 준다니 복채 놓고 운수보고 사주팔자 관상보고 점치는 것과 다른 게 있는가요? 있다면 예수 이름 파는 것 뿐 입니다.

이것은 구약시대 때도 사형입니다(렘 23: 레 20:27). 이런 짓하는 것들이나, 이들에게 돈 봉투를 내 놓고 예언 기도 받는 자들도 한심하기는 마찬가지입니다. 우리는 죽는다는 것 밖에 모르는데 중요한 앞날의 일을 들을 수 있다면 있는 재산 다 갖다 바쳐도 할 만합니다. 이런 인간들은 재물적 손해를 많이 봐도 싸지요.

사실 성경에서 예언이란 하나님의 말씀을 가르치는 것이며 하나님의 말씀 안에는 과거, 현재, 미래 전체가 들어 있는 것입니다. 하나님은 이것 전체를 한 눈으로 보시니까 항상 현재입니다. 우리는 이 하나님 말씀을 전해주는 사람을 특히 구약에서 선지자라하고 선지자들이 예언했다고 하는데 예언보다는 오히려 대언(代言)이라 해야 원어에 부합하고 이해가 빠릅니다. 하나님 말씀을 대신 전하니 대언자라 해야 합니다. 이 하나님 말씀 안에는 이미 과거사도 있고 현재 일도 있고 앞으로 될 일도 있는데 시간이 갈수록 앞으로 될 일보다 지나간 일이 많게 됩니다. 이 시대에서 보면 거의 다 이루어졌고 아직 예언으로 남은 것은 예수 그리스도의 재림과 신천신지입니다. 예언은 성경말씀이니 시간, 돈 낭비 말고 성경을 배우고 읽어야 합니다.

제8장

삶의
기본 자세

The Basic Attitude of Life

CHAPTER

삶의 기본자세

성도는 이 땅 위에서 어떻게 살아야 할까요? 악한 자가 훨씬 득세하고 지배하고 세속적 표현으로 잘 먹고 잘 살고 잘 노는데 도피할 수도 없고 그렇다고 그들과 동화될 수도 없으니 물위에 뜬 기름인가요? 사실 신자의 삶이 어려운 것은 세상에 살지만 하늘의 시민권을 갖고 있기 때문입니다. 우리 이민자들처럼 두 나라의 법을 다 지키고 살아야 하며 양국의 문화에 다 익숙하되 충돌 없이 장점들만 살려 나가야 하기 때문입니다. 이 땅이 우리 성도를 거룩과 온전케 하려는 훈련장이므로 더욱 기본자세가 중요합니다. 성도는 어느 경우도 겸손, 순종, 사랑, 섬김의 자세가 흐트러져선 안됩니다. 이 내면적 자세 위에 십자가의 교회는 우뚝 설 수 있기 때문입니다. 신앙생활의 더 높은 경험을 추구하던 사람들이 오히려 문제가 되고 위험에 빠지는 이유는 용기, 희락, 열성, 희생, 청렴을 최고의 목표로 하고 온유, 겸손, 거룩, 경건, 같은 더 가치 있는 것들을 등한히 하고 무시했기 때문입니다.

1. 겸손

기독교인의 겸손은 도덕적 차원을 훨씬 능가합니다. 겸손의 삶은 성경 전체에 흐르는 핵심진리입니다. 그래서 겸손을 기독교의 가장 높은 덕이라고 합니다. 에덴동산에서 교만으로 추방된 부끄러움은 이제 겸손을 통해 회복되어야 하며 무례하게 창조주 하나님의 영광을 탈취하려던 범죄는 겸손으로 용서 받아야 합니다. 우리는 하나님의 피조물이니 겸손할 수밖에 없는 것입니다.

"겸손해야 하겠다." 이전에 내 존재가 어떤 존재인지를 생각하면 겸손의 당위성을 고백할 수밖에 없습니다. 토기(질그릇)가 토기장이 앞에 무슨 할 말이 있겠습니까! 이래도 저래도 "네! 당신 손길이 최고의 가치요 예술이요 전부입니다" 해야 하는 것입니다. 우리는 죄인이니 겸손할 수밖에 없습니다. 맘대로 아버지의 재산을 갖고 나가서 탕진하고 죄 짓고 더 이상 살 수 없어 손들고 아버지 집으로 돌아온 탕자가 무슨 면목으로 얼굴을 들고 아버지를 똑바로 쳐다볼 수 있겠습니까. "그저 받아만 주신다면" 이런 심정으로 하나님 앞에 우리가 서야 합니다. 신앙생활에서 항상 어려움을 주는 것은 똑똑하다, 잘났다, 무엇을 가졌다 하는 것입니다. 그래서 자기주장이 가하고 내세울 것이 많고 고집과 자랑과 자존심이 높으니 거기 가려서 다른 게 안 보이는 것입니다. 자아를 죽이는 겸손! 하나님의 영광만 드러내려고 자기 영광을 모두 단념해 버리는 겸손! 하나님만이 전부요 예수 그리스도만이 자랑이 되기 위해 자기 자신은 전적으로 묻어 버리는 겸손! "제가 여기 있나이다. 맘대로 쓰세요." 또는 "주의 계집종이오니"가 겸손입니다.

역시 겸손의 화신은 예수 그리스도이십니다. 아버지 뜻을 이루고 죄인을 구원하시기 위해 하늘 영광도 비우신 겸손을 보십시오. 하나님 보좌에 가장 가까운 곳에는 누가 있을까요? 겸손한 사람입니다. 하나님 앞에서 만이 아니라 다른 사람들 앞에서도 겸손하라는 것입니다. 하나님과 사람 앞에 깊고도 참된 겸손이 충만하지 못한 채 예배를 드린다면 그것 역시 무가치합니다.

그런데 이 겸손의 부족 때문에 우리는 안타까워하고 부끄러워하고 아파하는가 말입니다. 물론 우리는 내가 더 잘났다 내가 더 겸손하다고 말하지는 안한다해도 무의식 속에서나 우리 마음, 숨은 태도 속에서 남보다 많이 겸손해 지고 있다는 생각 속에서도 교만이 자랄 수 있다는 것을 항상 경계해야 합니다. 은혜로 구원 받은 죄인임을 고백하는 것 자체가 최고의 기쁨이 되어야 합니다.

계 4:10절부터 보면 하나님 보좌 앞에 있는 24장로들이 등장합니다. 얼마나 잘 믿었길래 하나님 보좌 앞에 있을 수 있나요? 그들은 엎드려 경배하며 자기 면류관을 보좌 앞에 던지며 창조주 하나님만 영광, 존귀, 능력 받으시기 합당하다고 찬양함을 볼 수 있습니다. 그렇습니다. 마귀는 우리에게 박수 받고 칭찬받는 영광의 면류관을 쓰라고 부추기지만 모든 영광은 오직 하나님께 드리고 이 땅에서 우리는 주님 머리 위에 씌었던 가시관을 쓰겠다는 다짐이 있어야 합니다.

성결한 삶을 살고 믿음을 지키고 선한 싸움을 싸우고 달려갈 길을 마쳤기에 하나님으로부터 인정받아서 천상의 나라에서 받은 면류관조차도 벗어 하나님께 드리는 24 장로들이니 하나님 보좌 앞 자리는 마땅한 것 아닌가요! 하나님 아들이시면서 자기를 낮추시고 죽기까지 복종하신 겸손의 화신 예수 그리스도 앞에 부끄러운 모습으로 언제까지 서 있을 수 있겠습니까.(벧전 2:5~8)

우리 신앙 삶의 기초는 겸손이어야 합니다. 여기서만 순종과 사랑과 섬김의 꽃이 필 수 있기 때문입니다. 복음서에서 우리는 얼마나 많은 예수의 교훈을 만납니까? 그중에 겸손을 역설하신 말씀이 차지하는 비중을 생각해 본 적이 있습니까? 그 말씀들 중 몇 구절이나 날마다 외우고 있습니까? 마 23:11, 눅 18:9~14, 22:24~27, 요 13:14, 마 11:29 중에서 외우는 말씀은 있나요?

2. 순종

우리 옛말에 구슬이 서말이라도 꿰어야 보배라는 말이 있습니다. 아무리 진리가 넘치고 방법이 다양하다 해도 실제로 행동화되지 않으면 무용지물입니다. 한국민 25%가 교인이라는 것이 사실과 다른 엉터리 통계라는 게 다행입니다. 그 통계가 진짜라면 진짜 문제입니다.

왜 일본은 신자가 2% 미만인데도 사회에 큰 영향력을 행사하는데 한국은 25%나 되는 교인들이 있는데도 사회에 신선한 충격과 영향력을 발휘하지 못하는가 말입니다. 교회당이 그렇게 많고 수많은 책이 쏟아져 나오고 헤아릴 수 없는 카세트 설교 테잎과 세미나 테이프가 홍수를 이루는데도 부정사건에는 꼭 교인이 관련되어 나오니 신뢰를 잃은 지 옛날입니다. 그 이유는 간단합니다. 그 좋은 설교, 책, 가르침 풍성하지만 말씀에 순종하기를 거부하기 때문입니다. 진리를 머리로는 아는데 순종이 없다면 공염불이 되지 능력으로 나타나질 않습니다. 순종이 없으니 삶의 변화가 없고 「그놈이 그놈」이고 어제나 오늘이나 내일이 동일한데 무슨 기대가 있겠습니까? 오히려 경계하고 거부하고 조롱하고 멸시할 수 밖에 없습니다. 어쩔 수 없이 그 대가를 받아야 합니다.

성도의 삶에 가장 중요한 게 순종입니다. 성경을 바로 알아야 진정한 믿음이 생기고 올바른 믿음에서만 순종의 생활이 이루어집니다.

거꾸로 말하면 순종하지 않는 것은 비뚤어진 믿음 때문이고 비뚤어진 믿음은 아직 하나님의 말씀을 바르게 깨닫지 못하고 있기 때문이라는 것입니다. 나는 바로 아는데…… 항의가 있다면 다시 생각해 보기를 권하고 싶습니다. 성경의 낱말, 문장, 해석을 바로 안다고 해도 말씀에 순종하지 않으면 아는 게 아닙니다. 하나님을 바로 알면 하나님이 무엇을 제일 중요시 하는지, 하나님은 무엇을 먼저 하라고 하시는지도 구별할 수 있어야 합니다. 목사가 되어 하나님의 일을 하겠다고 개꿈 꾸지말고 목사가 되기 전에 사람부터 되라는게 하나님의 우선순위이며 하나님의 일은 안 해주어도 좋으니 제발 너나 신자가 되어 달라는게 하나님의 소원임을 아는 게 진짜 아는 것입니다.

"네가 얼마나 하나님의 일을 하느냐가 문제가 아니고 네가 얼마나 하나님의 사람다우냐"가 문제인 것입니다.

솔직히 믿음으로 구원받지 행함으로 구원받는 것은 아닙니다. 그런데 구원을 조건으로 하는 행함과 구원받은 성도이므로 말씀에 순종할 수밖에 없어서 순종하다 보니 생각이 바뀌고 가치관이 바뀌고 판단의 기준이 달라지고 삶이 변하고 그래서 행위가 뒤따르는 것과는 구별해야 합니다. 진정한 믿음이란 바로 이것을 포함하기 때문입니다.

다시 확인하지만 믿음은 복음을 받아들이는 것입니다. 하나님 말씀과 예수 그리스도의 인격과 예수님이 나 같은 죄인을 구원해 주시려고 이 땅에 오신, 임마누엘하신 메시아임을 알고 받아들이며 마음속에 영접하고 예수님의 대속적인 십자가상의 죽음과 고귀한 보혈의 공로로 의롭다 함을 받으며 다시 사신 예수님을 소망하는 모든 것을 믿음이라 합니다.

그러나 야고보 사도는 이런 믿음을 가졌다면 당연히 순종까지 갈 수밖에 없으니 행함이 있는 믿음, 즉 순종으로 나타나는 행함(구원 받으려는 목적으로 하는 선행이 아닌)까지 포함된 믿음이라야 산 믿음이고 순종하지 않는, 행함이 없는 믿음은 죽은 믿음이라고 갈파했습니다. 하나님을 바로 알면 사랑합니다. 하나님에 대한 우리의 사랑은 순종으로 표현되는 것입니다. 하나님은 인간을 창조하시고 아담에게 믿음을 가지라 하시거나 사랑하라는 말씀은 안하셨습니다. 하나님의 하나님 되심과 사람의 위치를 분명히 하시려고 순종을 요구했습니다. 사실 순종이 사람의 행복임을 하나님은 아셨습니다. 그런데 자기 결정적 권한을 받아 가졌던 아담부부는 불순종을 택했습니다. 그것이 비극의 시작이었습니다.

롬 5:19 빌 2:8~9, 히 5:8~9를 보십시오. 때문에 우리를 구원하셔야 할 예수 그리스도는 완전히 순종의 사람으로 오셔야 했습니다. 순종을 가르치고, 순종을 회복하게 하려고 하신 것입니다. 노아의 사적을 보면 "…명하신 대로 다 준행하였더라"고 했고 히 11:8에는 "…믿음으로 아브라함은 … 순종하여"라고 표현했습니다. 위대한 하나님의 사람들은 모두 한결같이 순종의 사람들이었습니다. 성소를 만들던 때를 기록한 출 38~40 마지막 3장에서 "여호와께서 모세에게 명하신대로 다 행하였더라"는 말씀이 19번이나 반복되었습니다. 이때야 비로소 여호와의 영광이 성막에 충만(40:34)하게 되었습니다. 반대로 지도자를 세울 때 무엇보다 전적 순종이 필요함을 강조했습니다. 사무엘이 사울에게 기다리라했습니다(삼상 10:8). 사무엘이 안오니 사울이 더 기다리지 않고 제사 드려 버렸습니다. 사무엘이 와서 말하기를 "왕이 하나님 명령을 지키지 않았으니 왕위가 계속될 수 없다"고 했습니다. 불순종은 불행과 저주로 마감됩니다.

신약에서도 동일합니다. 요 14:15~23에 보면 주님은 순종이 사랑하는 사람에게만 가능하다고 하셨습니다. 순종해야 성령도 충만할 수 있습니다(행 5:32). 부르심의 목적도 순종이라고(롬 16:6)했으며 거룩의 출발점 역시 순종입니다(벧전 1:14~22). 하나님을 사랑하는 것은 계명을 지키는 것이라고 했습니다(요일 5:3). 특히 순종의 최고의 모본은 역시 예수 그리스도이십니다. "롬 5:19 한사람의 순종하심으로 많은 사람이 의인이 되리라" "롬 6:16 순종의 종으로 의에 이르느니라" 등 많은 말씀이 있습니다. 순종 없이 복의 문을 열 수가 없습니다. 순종의 바탕은 무엇인가요? 겸손입니다(빌 2:5~8). 또 온전한 믿음입니다(요 14:10).

순종은 어느날 갑자기 되어지는 것이 아닙니다. 계속 훈련하고 실패해도 또 시도하고 노력해야 되는 것입니다. 쉬운 것부터 시작해서 죽기까지 순종할 수 있다는 뜻은 아닙니다. 순종은 처음부터 하나님의 하나님 되심을 확실히 인정하고 십자가 지신 주님 앞에 내 삶과 내 인격을 드리는 마음 바탕이 이루어져야 하기 때문입니다. 그러므로 경건의 시간을 통해 기도로 마음을 열고 성경을 읽고 생각하고 관찰하고 해석하여 하나님의 뜻을 찾아내고 성령께서 이 말씀을 내적 생명에까지 도달하여 역사할 수 있게 하여주심을 또한 믿고 그 말씀의 뜻을 생활에 적용시켜 보는 노력을 계속할 때 비로소 순종의 실현이 가능한 것입니다. 우리는 우리가 좋아하는 내용만 생각하고 적용하려 할 때도 있으나 어느 말씀에도 순종해야지 내가 쉽고 유리한 쪽만 골라서 순종해 보겠다고 해서는 안됩니다. 사실 순종하려면 쉽지 않습니다. 우리 경험과 상치되고 지식과 합리적 방법과 다른 경우가 많기 때문입니다.

예를 들어 수 1:6~9를 보면 하나님께서 여호수아에게 말씀하신 것을 보게 됩니다. 이때 상황을 살펴보면 얻을 교훈이 많습니다.

강한 영성으로 이스라엘 백성을 애굽에서부터 인도해 오던 모세가 죽고 나서 막 인계를 받은 여호수아는 얼마나 심리적으로 어려운 상황에 처해 있었을까요? 모세에게도 곧잘 반항해 온 백성들이요 리더십에 시비를 걸만한 족장들이 많이 있었을 테고 또 요단강을 건너 가나안에 들어가야 하는데 난공불락의 요새 여리고가 바로 면전에 접해 있었습니다. 적들은 훈련된 군사와 무기를 갖고 있는데 이스라엘 백성은 무기도 없고 집체훈련 한번 받지 못한 나약 무기력한 군중에 지나지 않았습니다. 이때 하나님께서 나타나서 말씀하신다면 여호수아는 무엇을 기대했겠습니까?

"여호수아야 내가 지혜와 능력을 주마. 백성은 어떻게 훈련시키고 어디를 가면 어떤 재료가 있으니 그것으로 어떠 어떠한 무기를 만들어 싸워라" 이렇게 지시해주면 용기가 날 것 같은데 성경을 보면 "율법을 지켜라 그러면 걱정할 게 없다"는 것입니다. 그런데 여호수아는 다른 것 요구하지 않고 순종한다는 사실입니다.

그런데 더 심각한 문제는 5:2~3절의 내용입니다. 요단강을 건너 여리고성 앞에 이르렀는데 하나님께서 느닷없이 할례를 행하라고 명하셨습니다. 생각해 보세요. 지금 여기는 적진입니다. 여기서 남자들이 포경수술을 일제히 받으면 적국에게는 땅 짚고 헤엄치기로 승리를 줄 것이 뻔하지 않습니까? 누워 끙끙 앓고 있는데 그저 지나가면서 칼로

풀베기 하듯 간단히 쳐 버릴 수 있지 않겠어요? 이때 여호수아가 "하나님 이럴 수가 있어요. 여기가지 와서 말이나 됩니까!" 하고 항거하지 않고 말씀대로 순종하였습니다.

아브라함의 경우도 우리는 쉽게 동화처럼 이야기하지만 아브라함의 입장에 들어가 봅시다.

"언제는 자식 달라고 했나요. 하나님이 주시겠노라 약속했지요! 그것도 준다 준다 하시고는 안주서서 실수도 했지 않습니까? 어쨌든 백 세에 아들 이삭을 주신 것은 참 감사한데 십여 년 다 크니까 이제는 또 하나님 맘대로 죽이라고 하시니 도대체 누굴 놀리는 것입니까. 내가 잘못 들었나요?" 하고 항의가 가능하지 않겠습니까! "자식을 죽이라니 제물로 드릴게 천지인데 하나님의 생명의 법에 어긋나고 부자지간, 가정관계 모두를 깨뜨리는 모순이니 그것은 안됩니다." 할 수가 충분히 있었습니다. 그런데 아브라함도 고민의 흔적은 많이 발견되지만 결국 하나님의 말씀에 순종합니다. 이삭을 살려주실 하나님의 계획과는 관계없이 하나님이 주신 자식을 하나님이 달라시면 드리겠다는 믿음의 순종이었습니다.

성경에 보면 하나님께서 미련한 자를 택해 지혜자를 부끄럽게 한다는 사상이 전편에 깔려 있습니다. 왜 그럴까요? 지혜 있고 똑똑하고 공부 많이 하고 가진 것 많으면 주장할게 많고 똑똑하다고 따지고 거부하고 뽐내기 잘해서 잘 믿지도 못하고 순종도 안하기 때문입니다. 하나님은 그게 싫으신 것입니다.

모세도 40년 바로의 궁궐에서 학문을 익히고 실력을 쌓아 "내가" 라고 으시댈 때는 하나님께서 NO!하고 사용치 않으셨습니다. 바울도 죽고 죽으니, 세상 것 분토와 같이, 배설물처럼 버리니 그때야 쓰셨습니다. "하나님 당신만이 최고입니다." 이 수준에 이르니 순종하는 것이며 쓰임 받는 것입니다. 사실 우리가 반드시 알아야 할 것은 구원은 학교 입학과 같다는 것입니다. 합격 통지서 받고 당연히 기뻐 감격해야 하지만 그것에 도취하여 몇 년 계속 그 얘기만 하고 즐기고 있을 수가 없습니다. 더 중요한 것은 그 다음부터 이어져야하는 학교생활입니다. 숙제도 해야 하고 시간도 지켜야 하고 학교규칙대로 해야 하니까 잘못하면 매도 맞고 잘하면 상도 받는 것입니다. 이게 바로 교회생활입니다. 또한 하나님의 나라생활입니다. 하나님 나라니까 당연히 하나님 통치가 이루어져야 하며 하나님의 나라 백성은 하나님 통치를 받아야할 의무가 있는 것입니다.

만약 그 나라 통치자의 명령과 통치 원리에 순종하지 않으면 그 백성이 아닙니다. 그러므로 교회생활부터는 순종이 으뜸입니다. 때문에 교회의 본질과 내용은 순종입니다. 하나님 나라의 지상 지점이기 때문에 여기서 순종이 훈련되지 않고는 하나님 나라에 갈 수 없습니다.

3. 사랑

하나님을 사랑하라는데 이의를 제기할 성도는 없습니다. 하나님을 사랑해야 합니다. 우리는 하나님을 사랑합니다. 그러나 하나님께 대한 우리의 사랑은 매일 매일의 삶이라는 현실적 시험장에서 그 진실함이 증명되지 않으면 그것은 위선입니다(요일 4:20).

성경을 한마디로 요약하면 사랑 이야기가 아닙니까? 하나님이 우리를 아들까지 죽일 만큼 사랑하셨다는 것이며 우리도 서로 사랑하라는 이야기입니다. 사랑의 비중은 믿음보다, 소망보다 더 크다는 것입니다. 그래서 예수님은 마 23:37~40에서 온 율법과 선지자들이 외쳤던 내용의 핵심이 바로 하나님을 사랑하는 것과 이웃사랑이라고 요약하셨습니다. 사랑은 이론이 아닙니다. 사랑은 행위로 나타날 수밖에 없는 것들입니다.

그래서 바울은 사랑을 고전 13장에서 구체적으로 설명해 주었습니다. "우선 참는 것이다. 무슨 일에도 흥분해서 일을 그르치지 말고 참으라. 이게 사랑이다." 인간관계에서 받는 상처를 참는 것입니다. 언제까지요? 오래 오래 참는 것입니다. 해보셨나요? 그리고 온유해야 합니다. 적극적으로 남을 돕고 부드럽고 친절하게 맞아야 합니다. 또 부패한 인간 속에 뿌리박고 있는 더러운 질투를 버려야 합니다. 저 사람의 성공과 행복이 바로 내 성공과 행복처럼 생각하고 시기하지 않는 것입니다. 성경에서 요나단(사울의 아들, 다윗의 친구)같은 사람이 모델로 제시되어 있지 않습니까? 그리고 남을 칭찬해줄 망정 결코 자기는 자랑하지 않아야 합니다. 자기자랑이 지나치면 교만하게 되는데 어떤 일도 자랑하거나 교만해선 안 됩니다. 교만하면 마귀 닮게 됩니다.

특히 영적 교만은 자신의 영혼과 교회와 이웃 모두를 파멸로 이끕니다. 그리고 사랑은 무례히 행하지 않는 것입니다.

질서를 존중하고 예의 밝게 사는 것입니다. 지켜야할 예의범절을 무시하면서도 신앙 좋다고 설치는 인간들은 구원조차 의심스러울 정도입니다. 사랑은 자기유익을 구하지 않습니다. 소유를 위해 수단방법 가리지 않는 사람, 어떻게 해서라도 이익을 챙기려는 사람이 아니라 하나님께서 주신 것을 하나님 백성을 위해 하나님 사랑의 심정으로 되돌려 주는 마음이 있어야 합니다. 내 욕심 앞에는 단호히 NO! 하고 하나님 사업 앞에는 기쁨으로 항상 YES하는 마음이 있어야 하고 행동화되어야 합니다.

　사랑은 성내지 않는 것입니다. 자기 몫을 빼앗기게 되어 화풀이하는 자가 없어야 합니다. 또 악한 것은 생각 속에 떠 올리지도 말아야 합니다. 사랑은 진리를 기뻐하기 때문에 불의를 기뻐할 수가 없는 것입니다. 생활 속에 이런 기본적 자세가 세워지면 벌써 만나는 대상들은 모두 풍기는 인품과 베푸는 사랑 앞에 머리를 숙이게 됩니다. 제가 중학생 때 박계주의 순애보를 보고 얼마나 희생적 사랑에 감격했던지 그 후 박계주의 애로역정(현재 소장한 분들이 거의 없을 것임)을 읽으면서 거기서 요약된 사랑을 두고두고 음미했기에 여기 소개합니다.

1. 사랑에는 내가 없다. 남만 있을 뿐이다(이타주의).
2. 사랑은 받는 것이 아니다. 주는 것이다(자선).
3. 사랑은 기억보다 망각을 즐겨한다(선을 베풀고는 잊어버리는 것).
4. 사랑은 과거도 미래도 없다. 다만 현재만 있을 뿐이다(지난날 베푼 것 자랑 삼거나 조건으로 삼지 않으며 앞으로 행할 계획을 내세워 핑계하거나 미루거나 미혹시키지 않음).
5. 사랑은 하나님처럼 약하다. 그러나 그것이 곧 강한 것이다(하나님이 사랑이시니 훼방 받고 모욕을 당해도 참으시며 기다리시며 잘못을 회개하면 무조건 다 잊고 용서만 하시니 약자처럼 보여진다는 것이며 감정과 조건에 따라 움직이시지 않으니 가장 강하신분).
6. 사랑은 영원을 동반자로 한다(한번 반짝해보고 마는 게 아니라 끝없이 베푼다).
7. 사랑은 대가도 보상도 바라지 않는다. 다만 무조건적 희생이다

(칭찬을 기대하지 않고, 베풀었으니 나에게도 사랑을 주거나 타당한 보상이 있어야 한다는 마음이 조금도 개입되지 않아야 한다. 부모가 자녀를 키우면서 장래 늙었을 때 의지하기 위한 수단으로 한다면 사랑이 아니라 투자요, 장사다).

8. 사랑은 죽음이다. 곧 희생이다(사랑의 크기는 생명까지 주는 수준에 이르게 된다).

9. 사랑은 율법의 완성이다(사랑을 진정으로 하면 모든 율법은 이미 지켜진 것이다).

10. 사랑이 있는 곳은 천국이요 없는 곳은 지옥이다(재물이나 지식이나 환경보다 우선한다).

11. 사랑보다 더 귀한 재산도 없고 더 위대한 학문도 없고 사랑보다 더 높은 진리도 없고 사랑보다 더 깊은 예술도 없고 사랑보다 더 큰 은사도 없다.

사실 12가지인데 하나는 도무지 기억이 안 나며 책은 어느 친구가 빌려갔는데 돌려주지 않아 찾지 못하고 있습니다.

4. 섬김

막 10:45에는 예수 그리스도께서 오신 목적이 설명되고 있는데 대속의 목적과 아울러 섬김의 목적을 갈파했습니다. 하나님께서 피조물인 인간을 섬기려 했다면 그 앞에 감히 우리는 어떠해야 할까요? 섬기려면 역시 종이 되어야겠다는 각오가 제일 먼저 필요합니다. 하나님 앞에서 종이 된다는 것은 쉬운 일이지만, 어차피 상대가 안 되니까 문제가 없지요. 그러나 사람 앞에서, 더구나 우리를 못살게 괴롭히는 사람까지 도와주고 섬기라는 것은 매우 어려운 것이 사실입니다. 왜요? 아직 십자가에서 죽지 않았고 종의 신분으로 완전히 바뀌지 못한 때문입니다. 성경은 하나님과 사람 앞에서 종의 자리 외에 다른 자리를 구하려 하지 말라고 가르치며 종의 자리를 잡는 것이 목적이요 기도가 되게 하라고 하십니다.

섬김은 겸손과 사랑과 순종의 종합 시험장입니다. 섬김의 대상은 하나님만이 아닙니다. 상관이나 부모, 교사, 선생만이 아닙니다. 그것은 불신자들도 잘합니다. 할 수밖에 없지 않습니까?

처음 교회를 찾아 나온 성도를 섬겨야 합니다. 병든 자를 섬겨야 합니다. 가난한 자를 섬겨야 합니다. 어린 자, 약한 자를 섬겨야 합니다. 하급생을 하급자를 섬겨야 합니다. 이것이 기독교의 역설적 진리입니다. 이때 역사가 일어납니다. 기적이 일어납니다. 부하들이 상관에게 경례해서 바뀌는 역사는 없지만 장성이 사병에게 경례를 하고 섬기면 역사가 바뀐다는 사실을 알아야 합니다.

미국 어느 회사를 가든지 어느 상점을 가든지 제일 먼저 하는 말은 "무엇을 도와 드릴까요"입니다. 물론 이제는 형식적인 인사로 변질했지만 자기가 도울 위치에서 도울 준비가, 자세가 되었음을 겸손히 표하는 것이라면 바로 섬기는 삶의 생활화로, 본보기로 평가할 수 있습니다. 섬김은 주님의 요청이요 시범자 예수님을 따르는 길이므로 필수적입니다.

임마누엘의 삶

Immanuel's Life

CHAPTER

임마누엘의 삶

임마누엘이란 하나님이 함께 하신다는 뜻입니다. 하나님이 함께 하시는 삶이라면 우리가 더 바랄 것이 무엇이겠습니까? 임마누엘의 삶을 목표로 개인생활과 가정생활과 교회생활과 사회생활을 간략히 정리해 보시지요.

1. 개인생활

모든 것의 기본단위는 「나」 개인입니다. 세상에서 발생하는 모든 문제는 내가 존재하기 때문입니다. 내가 없는 가정, 내가 없는 교회, 내가 없는 사회, 내가 없는 천국은 어떤 의미를 갖겠습니까? 폴틸리히처럼 "나는 무엇이며 어디서 와서 어디로 가는가"를 묻지 않는 사람은 인간이 아닐지도 모릅니다. 내 존재 자체가 신비입니다. 내가 태어나고 싶어 태어난 사람이 없습니다. 전적으로 타의에 의해 존재하면서도 세상에 무엇보다 나처럼 중요한 존재도 없습니다. 모든 개인은 나름 대로 행복을 소원합니다. 도스토예프스키의 「카라마조프의 형제들」 속에서 조시마 장로가 "사람은 행복을 위해 창조되었지" 하니까 부인이 "그러나 자기가 행복하다고 말할 자가 있느냐구요" 하고 반문합니다. 사실 이 목표에 도달한 자연인은 없습니다. 행복 추구를 위해 돈, 이성, 권력, 지위, 학문, 운동, 취미, 오락 별것들 다 동원하고 심취해도 얻지 못합니다. 다만 믿음의 사람들만이 신령한 하나님이 주신 복을 확인하고 행복해 합니다.

행복하고 싶으시면 성경적 가치관을 가져야 합니다. 성경말씀이 지시 하시는 대로 순종하고 사는 것입니다. 성경에는 구약에서 「하라」는 법이 248개 있고 「하지 말라」는 법이 365개 있었습니다. 도합 613개의 법이 있었는데 하라(Do)는 법은 하지 않고 하지 말라(Do not)는 법은 다 해버려서 죄인임을 확인할 뿐이었습니다.

신약에서도 서신을 통해 1051개의 권면이 있습니다. 성경이 요구하는 대로 살면 됩니다. 그런데 세상을 살면서 접하게 되는 사례마다 모두 성경이 언급하지 않아서 성경의 지시를 따를 수가 없습니다. 성경이 구체적으로 설명해 주지 않는 것도 많습니다.

예를 들면 담배를 피워도 되는지 맥주나 포도주를 마셔도 되는지 모릅니다. 성경에 구체적 언급이 없는 것을 「회색지대」라고 합니다. 이런 때는 어떤 원칙을 따를 것인가 망설일 필요 없이 원칙에 순종하십시오. 성경에 분명히 있는 율법을 최우선 지켜야 합니다.

부모를 공경하라. 도적질 하지 말라 했는데 부모를 박대하고 세금내지 않고 회사 물건 맘대로 사적으로 사용하면서도 어떻게 하랍니까 질문을 한다면 웃기는 이야기입니다.

성경이 하라는 것 하고, 하지 말라는 것은 하지 말고, 그리고 나서 성경에 언급되지 않은 사항일 경우 "어떻게 할까요" 물어야 합니다. 이때는

1. 하나님의 영광을 먼저 생각하고 결정하십시오.
2. 형제들 특히 믿음의 형제들에게 걸림이 되지 않겠는가 생각하고 해야 하며
3. 양심에 꺼리낌이 되지 않는가 고려해서 행동해야 합니다.

덧붙인다면 예수 그리스도를 높이는 일이 될 것인지 이일을 통해 내 신앙생활의 간증이 되겠는지를 염두에 두고 판단할 것입니다.

그러면 신자다운 삶을 살게 됩니다. 「저 사람은 성경대로 사는 사람」이라는 인정을 받으면 행복한 사람입니다. 그런데 겉으로 드러나기 위해서 행하는 것은 오래 지속될 수가 없습니다. 때문에 인격 전체가 예수 그리스도 안에서 새롭게 조직되어야 합니다. 그래서 제일 피곤하고 어려운 싸움은 자기와의 싸움입니다. 자기와의 싸움에서 말씀으로 승리하는 삶이 계속되면 하나님만으로 만족하게 되고 성경적 원리들을 꼭 대입하거나 적용하게 됨으로 자신은 행복하고 타인들에게는 모범적 Sample이 되는 것입니다. 역시 개인생활도 신자의 생활은 훈련이 대단히 중요하고 큰 비중을 차지한다는 사실입니다. 우리 성품은 예수 그리스도를 믿는 순간에 완전히 변화되지를 않기 때문입니다. 하나님 중심으로, 하나님 제일주의로 의지하는 훈련이 날마다 계속되어야 성령 안에서 변화를 보게 되고 능력을 깊이 체험하게 됩니다.

악과의 전쟁에는 휴전도 없고 회담도 없습니다. 전쟁에서는 이기면 살고 패하면 죽는 것뿐입니다. 그런데 나를 알고 적을 알면 백전백승이라는 옛말이 있지 않습니까? 그래서 자신을 냉철하게 꼬집어 봐야

합니다. 어쩌면 제일 좋은 방법은 아무도 없는 집안에 자기 혼자 있을 때, 시간이 의외로 남는 한가한 시간에 생각하는 것을 써 보든지 녹음을 해 보십시오. "극장이나 가볼까, 고스톱 칠 사람이 없나, 어제 거기서 만나 본 바로 그 사람과 지금 만나서 같이 사랑놀이 했으면, 유명한 그 음식점에 갈까, 수영장에 갈까, 잠이나 실컷 잘까" 등 솔직한 자신을 파악하셔야 합니다. 그리고 지금까지의 경험과 내 주위 환경을 감안해서 자신이 어떤 문제에 제일 약한지, 어떤 조건에서 쉽게 유혹 당할지를 분별해야 합니다. 그리고 나서는 성경에서 똑같은 문제의 승리자와 실패자를 찾아 승리할 수 있었던 근거와 실패의 원인을 밝혀내서 자신의 삶을 지킬 요새를 구축하는 일입니다. 예를 들어 봅시다.

순위	항목	실패자와 원인	승리자와 이유
1	돈(재물)	아간(수 7:1) 하나님께 바친 전리품 중에서 훔침. 그래서 아이성 전투 참패, 욕심 때문 아나니아 & 삽비라(행 5:) 칭찬 기대하고 소유 팔아 아까와 일부 남기고 바쳤다가 거짓말해 죽음	아브라함(창 14:) 십일조 드림 소돔왕이 감사예물로 회수품을 줘도 그래서 부자됐다할까봐 거절. 하나님 의지. 하나님 이름 높이기 원함.
2	이성	다윗(삼상 11:) 부하는 전쟁터에 있는데 나태해 늦잠 잤고 목욕하는 남의 아내를 직권으로 간음하고 죄를 숨기려 남편을 살해하게 함	요셉(창 39) 시위대장의 처가 유혹했으나 피 끓는 청년이 출세기회인데 은혜 생각과 하나님을 의식해 이겼음
3	능력자랑	시몬(행 8:) 안수하면 성령 받는 능력을 돈으로 사려고 함 능력행사가 부러워서.	바울(고후 12:) 남은 고쳐주면서 자기는 병으로 고생하며 자고치 못하게 하시는 하나님의 뜻으로 알고 감사.
4	월권행위	천사들(유 1:6) 자기 처소 떠나 멋대로 행동	예수님(빌 2:6~8) 영광의 보좌 떠나 종의 모습으로 섬기려 세상 오심

이런 방식을 따라 비교연구하면서 사탄의 유혹방법을 감지하고 대비하면 날마다 승리하는 놀라운 성도의 삶을 살 수 있습니다.

한마디 더 첨부한다면 자기 자신을 성경을 통해 바로 판단할 뿐만 아니라 멀리서 나를 정확히 보고 사랑의 심정으로 눈물을 흘리며 기도한 후 충고해 주는 믿음의 형제들의 지적을 들어야 한다는 것입니다.

제 개인적으로 우리교회 성도님들이나 한국의 성도님들이나 특히 동료 목사님들에게 간곡히 드릴 말씀은 성서적 가치관을 가진 우리가 먼저 검소하게 살자는 것입니다. 지면관계로 단 하나만 예를 듭니다. 미국에서 삼만 불이 넘는 차를 살 때에는 사치세를 내야 합니다. 예수를 바로 믿는 사람들이라면 세상 사람들도 사치한 것으로 구별하는 정도 이상의 차를 구입해선 안된다고 생각합니다.

더구나 한국교회는 문제가 자못 심각합니다. 누구나 교통체증 때문에 짜증부리며 불평은 하면서 자기가 자가용 처분해 버릴 생각은 왜 안하고 있는지 궁금합니다. 목사님들과 교인들이 앞장 서야 할 일이 아닙니까? 물량주의에 빠진 사회라고 비판하면서 자기들이 주역임을 모르고 있어 답답합니다.

좁은 땅에 차가 너무 많아 문제라고 정부의 정책을 비판하지 말고 교인들부터 제발 자가용 팔아 없애 주셨으면 싶어요. 가만보면 꼭 필요하지도 않으면서 남들 의식해서 갖고 있으며 분수에 맞지 않게 값비싼 차를 소유하고 있습니다.

수백억대 부자의 1억짜리 다이아 반지는 사치라 정죄하면서도 자기 신분과 수입에 비하면 백만 원짜리 시계도, 반지도 훨씬 비중적으로 큰 사치임을 왜 모르는지, 더구나 목사와 성도들과 교회에서 흔히 발견되니 안타까울 뿐입니다. 세계에서 대형교회당이 제일 많은 한국교회 목사님들이 왜 비싼 임대료를 주면서 호텔에서 회의를 해야 합니까? 돈이 많이 쓸데가 없어서 입니까? 나, 개인부터 바로 잡아가야 합니다. 회개합시다.

2. 가정생활

하나님은 아담을 창조하시고 독처하는 것이 좋지 않다고 하시면서 배우자 이브를 창조하여 함께 살게 했습니다. 그러니까 가정을 창조하신 것입니다. 하나님께서 직접 남자 아담을 만드시고, 여자를 또 만드셔서 가정을 이루게 하셨다면 반드시 목적과 뜻이 있을 것입니다. 그것이 무엇인가요? 그것은 행복입니다. 하나님 앞에서 서로 협력하며 하나가 되어 맡겨진 사명을 책임 있게 이루어 가며 행복을 누리기 원하시는 것입니다. 행복한 가정생활을 하기 위해서는 몇 가지 원리들을 알아야 합니다.

1) 누가 이기나
남자와 여자, 남편과 아내가 팔씨름을 하면 누가 이깁니까? 남자가 이깁니다. 싸우면 누가 이깁니까? 역시 남자가 이깁니다. 그런데 성경을 보면 남자 아담의 재료가 무엇입니까? 흙입니다.

여자 이브의 재료는 뼈(남자의 갈비)입니다. 그러면 흙과 뼈, 어느 것이 강합니까? 뼈가 강합니다. 뼈로는 흙을 긁어버릴 수 있습니다. 남자와 여자가 싸우면 결국 승리는 여자쪽임을 역사가 증명해 줍니다. 특히 야밤 침실에서는 단연 여자의 수단(?)에 남자는 두손 들게 되어 있습니다. 그러니까 남자들이 여자와 싸우면서 이기려 하지 말아야 합니다. 남자의 승리 방법은 단 하나 꼭 품어 주는 것입니다.

뼈가 제 아무리 강해도 흙에 묻히게 되는 오묘한 원리를 이용하셔야 합니다. 결국은 뼈도 흙의 일부분에 불과하다는 것입니다. 그래서 여자의 행복도 최종적인 것은 남편의 품입니다.

2) 연합의 오묘

창 2:23에 보면 창세기에 최초의 노래가 나오는데 아담의 베이스 독창이라 합시다. 그 내용은 하나님이 만들어 준 아내 이브를 환영하는 사랑의 시인데, "내 뼈 중의 뼈, 살 중의 살"이라는 것입니다. 그게 바로 「하나」라는 선언입니다. 그것은 24절에서 더 명확해집니다. "이러므로 남자가 부모를 떠나 그 아내와 연합하여 둘이 한 몸을 이룰지로다." 여기 한 몸이라는 단어 「에카드」 역시 둘이면서 하나라는 뜻입니다. 그러니까 당연히 25절에는 두 사람(부부)이 벌거벗었으나 부끄러워하지 않았다는 것입니다.

부부는 하나입니다. 한 몸이 되어야 행복합니다. 한 몸이 된다는 것은 영이 하나로 통해야 하고 정신과 사상이 같아야 하고 서로 의지하고 보충하며 육체적으로도 만족하게 하나가 되어야 합니다. 그래서 부부가 동일한 믿음을 가져야 영이 하나가 되니 행복하고 성경말씀에 의한 바른 가치관을 같이 소유해야 생각과 사상이 하나되어 마찰이 없고 육체적 결합에서도 같이 깊은 황홀경에 몰입되어 내가 너인지 네가 나인지 분리될 수 없는 짝임을 확인할 때 삼위일체의 신비도 조금 더 이해하게 되며 하나님께서 주신 행복을 구가 하게도 되는 것입니다.

3) 낙원에 살라

하나님은 처음 아담 부부를 에덴동산에 살게 했습니다. 에덴동산은 낙원입니다. 왜 그런가요? 하나님이 계신 동산이요. 하나님의 통치가 이루어지는 곳이기 때문입니다. 우리 가정은 하나님께서 계시는 한 에덴동산입니다. 일거리도 충분히 있지만 모두가 우리 행복에 관계되는 것들입니다. 이 낙원에서 우리는 옷을 필요로 하지 않습니다. 원래 옷은 죄를 짓고 나서 죄를 볼 수 있는 눈이 되자 수치를 알게 됐고 때문에 부끄러운 부분을 가리기 위해 만들어진 것이었기 때문입니다. 그러므로 우리는 자녀들이 없다면 우리 집안에서는 에덴처럼 벗고 살 수 있어야 합니다. 마음으로도 그렇고 실제로 말입니다. 자녀들이 집안에 있다면 부부의 침실만큼은 에덴처럼 만들어 부부에게만 주시는 달콤하고 오묘한 사랑을 만끽해야 합니다.

4) 사탄의 방해

하나님께서 친히 만든 공동체가 가정과 교회인데 이것을 잘 아는 사탄이 어떻게 하려고 할 것인가는 물을 필요도 없을 것입니다. 하나님 동산, 에덴도 감히 침입하여 아담 부부의 가정을 파괴한 괴수가 우리 가정인들 그냥 놔두겠습니까? 예수님의 탄생때부터 따라 다니며 별별 유혹과 배신과 압력을 통해 넘어뜨리려 했던 사탄은 십자가에서 돌아가실 때까지 이 일을 계속했는데 그놈이 우리라고 그냥 방치하겠습니까? 시도 때도 없이 별별 수단 방법을 다 동원하여 우리들의 가정을 깨뜨리려고 안달을 합니다. 가장 잘 사용하는 방법은 남편에게 다른 여자를 쳐다보게 하고 사업에 재미를 붙여 돈을 잘 벌게 하고 바쁘게 만들어 가정을 소홀하게 생각하도록 만들거나 반대로 사업을 망하게 해서 경제적인 어려움으로 가정을 풍비박산 만드는 것입니다.

또 아내에게 세상의 재미를 알게 해서 춤과 노름 맛을 보게 하고 조금씩 술 맛을 통해 겁이 없게 만들면 쉽게 유혹에도 빠지고 가정 같은 데는 별가치를 두지 않게함으로 이혼을 요구하게 하고 가정을 깨드리게 합니다. 그렇게 되면 아이들이야 자동적으로 사단의 밥이 되는 것이며 사탄 왕국은 축제를 벌이게 됩니다. 기억하십시오. 가장 적절한 때를 사탄은 중년기에서 갱년기 사이로 정확히 알고 집중적인 공략을 한다는 사실입니다. 사탄은 어느 정도로 지능적 수법을 동원하는지 한 가지 예를 들겠습니다.

"가정일이 중하냐 교회일이 중하냐? 신자는 하나님 앞에서 교회 일을 더 중하게 알고 교회 일을 잘해야 한다!" 이렇게 아리송하게 도전합니다. 그러나 하나님과 하나님의 뜻을 바로 아는 사람이라면 혼동될 것조차 없습니다. 가정에서 남편과 아이들을 위해 기도하며 사랑과 정성으로 필요를 파악하고 지혜롭게 살림살이를 해야 할 아내가 따스한 식사, 정성어린 반찬을 준비하지 않고, 자상한 위로와 격려로 지친 남편과 자녀들에게 새로운 용기를 갖게 할 아이디어나 여건 마련에는 관심 없이 교회 일 한답시고 날마다 교회당에 가 있거나 기도원에 가 일주일 내내 있다면 그것은 결코 신앙이 좋은 게 아니라 불신자 보다 못한 것입니다. 사실은 사탄에게 속고 있는 것입니다. 가정에 계신 주인 하나님을 의식하지 못한 것입니다.

5) 가정의 주인

가정의 주인은 누구입니까? 신자들의 가정에 주인은 바로 우리 주 예수 그리스도이십니다. 이 말은 조금 위치를 바꾸면 "가정이 곧 교회

다."라는 것입니다. 말세에 가정이 살아남으려면 정말 세대의 변화 속에서, 가치관의 붕괴 속에서, 가정을, 믿음의 가정을 지키려면 가정을 교회화해야 된다는 것입니다(골 4:15~16). 그래서 하나님과의 거룩한 교제가 계속 이어지고 우리의 연약함이 고백 되고 서로를 이해하고 주신 환경을 감사하고 성경적 가치관을 확실히 할 때 비로소 우리 가정은 행복의 산실이 되는 것이며 하나님의 임재 속에 넘치는 찬양이 계속 될 것입니다. 남편이 주인 되면 남편의 생각과 방법 지배해야 하니까 은근한 반발이 가족들에게서 일어날 수가 있습니다. 그러나 부부 모두가 가정의 주인이 예수 그리스도이시라고 확실히 의식하고 있으면 그분의 목전에서 감히 주장할 수가 없으니 다툼이 있을 수가 없게 되는 것입니다.

그분의 뜻, 그분의 생각, 그분의 방법을 배우며 기도로 묻고 성경에서 답을 찾아 삶에 적용하므로 화목하고 평화로운 하나님 나라를 계속 유지하게 됩니다.

6) 자녀양육

신자의 가정에 주신 자녀들은 넘치는 복입니다. 이 자녀들은 우리들의 분신입니다. 때문에 자녀들을 행복하게 키우는 것이야 말로 우리의 커다란 과제라고 할 수 있습니다. 그런데 자녀를 바르게 양육한다는 것은 말처럼 쉬운가하면 결코 그렇지 않다는 것입니다. 자녀들이 말썽을 부리기 시작하면 가정의 행복이 금가기 시작합니다. 그래서 무자식 상팔자라는 말도 생겼습니다.

그러나 이런 말은 성경적이 아닙니다. 하나님께서 허락하시면 낳아야 합니다. 근대인들은 자기들의 향락을 위해 자녀를 철저히 제한하여 낳기 때문에 더 큰 문제들을 야기시키고 있습니다. 자녀들이 말썽 부릴까봐, 인생을 즐기는데 짐이 될 테니까 거부하는 것은 하나님에 대한 도전입니다.

창조질서를 파괴하는 것이므로 심각한 형벌을 감수해야 합니다. 자녀를 많이 낳아 기르는 것은 어렵고 피곤하고 부담과 희생이 많지만 오히려 그들 때문에 괴로워하고 끌어안고 울 수 있다는 것도 행복입니다. 자녀들을 통해 하나님께서 주시는 위로와 기쁨은 굉장한 것입니다.

자녀들을 잘 양육하려면 성경적인 판단을 우선해야 합니다. 자녀들은 하나님께서 허락한 생명들입니다. 즉 인격을 갖고 있다는 말입니다. 내가 낳았으니까 내 맘대로 할 수 있는 존재들이 아니며 나를 위해서만 존재하는 사람이 아닙니다. 하나님께서 맡겨 주신 자들이므로 하나님의 뜻에 따라 키울 책임이 우리에게 있는 것입니다. 그런데 또 한 가지 분명한 사실은 저들 역시 죄인으로 태어났지 의인이 아니라는 것입니다. 대다수 현대 가정들은 두 자녀 뿐 입니다. 아들 하나 딸 하나인 경우가 제일 많을 것입니다. 그러다 보니 전부 상전처럼 대우했으며 아이들이 하겠다고 하면 다 해줍니다. 아직 성경적 가치관이 형성되기도 전에 제 멋대로 행동해도 금이야 옥이야 하면서 매를 들지 않고 기를 안 죽여야 당당히 큰다고 하면서 하자는 대로 따라 주었습니다. 점차 자라면서 비행 소년이 되면 그때야 "우리 애는 착한데 친구가 나빠서, 환경이 나빠서, 학교가 나쁘고, 선생이 틀렸고, 교회가 잘못해서…" 어쩌구 합니다. 참으로 안타까운 사실은 자기 자식들은 좋은 애들이고 착한 애들로 생각하는 경향입니다. 천만에요! 성경은 모두가 죄악 중에 태어난 죄인들이라고 합니다. 바로 알고 교육의 실마리를 풀어 나가야 합니다. 진단부터 좀 바르게 해야 합니다.

자녀들을 하나님께서 원하는 귀한 하나님의 자녀들로 양육하려면 무엇보다 목표가 분명해야 합니다. 우리나라 교육법 제1조에서 교육 목적은 홍익인간입니다.

두루 모든 사람을 유익하게 하는 사람으로 만드는 것입니다. 우리들은 어디서 교육 목적을 찾아야 합니까? 성경입니다. 우리는 우리들의 자녀들을 행복한 사람 만드는데 목표와 목적을 두고 양육해야 합니다. 왜냐하면 하나님의 소원이 우리와 우리 자녀들의 행복이기 때문입니다. 성경에 보면 "복 있는 자는" 또는 "…복이 있나니"라고 행복한 사람을 많이 설명 했습니다. "…하게 사는 사람이 행복한 사람이다."라고 하나님께서, 예수 그리스도께서 말씀하셨다면 그대로 사는 자가 하나님의 사랑을 받는 자요, 하나님의 사랑과 칭찬을 받는 자가 행복한 사람이 아니겠습니까? 제약된 시간이고 이 설명이 목적이 아니기 때문에 흡족한 설명을 드릴 수는 없으나 한 마디로 세상욕심 버리고 하나님 나라를 위한 실력자가 되라는 것이며 바른 믿음을 기초로 사랑의 열매를 맺으라는 것입니다. 그렇게 하기 위해 필수적인 것이 하나님 말씀의 바른 이해이며 성경적 가치관 확립이 우선 과제인 것입니다. 어렸을 대는 회초리를 계속 대면서라도 성경적 가치관을 갖고 사는 훈련을 해야 하며 나이가 들면서 사리 판단을, 성경에 기초한 자기 가치관을 근거로 하게 되면 서서히 자유롭게 주도권을 넘겨주기 시작해야 합니다.

여기서 주도권이란 하나님의 절대권에 도전하는 게 아니라 삶의 적응훈련이요 시행착오의 경험과 책임 있는 반응을 통해 확고한 성경적 가치관의 확립입니다. 일단 성경적 가치관만 소유하게 되면 기독교적 양육은 성공한 것입니다.

7) 가정생활에서 가장 중요한 것

가정생활에서 가장 중요한 것이 무엇이냐고 물으면 너무 광범위한 질문이라서 사랑, 믿음 등 여러 답이 나올 것입니다. 신자의 가정이니 믿음도 중요하고 더구나 사랑도 중요하지요 이런 것들은 가정 사역자들의 강의나 가정에 관한 책자들이 예외 없이 강조에 강조를 하고 있으므로 다루고 싶지 않습니다.

그런데 요새 모든 가정들이 사랑은 강조하면서 책임은 약화하는 경향으로 전환되고 있기에 책임이 강조돼야 할 것을 강력히 촉구하는 것입니다. 예를 들어 봅시다.

「부부는 사랑해야 한다. 가정은 사랑이 바탕돼야 한다.」 이 말을 틀렸다고 할 사람은 없습니다. 그러나 이것이 어떻게 발전하는가 보십시오. 「사랑하지 않으면 부부가 아니다. 그러니까 헤어져서 다른 사랑을 찾아야 한다.」 이것이 이곳 미국 가정들의 실태요, 부부, 가정의 철학입니다. 사랑만 전제하면 이럴 수도 있습니다. 인간은 항상 동일할 수 없어서 어떤 때는 사랑의 냉각기도 있을 수 있는데 그때마다 곧장 가정을 깨버리면 어떤 세상이 되겠습니까?

하나님은 처음 아담 부부에게 "서로 사랑하라. 사랑이 식으면 이혼하라" 하시지 않았습니다. 오히려 아담에게 "다스리라" 하셨고 이브에게 "돕는 배필이다" 하셨습니다. 책임부터 주셨습니다. 남편으로서, 아내로서, 부모로서, 자녀로서의 책임 있는 존재가 우선 강조돼야 함을 아셔야 합니다.

3. 교회생활

　모든 사람은 가정생활과 사회생활을 합니다. 그런데 신자들에게는 또 하나의 생활이 있는데 그것이 바로 교회생활입니다. 보통 인간들보다 삶이 하나 더 있다는 것은 그만큼 복이기도 하지만 한편으로는 쉽지만은 않다는 것을 각오할 수밖에 없음을 알아야 합니다. 하나님은 구원받은 개인들이 각자 하나님을 섬기고 의지하고 살다가 천당에 가서 살도록 하시지 않으셨습니다.

　창세기에 보면 아브라함을 부르셨고 그 가정을 선택하셨으나 곧장 부족으로, 민족으로 발전하여 이스라엘의 구원으로 연결됩니다. 개인적 구원과 삶으로 규정하거나 고정하지 않고 연합체, 공동체를 대상으로 한다는 것입니다. 구약시대는 이스라엘 민족으로 표현되지만 신약시대에는 예수 그리스도를 구세주와 삶의 주인으로 신앙고백하는 모든 사람들의 공동체를 교회라고 합니다. 하나님은 이 공동체를 통해서 신앙 훈련을 하시려는 것입니다. "사랑한다"는 것을 실현하려면 역시 이웃이 있어야 가능한 것이기 때문입니다.

　사랑의 핵심 되는 삶의 내용들 즉 거룩, 온유, 자비, 사랑, 인내 같은 것들은 나 혼자 추진하고 훈련하고 평가할 수 있는 게 아니고 첫째는 하나님과의 관계에서 그리고 두 번째는 인간관계. 특히 믿음의 공동체인 교회 안에서 가능하기 때문입니다. 너무 완벽하고 좋은 하늘나라를 겸손, 거룩, 사랑, 인내, 헌신으로 완전히 훈련된 수준 있는 자녀에게 허락하시려는 하나님의 뜻을 우리는 알아야 합니다. 그래서 교회생활이 중요한 것입니다. 함께 생활하면서 부딪치고 다투고 손잡고 이해하고 별별 과정을 겪으면서 성경 말씀으로 각자의 나쁜 성격들이 고쳐지고 다듬어지고 자꾸만 예수 그리스도를 닮아가게 되는 것입니다. 그럼 교회란 무엇인가부터 공부해 봅시다.

1) 교회란

여러분의 친구가 "당신 요새 교회 다닌다면서? 그런데 교회가 무엇인가?"라고 질문해 오면 어떻게 답변하시겠습니까? 여러분 나름대로 교회관을 정립하고 계신지 모르겠습니다. 가정이 나의 출생처요 성장 터전이요 죽을 때까지 내 삶의 터전이듯 교회도 영적 가정과 마찬가지입니다. 즉 구원받고 성장하고 천국까지 계속 살아야 할 영적 삶의 터전입니다. 그러므로 교회를 잘 알고 교회생활을 해야 합니다.

교회란 다시 강조하지만 하나님께 부름 받아 예수 그리스도를 통하여 구원 받은 사람들(행 2:44)입니다. 일반 사람들은 교회를 어느 장소에 세워진 건물이거나 정신적 불안을 해결해 주는 조직체로 또는 병 고치는 장소, 또는 사귐을 갖는 장소 또는 구제기관으로 오해하기도 합니다. 교회, 즉 「에크레시아」란 뜻은 하나님께서 종살이하던 이스라엘 백성을 애굽에서 건져 불러내듯 죄에서, 죽음에서, 세상에서, 자유로, 생명으로, 천국으로 불러냈다는 것입니다. 불러낸 후에는 하나님께 소속시켰습니다. 즉 「큐리아코스」해서 처치(Church)란 말이 나왔습니다. 이렇게 부름 받은 자들이 교회이며 또 이런 개인들이 모여 지역교회를 이루게 되고 이 지역 교회들이 우주적 교회를 이루게 되는 것입니다.

교회는 하나님께서 계획하시고(히 8:5) 예수께서 세우시고(마 16:16~18), 성령께서 거하시는 곳입니다(고전 3:16~17). 그래서 하나님의 집이라고 하고(딤전 3:15), 그리스도의 몸(엡 1:23)이라고도 하며 성령의 전(엡 2:21) 또는 위에 있는 예루살렘(갈 4:26) 등으로 부릅니다.

거룩함을 지키는 한 가족인 것이며 자주 모이고(히 10:25), 마 18:20) 사랑과 거룩의 훈련을 받으며 찬양과 영광을 하나님께 드려야 합니다. 그래서 교회의 본질 중 제일 중요한 것은 예배입니다.

2) 교회의 성격

건전한 교회는 오직 하나님의 말씀만을 근거로 조직되며 따라서 구별되는 성격을 갖고 있습니다. 교회의 특성을 4가지로 요약할 수 있습니다.

(1) 통일성(UNITY)

모든 신자가 예수 그리스도의 몸의 지체로 하나라는 개념인데 오직 하나님의 통치를 같이 받으며 하나님으로부터 새 생명을 받은 동일한 권속이므로 같은 신앙고백 아래 같이 모여 예배 드리고 교제를 나눕니다.

(2) 거룩성(HOLINESS)

예수 그리스도의 몸이요 선택된 백성이니 당연히 거룩성을 지닙니다. 행위적 거룩이 아니라 세상에서 영적으로 구별된 존재로서의 거룩이며 따라서 영적 순결의 유지를 위해 부단히 자신을 훈련하며 이단을 배격하며 정결 예식을 통해 보여 준 의미처럼 하나님 백성답게 살아야 합니다. 따라서 윤리적인 청결도 뒤따르게 되는 것입니다.

(3) 보편성(CATHOLICITY)

예수 그리스도를 머리로 하는 교회는 모든 시대의 모든 신자를 다 포함합니다. 재산의 유무, 지식의 유무, 권력, 지위의 유무에 관계없이 남녀노소 차이 없이 예수만 믿으면 누구나 똑같은 회원이 되는 것입니다.

(4) 사도성

사도와 선지자의 터 위에 즉 하나님의 말씀과 예수 그리스도를 기초로 하고 세워진 교회는 누구나 하나님 앞에 직접 기도드리고 찬양할 수 있으며 복음을 전해야 하며 필요한 일터에서 자기의 은사를 따라 성실히 일하며 교회를 지속적으로 발전시켜 나가야 합니다.

뿐만 아니라 교회는 거룩과 온전을 목표로 부름 받았기에 말씀 양육과 성례(성찬과 침례=세례)가 정당하게 거행되고 이단사상을 펴거나 중대한 범죄를 자행한 사람을 향해 권징의 시행도 따라야 하는 것입니다.

3) 예배

성도는 공동체인 교회를 통해 말씀을 듣고 배우며 영혼의 양식을 얻어 갈급한 심령이 충족되고 강건히 성장해야 하므로 열심히 교회생활을 해야 합니다(시 84:1~12). 교회가 해야 할 일은 무엇일까요? 가장 중요하고 첫째되는 일은 예배입니다. 하나님은 예배자를 찾으십니다. 예배는 창조주에 대한 피조물의 기본자세입니다(히 9:1~10).

성도는 예배를 통해 하나님의 임재를 느끼며 예수의 공로를 의지하여 회개하며 하나님께 영광 돌리는 생명의 표현을 하게 되는 것입니다. 때문에 예배는 단정하고 경건한 태도로 진실히 해야 합니다.예배시간에 잡담하거나 껌을 씹거나 기도 중에 드나들거나 하는 행동은 삼가야 합니다. 물론 먼저 믿는 자들이 이런 행동을 해도 시비하기 보다는 교육 미숙으로 인정하고 이해해야 합니다.

예배는 보는 게 아니라 드리는 것입니다. 「예배 본다」는 것은 방청자가 하는 말이지 하나님과의 만남에서 내 진실과 믿음과 충성과 헌신을 다 드리는 것이므로 「예배 드린다」 또는 「예배한다」는 표현이 맞는 것입니다.

예배내용은 하나님께 드리는 고백인 기도가 있어야 하고 하나님의 영광을 찬미해야하고 하나님께 몸과 마음과 삶 전체를 드린다는 증표로 헌금을 드리며 하나님은 여기에 대한 응답으로 말씀을 선포(설교)하시는 것입니다. 성도가 예배를 등한시 한다면 가장 중요한 기초부터 잘못이 있는 것입니다. 예배야 말로 성도의 신앙생활의 첫 걸음이며 천국까지 계속될 최고의 영광이요 가치입니다. 하나님을 기쁘시게 하는 것이기 때문입니다. 십계명도 예배를 강조하며(십계명 1, 2계명) 예배를 위해 구원하셨고(출 5:2) 예배자에게 복을 주십니다. 그런데 근년에 이르러 예배가 자동 기계화 하는 느낌을 받고 있습니다. 어느새 본질과 의미에서 형식과 전시 쪽으로 변질하고 있음을 보고 놀라게 됩니다. 부름 받은 자들이 자신을 인격적 산 제물로 하나님께 드리는 헌신, 봉사, 섬김 자체가 되도록 예배 갱신이 필요하게 되었습니다.

설교중심의 예배에서 모든 순서가 우리에게 주시는 하나님의 말씀으로 느껴지도록, 형식적 제한으로 경직화된 예배에서 포근한 은혜의 분위기 속에서의 자유와 기쁨의 축제로, 성도들을 관람자로 만들고 하나님마저 옵서버로 밀어내는 성직자 중심의 예배에서 공동체 전체가 균형과 조화 속에서 영혼의 화답송을 드리는 총체적 예배로 우리는 계속 갱신해가야 된다는 사실도 알아야 합니다. 그러기 위해서는 목회자의 용기와 추진력과 성경적 예배관 확립이 우선 되어야 하며 성도들의 협력이 뒤따라야 될 것입니다.

4) 교제

교회가 해야 할 중요한 일은 무엇인가? 두 번째는 교제입니다. 성도의 교제는 예배의 연장입니다. 축도가 끝나기 무섭게 교회당을 떠나는 분들이 있는데 이것은 온전한 믿음생활이 아닙니다. 예수 그리스도를 기초한 믿음과 사랑의 공동체 훈련 역시 천국까지 이어질 것이므로 귀하고 중요한 것입니다. 그래서 한문으로 教會라기 보다는 交會로 바꾸어야 한다는 주장도 있습니다. 말씀으로 서로 격려하며 이웃을 이해하고 돕고 기도하는 영적교제와 음식을 피차 나누며 하나님 앞에서 함께 즐거워하고 함께 고민하고 아픈 마음도 나누는 것이야말로 샬롬의 극치인 것입니다. 이 교제 "코이노니아"의 중요성은 교회의 비유에서도 분명합니다. 참된 교회의 친교가 어느 정도이어야 하는가를 교회의 비유에서 쉽게 이해할 수 있습니다.

(1) 교회는 몸의 지체이고 예수 그리스도는 교회의 머리가 된다는 비유(엡 1:22~23, 고전 12:12~13)를 보면서 무얼 느낍니까? 머리 없는 몸이 있겠습니까? 한 몸인데 왼손이 다치면 바른 손이 붙들어 주고 주물러 주지 잘됐다고 합니까? 어느 부분도 직능은 다르면서도 한 몸으로 연결되어 있으니 온전한 인간인 것이 아닙니까?

(2) 함께 지어져 가는 건물(성전)이라는 비유(엡 2:20~22)를 보면 벽돌 하나로 건물이 될 수 없고 철근만 많다고 튼튼한 건물되는게 아니라 모래도 필요하고 철사도 필요하고 변소 바닥도 필요하고 기둥도 필요하고 모퉁이 돌은 더 필요하고 터(기초)와 설계도 등 여러 가지들이 다 필요하며 재료 역시 다듬어져 적재적소에 들어가 연결되고 긴 것은 짤리고 나온 부분은 깨지고 다시 아름답게 고쳐지고 만져지고 닦이고 칠해져서 좋은 건물이 되어지는 것입니다. 그러므로 성도들은 모두가

중요한 재료들이며 예수 그리스도 안에서 함께 연결되고 지어져가는 존재들이니 하나됨이 얼마나 중요한지 모릅니다.

(3) 교회는 예수의 신부라는 비유(엡 5:32)를 보면 더욱 확실합니다. 얼마나 성도의 교제가 중요합니까? 세상에서 부부처럼 가깝고 사랑을 나누며 생명을 나눌 수 있는 대상은 다시 없을 것입니다. 이처럼 주님과 우리가 한 몸이며 우리들이 주님 앞에 동일한 영적 신부로서 거룩하고 순결한 한 몸들인 것입니다. 믿음의 교제가 잘 이루어지는 교회가 성장합니다. 단독자는 없습니다. 신앙인들은 초대 예루살렘교회처럼 필요에 따라 서로 나누며(물질까지도) 살아야 합니다. 친교를 통해서 삼위일체 하나님의 연합을 터득하게도 됩니다.

5) 교육

교회생활에서 또한 중요한 일은 가르치고 배우는 일입니다. 예수님의 생애도 가르쳐 지키게 하는데 역점이 있었습니다. 하나님의 뜻과 진리와 하나님의 법을 알아야 바로 믿고 바로 전할 수 있기 때문입니다. 배우는 일에 게을리 말아야 합니다(행 6:7, 행 17:11~12).

성경을 한번 읽고 나서 다 아는 척하는 것처럼 웃기는 일도 없을 것입니다. 신학교에서 방법론 배우고 졸업했다고 성경을 다 아는 것도 아닙니다. 지금도 성경 기록 당시의 문화와 언어들이 연구되어 계속 밝혀지고 있는데 목사라고 공부하지 않고 알 수 있나요? 모두가 계속 배워야 합니다.

신앙은 하나님을 얼마나 정확히 가깝게 잘 아느냐에 비례합니다. 먼 곳에서 쳐다본 양옥집과 먼 데서도 보고 가까이 가서 빙둘러도 보고 집 안에 들어가서까지 샅샅이 본 것과 어떻게 같겠습니까?

더구나 신앙교육은 삶의 체험과 연관되어야 하기 때문에 계속적인 반복교육이 중요합니다. 한번 들어 아는 게 아는 것이 아니며 지식적으로 아는 것이(헬라어「오이다」)아는 게 아니라 헬라어「기노스코」의 의미대로 경험적으로 체험적으로 속속들이 다 아는 수준이 되어야 할 뿐 아니라 경건 훈련에 그 지식이 연결되어 삶의 변화를 통해 입증되기 위해서는 똑같은 말씀도 계속 반복 교육 받아야 합니다.

또 교육은 반드시 받으면서 자기도 가르쳐야 합니다. 가르치는 것처럼 잘 배울 수 있는 길도 드뭅니다. 남을 가르치다 보면 자기가 훨씬 많이 배우게 됩니다. 그래서 교회는 교육 프로그램과 교육 훈련장과 교육 기재와 교사들이 필요합니다.

제자 훈련과 각종 세미나가 많아진 것은 얼마나 좋은 일인지 우리 교계 전체의 자랑인 것입니다. 아직도 이단들의 열심에 미치지 못해서 안타까운 것이며 이단들은 거짓을 진짜처럼 잘 조리 있게 설명하는데 왜 우리는 진짜 복음을 갖고 가짜 물건 소개하듯 엉성하게, 부끄럽게, 뒤죽박죽으로 말하다가 포기하고 수세에 몰려 어이없게 무시당하는지 안타깝지 않을 수 없습니다. 공부해야 합니다. 체계적으로 내 머릿속에 조직화될 때까지 복음의 핵심 내용을 익히고 또 그대로 살아서 우리 삶의 변화와 인격의 변화를 촉진해야 합니다. 결국 우리는 거룩으로, 영광으로 부름 받은 자 다운 성숙의 경지에 이르게 될 것입니다.

6) 선교(전도)

교회생활에서 중요한 또 하나의 일은 선교입니다. 선교는 타문화권이나 지역상 먼 곳에 복음을 전하는 것을 말하고 전도는 가까운 사람들에게 복음을 전하는 것으로 구별하는 사람들이 있는데 이래도 저래도 좋습니다. 엄밀히 선교와 전도는 같은 것입니다. 예수 그리스도를 믿고 구원 받은 사람들은 누구도 예외 없이 복음을 전해야 합니다. 구원의 감격은 자기 만으로 한정해서는 안됩니다. 하나님을 사랑하고 이웃을 사랑한다면 당연히 복음을 전할 수밖에 없는 것입니다. 은혜로 값없이 영원한 생명을 얻었는데 어찌 자랑하지 않으며 아직도 복음을 모르는 심령들을 불쌍히 생각하여 예수 그리스도를 소개하지 않을 수가 있겠습니까!

7) 구제와 봉사

교회의 정대한 사명 중에는 섬기는 삶이 최고의 것이라 할 수 있습니다. 예수 그리스도는 섬기기 위해, 주기 위해, 죽기 위해 이 땅에 오셨습니다(막 10:45). 우리가 소유한 것은 모두 하나님께서 주신 것입니다. 엄밀하게 따지면 우리는 청지기로서 하나님의 것을 관리하도록 맡은 것뿐이라는 인식이 있어야 합니다. 하나님께서 값없이 주셨다면, 은혜로, 선물로 주셨다면 이제 우리도 그 사랑과 은혜에 감격해서 특히 구원 받았고 영생을 소유하게 된 것 때문에 도저히 그냥 앉아 있을 수가 없습니다. 그래서 어려운 사람을 돕고 나누는 일을 하게 됩니다. 하나님은 우리에게 풍성히 주시는 것과 동시에 요구가 있는데 그것이 바로 이웃과 나누는 삶입니다. 허락하신 것 갖고 없는 자, 필요한 자에게 공여하고 분배하는 삶입니다. 내것 주는 자세가 아니라 하나님의 것을 관리하는 자의 당연한 자세로 해야 합니다.

또한 하나님께서 특별한 기술이나 은사를 주신 것도 하나님의 교회를 섬기게 하시려고 주신 것이니 겸손하게, 맞는 부서에서 봉사해야 합니다. 때때로 사람들은 일하면 서로 싸우게 된다고 기피하지만 오히려 인간관계를 통해서 나의 결점을 고치고 아직 살아있는 자존심을 죽이며 하나님께만 인정 받겠다는 겸손과 다른 이들의 의견과 섬김을 높이며 배우는 자기 훈련이 강화될 기회로 삼을 수가 있다는 것도 알아야 됩니다.

특히 은사는 교회를 세우고 타인을 위하고 자기 신앙 향상을 위해 하나님께서 주신 것임을 명심해야하며 사용하지 않으면 소멸될 수도 있음을 알아야 합니다. 모든 것을 자기 위주로 해서 내가 쓰고 남는 것 갖고 구제하고 헌금하고 봉사하겠다고 한다면 평생 기회는 없을 것입니다. 구원 받은 자는 반드시 가난한 자, 불우한 자를 돌보도록 하나님께서 요구하십니다.

8) 교회의 종파

많은 사람들은 특히 불신자들은 왜 똑같은 예수를 믿는데 교파가 그렇게 많으냐고 의문을 가지며 조소까지 하고 있습니다. 그러나 부정적 시각으로만 볼 필요가 없습니다.

한 부모에게서 태어난 자식들이 성격이 다를 수 있는 것처럼 교파마다 특색이 있기 때문입니다. 기독교라고 하면 성경 66권을 정확무오한 하나님의 말씀이라고 확신하며 하나님이시고 사람이신 예수 그리스도를 통해서만 구원을 받으며 특히 믿음으로 구원 받고 성령님의 선하신 통치 안에서 신앙의 성장을 이루어 마침내 영원한 하나님의 나라에서 영광스런 영생을 누린다는 기본적 교리가 같습니다. 이것은 사도 신경 (사도들이 만든 것은 아니지만 속사도 시대 이후의 지도자들이 사도들의 심정과 모든 건전한 신앙인의 공통사상을 요약 작성함)에 잘 나타나 있습니다.

그런데 강조점이 다를 수가 있다는 것입니다. 예를 들면 장로교처럼 예정론이나 하나님 절대주권을 강조하는 쪽도 있고 순복음 교회처럼 체험을 강조할 수도 있고 감리교처럼 인간의 책임을 강조할 수도 있으며 침례교처럼 신약적 교회에 비중을 둘 수도 있습니다. 그러므로 서로 보완적 입장이지 비판적 입장이 아니며 자기교회만 구원이 있는 것처럼 주장해선 안되는 것입니다.

진리는 동일하나 강조나 방법은 다를 수 있으며 특히 적용을 위한 해석의 차이로 발생하는 주장들은 서로 인지할 필요가 있는 것입니다. 물론 기본 진리를 달리 하거나 성경 외에 또 다른 이론집이나 교리서를 만들어 성경과 동일한 권위를 부여 한다면 이것은 이미 이단이므로 처음부터 기초가 다른 점에서 함께 대화가 있을 수 없으나 "이분설이다. 삼분설이다." 이런 작은 주장들 때문에 반목하고 미워하고 저주한다면 이것은 참으로 어리석은 일입니다. 이단과 이설에 대해서는 담임 목회자의 도움을 따라 이해 하셔야 합니다.

9) 교회의 직분

교파마다 조금씩 다르지만 대부분의 교회는 목사, 장로, 집사라는 직분이 있습니다. 권사, 유사, 탁사가 있는 교단도 있습니다. 또 목사도 담임목사, 부목사, 교육목사, 구역목사, 심방목사, 선교목사, 음악목사, 행정목사 등으로 구분되어 있는 대형교회도 있고 한국교회 특유의 교육전도사란 명칭의 사역자도 있습니다. 이들은 사역자들이고 이에 대칭해서 성도들을 평신도라고 합니다.

집사도 안수집사, 서리집사 등으로 구분하며 장로도 장로교회의 경우 시무장로이면서 강도와 치리를 담당하는 장로 즉 목사와 치리만 담당하는 장로로 구분합니다.

이 모든 직분들은 교회를 교회 답게 세우기 위한 조직상 필요에 따라 제도화되고 그 교파와 교회 헌장에 따라 선임됩니다.

(1) 담임목사는 교회 전체를 섬기는 직분이므로 가장 중요하다고 할 수 있습니다. 목회 계획과 실현을 자기 신앙과 신학을 통해 수립하고 추진하므로 절대적 영향을 주게 됩니다. 따라서 바른 신앙과 인격을 소유한 목사를 모시면 행복입니다.

그러나 완전한 목사는 없다는 것도 알아야 합니다. 모든 성도와 제직은 담임 목사의 목회에 협력해야 교회가 성장하고 성도들이 행복합니다. 왜냐하면 성경을 주신 목적과(딤후 3:17) 교사인 목사를 주신 목적이(엡 4:12) 똑같이 성도를 온전케 하려 하심이기 때문입니다.

(2) 그 외 직분자들을 세밀하게 설명하자면 시간 관계로 어려워 교회 직분과 은사론을 특강할 때 참석하시기 바라며 장로나 안수집사 또는 집사 등 모든 직분자는 주님의 몸된 교회가 성장하도록 기도하고 목회자의 요청에 따라 부여 받는 사명을 충성을 다해 이루어 가며 특히 새신자와 병자, 노약자, 어린이, 가난한 교우들을 사랑으로 돌보는 일과 교회당 구석구석에 필요한 일손과 일감을 자원하여 감당하며 누구의 칭찬이나 인정을 받으려 않고 하나님의 그 크신 은혜 때문에 기뻐 동참할 때 무한한 평안과 기쁨을 얻으며 하늘의 상급 또한 크다는 것을 알아 봉사하는 자들입니다.

10) 일꾼들은 어떻게 세우나

교파마다 헌장에 명시된 절차에 따라 선정하기 때문에 원칙적인 것만 설명할 수밖에 없습니다. 일꾼을 세울 때 교회들이 어려움을 많이 당하기도 합니다. 그것은 교회 일꾼들의 직분이 계급처럼 인식되어 제일 높은 사람이 목사고 그 다음은 장로, 안수집사, 그리고 서리집사 순으로 서열이 있다고 생각해 왔기 때문입니다.

그러나 이방 세계종교나 사회제도나 국가의 권력 구조와 같은 것이 전연 아니고 오히려 섬기는 훈련을 받으며 더 큰 사랑을 베푸는 일이기 때문에 명령이나 자랑이나 보상을 기대할 수 없는 것임을 인식해야 하며 성경적 명령에 따라 일꾼을 세워야 함은 두말할 필요가 없습니다 (딤전 3:1~13).

그 외에도 일꾼이 되려면 주일 성수해야 하며 전도하며 기도하는 사람이어야 합니다. 가정생활이나 사회생활에서 성실하고 존경의 대상이 되는 인격자들이 신앙 안에서 동참하면 하나님께 크게 영광을 드리며 이웃에게 은혜가 될 수밖에 없습니다. 말없이 충성하며 자기 책임을 다하는 일꾼들이 교회마다 넘쳐야 그리스도의 계절이 앞 당겨질 것입니다.

11) 교회를 향한 마귀의 도전

교회가 성장하고 부흥하는 것을 가장 싫어하는 놈은 사단입니다. 그래서 그냥 놔 두지를 않습니다. 그놈은 교묘한 술책을 잘 구사합니다. 이제는 탄압 방법을 자유한 나라에서는 사용치 않습니다. 오히려 부흥자만병, 숫자자랑병, 황금만능병, 은사과시병, 프로그램전시병, 건물확장병으로 도전합니다.

교회는 특히 담임목사 한 사람만 넘어 뜨리면 교회가 와르르 무너지니까 주로 공격 대상은 목사와 그 가정입니다. 돈, 이성, 명예 같은 것으로 목사를 유혹하며 별별 거짓 소문을 퍼뜨립니다. 그러므로 바른 신앙을 소유한 성도들은 목사를 위해서라기보다 교회를 위하고 자기를 위해서도 목사님에게 하나님께서 보호하시고 은혜와 진리가 항상 충만하기를 기도해야하는 것입니다.

또 성도들 간에 이간질을 통해 분쟁을 일으키며 특히 정의라는 이름으로 은혜를 자꾸만 깨뜨리게 하고 부정적 시각으로 매사에 반대하는 사람을 반드시 동원합니다. 이때 하나님만을 의지하고 기도하며 잘 이겨 나가야 합니다. 사탄에게 속아 사용당하는 사람도 불행하지만 교회 전체가 상처를 받게 됨으로 근신하고 겸손히 하나님의 능력에 의지하며 유혹이나 도전에 지혜롭게 대처해야 합니다.

4. 사회생활

성도들이 천국에 가서 하나님의 통치 안에서 영광스런 삶을 살기 전에 이 땅에 있는 동안은 불신자들과 같이 사회생활을 하게 되는데 신앙인답게 산다는 것이 그리 쉽지는 않습니다. 같은 일도 불신자는 수단과 방법을 가리지 않고 이익을 추구하니까 성공률이 크지만 성도들은 성경적 삶을 살려고 부단히 애쓰니까 거짓 속임수나 약싹 빠르게 임기응변식 처리를 못하지 않습니까? 그래서 어려움이 많고 때로는 동료들의 책임 전가로 무능자 취급도 당하며 술자리에 어울리지 않고 상사에 상납금 올리지 않고 주일이면 출근을 거부함으로 여러 면에서 부당한 대우를 당하게 됩니다. 그래서 극단적인 두 반응이 생기는데 하나는 세속화요 또 하나는 현실 도피입니다. 세속화는 어차피 세상 속에 섞여 사니까 적당히 어울려서 똑같이 행동하고 살다가 주일이면 교회가서 신앙생활하려는 것입니다. 완전히 이원론적인 삶입니다. 세상과 타협하고 세상에 속하며 편하게 살려고 합니다.

우리는 구별된 삶을 살도록 요구받고 있습니다. 같은 지역에 살아도 세상에 속한 자가 아닙니다. 신앙으로 싸우고 복음을 오히려 전하고 선한 행동을 통해 신선한 충격을 주어야 합니다. 물론 세상이 악하니 어울리기 보다 악인들을 떠나 도피하려는 사람들의 심중을 어느 정도 이해는 하지만 그러나 세상의 악한 사람들과 어울리다가 동화될 테니까 아주 피하겠다는 것은 예수께서 친히 세상 속에 개입하신 뜻을 바로 알지 못하기 때문입니다. 그 안에서 살면서 신앙을 지키고 오히려 전도하고 선행으로 이끄는 것을 훈련해야하며 더 큰산 믿음으로 소유하게 되는 기회로 선용해야 합니다. 이제 적극적인 사회생활을 제시합니다.

1) 고지점령

전투에서 승리하려면 고지를 먼저 점령해야 백배 유리합니다. 보이지 않는 꼭대기를 향해 총을 쏘는 적병과 산꼭대기 참호 속에서 환히 내려다 보고 적을 향해 사격하는 아군과 어느 쪽이 승리할 것인가 계산할 필요도 없습니다. 신자들은 자기 분야에서 남들이 추종을 불허할 만큼 실력자가 되어야 합니다. 제가 학생들을 가르쳤을 때 학교성적이 좋지 못하면 교회 나오지 말라고 야단치고 구박했었습니다. 물론 신앙적인 태도가 아님을 지금은 알지만 제가 대학생일 때는 중고등학교 학생들이 학교성적은 나쁜데 교회일 많이 한다고 교회에 날마다 드나드는 것을 보면 분통이 나서 때려 쫓아버리곤 했어요.

신자들은 뛰어난 실력을 갖고 있어야 세상 사람들이 함부로 대하지 못합니다. 아무리 수단 방법을 동원하여 출세하려 하고 성도들을 적대시해도 워낙 성도들이 탁월한 실력을 갖고 있으면 머리 숙일 수밖에 없는 것입니다.

신자들이 국회에 진출해 좋은 법을 만들고 정부 각종 기관에 들어가 정직하게 처무하고 세금을 정직히 내며 법을 지키며 기업을 운영하면 그 아래서 일하는 사람들이 따라서 변할 수밖에 없지 않습니까! 그래서 부지런히 공부하고 훈련 받아 고지마다 성도들이 차지해야 하는 것입니다.

2) 선두법칙

고지 점령과 같습니다. 아무리 실력 있고 법을 잘 지키는 성도들이 많아도 이들이 앞장서야지 뒤편에 있다면 사회는 변화될 수 없습니다. 못된 사람들이 앞장서면 다수 국민이 따르게 되고 결국 전체가 영향을 받을 수밖에 없습니다.

예를 들면 교통법규를 잘 지키는 성도가 빨강 신호등 앞에 서야 신호를 무시하고 싶은 사람들이 별 수 없이 따라서 서지 법을 준수하지 않는 사람들이 앞서면 끝장이 아니겠습니까? 선두에 신앙인들이 선다는 것은 선구자적 사명을 감당하기 위해 희생을 각오하고 역사의 현장에 나설 때 비로소 사회적 책임을 다하게 되며 신앙인의 위상이 높아지고 직접 간접으로 복음이 확산되는 것입니다.

3) 빛과 소금

그런데 부끄럽게도 교인 수는 세계에서 가장 빨리 늘어났고 세계 최대의 100대 교회 중 반 이상을 우리나라가 차지하며 전 국민 25%가 교인이라고 하는데 사회는 범죄 증가로 몸살을 앓고 있으며 부정사건 때마다 교인들이 주범, 공범으로 빠질 때가 없으니 웬일입니까? 물량주의와 기복신앙이 깊숙이 뿌리 내리고 있으며 자기의 이윤을 위한 상황윤리 적용과 편법동원에 교인들이 익숙해 가고 있기 때문입니다. 더구나 안일 무사주의까지 겹쳐 깨끗하게 하나님을 섬기려는 순수 신앙이 성장할 수가 없기 때문입니다.

바른 신앙의 소유자는 빛이요, 소금입니다. 이 시대의 부패를 막고 어두워 길 잃은 자를 인도할 소망의 빛, 생명의 빛이란 말이지요. 모든 거룩하고 선한 일에 앞장 서야 하는데 기독교 단체들이 교권 확장에만 안간힘을 다 쓰고 있습니다. 삶은 이단들보다 못하다고 할 수 있습니다. 목사가 세금을 안내려 하고 교회들이 엄청난 재산을 보유하려는 것은 도대체 이해할 수가 없습니다.

고인 물은 반드시 썩게 되어 있습니다. 고였어도 썩지 않는 물은 바닷물 밖에 없습니다. 그런데 바닷물에는 4%의 염기가 있어서 안 썩습니다. 왜 우리나라는 25%의 성도들과 수많은 대형교회들이 즐비한데 곪고 썩지 아니한 구석이 없단 말입니까? 충청북도의 보고된 교인 수가 도민 전체의 수 보다 많아 교회들의 통계가 거짓으로 알려진 것이 천만 다행이라고 생각됩니다. 교회 출석하는 사람이 많지 성도가 많지는 않고 예수 이름으로하는 기업같은 교회가 많지 진정한 교회는 많지 못하기 때문일 것입니다.

중세 교황청이 엄청난 재산을 소유하게 되자 "은과 금은 내게 없거니와" 했던 시대가 이제 지나갔다고 자랑하는 교황에게 "물론 나사렛 예수의 이름으로 일어나 걸으라." 했던 시대도 지나갔습니다."라고 응수했던 학자의 심정을 이해할 수 있습니다.

"빛과 소금"도 목사들에게만 요청할게 아닙니다. 신자 모두입니다.

바로 여러분 각자가 말씀대로 사는 것입니다. 진리가 밥 먹여 준다는 거룩한 고집으로 삽시다. 우리가 먼저 말씀에 순종하는 삶을 살아 빛으로 소금으로 세상에 영향을 끼치면 세상 자체가 복음화의 불길에 휩싸이게 될 것입니다.

4) 작은 일

많은 사람들이 작은 일은 시시해서 안하려고 합니다. 박수 받고 인정받으려면 모든 사람의 시선에 드는 일을 해야 하는 줄 압니다. 청소는 잡부들이나 하는 것처럼 생각합니다. 그러나 작은 일을 성실히 해보지 못하는 사람은 큰일도 결코 못합니다. 일이라면 반드시 목표가 분명해야 하며 책임이 중요한 것입니다. 그래서 일꾼은 작은 일도 책임감을 갖고 성실히 수행하는 습관을 길러가며 또한 실력을 쌓아가야 되는 것입니다.

우리 주변에는 인기 없는 작은 일들이 많습니다. 신기한 쪽에 가서 얼굴을 내밀지 말고 의미 있는 쪽에 머리를 들여야 합니다.

역사의식을 갖고 미래 지향적이되 신앙의 깃발 아래서 자기 앞에 늘려져 있는 작은 일들을 피하지 않고 해 나가면 사회는 밝아집니다. 이것이 기독교인의 책임이기도 합니다.

제10장

하나님의 나라

Kingdom of God

하나님의 나라

예수님 보다 6개월 앞서 태어난 침례(세례) 요한은 요단강변 유대광야에서 전파하기를 "회개하라 천국이 가까웠느니라" 했지요. 예수님도 광야에서 시험받고 처음 복음 전파를 시작하실 때 "회개하라 천국이 가까웠느니라" 하셨습니다. 천국은 우리의 최종 목표입니다. 구원의 완성도 천국이요 영원한 복도 천국이요 거룩의 목적도 천국 때문입니다. 이 땅에서 신앙훈련을 받는 것도 천국 때문입니다. 때문에 천국에 대해 바로 알고 기대하고 준비하고 누려야 합니다. 일반적으로 나라는 3대 조건이 충족되어야 합니다. 영토와 국민과 통치권입니다. 하나님의 통치가 이루어지는 전 영역이 하나님 나라입니다. 하나님의 설계에 따라 이루어지고 하나님의 뜻이 온전히 이루어지고 하나님 말씀대로만 사는 나라, 하나님의 말씀이 통하는 나라 그래서 이 하늘나라에 대해 좀 살펴봅시다. 마태복음은 유대인을 위해 썼으니까(1차적으로) "하늘나라"로 주로 표현했으나 누가복음은 이방인을 위해 썼으니 "하늘나라"라고 하면 잡신들의 처소인 둘째 하늘로 오해할까봐 "하나님 나라"라고 주로 표현했는데 내용은 같은 것이며 하나님 나라도 이미 이루어진 나라와 만들어 지는 나라와 이루어 질 나라 즉 최종적으로는 인류 종말과 예수 그리스도의 재림과 성도들의 완전부활과 심판 후에 영원히 이어질 새 하늘 새 땅에서 생명책에 이름이 기록된 모든 성도들과 더불어 영광의 하나님 보좌 앞에서 누리게 될 천국으로 구분할 수 있습니다.

1. 시작된 하나님 나라

천국의 상태를 계시록에 묘사한 것을 보면 너무 아름답습니다.

거룩하고 죄 없고 슬픔, 아픔, 죽음이 없는 곳이며(계 21:4) 수정 같이 맑고 생명수 강이 흐르며 12 진주문과 황금 길(계 21:11~27) 등이 있다고 합니다. 사실은 우리 인간의 표현이 불가능해서 이 정도의 표현일 뿐이지 더 굉장한 곳일 것입니다. 그러나 이런 조건 때문에 천국인 것은 아닙니다. 거기 우리 주 예수 그리스도께서 계시며 통치하시니 천국입니다. 때문에 예수 그리스도께서 세상에 오실 때 천국이 온 것입니다.

개인은 개인대로 가정은 가정대로 사회는 사회대로 예수 그리스도를 모시면 천국입니다. 그래서 교회는 천국의 지점인 것입니다. 회개하고 예수 그리스도를 구세주로 영접하니 교회가 되고 교회는 곧 천국인 것입니다. 이는 예수 그리스도께서 예비하신 완전한 처소인 하늘나라에 가기 전에 벌써 맛볼 수 있는 이 땅의 하나님 나라인 것입니다. 죽어서 가게 될 영원한 처소(요 14:2)만 기대하면 세상이 삶을 무시하거나 악으로 몰아붙이기 쉽게 됩니다. 그러나 우리는 이 땅에서도 천국을 경험해야 되는 것입니다. 여기서부터 하나님 나라의 맛을 보고 더 확실한 소망을 키워가야 합니다. 성경을 묵상 하거나 기도하면서 하나님 나라를 개인적으로 경험하며 또 성도들과 더불어 사랑과 믿음의 교제 속에서 천국을 경험하는 것입니다.

2. 영원한 최종적 하나님 나라

이 나라는 지옥과 완전히 반대 개념입니다. 성도들을 위해 준비된 맨숀이 있는 곳이며 하나님의 선하신 통치가 완전히 그리고 영원히 이루어지는 곳입니다. 그러므로 하나님의 자녀들만이 들어갈 수 있습니다. 예수 그리스도를 구세주로 영접하여 하나님으로부터 의인으로 인정받은 자들의 나라입니다. 부족이 없는 나라, 죽음이 없는 나라, 기쁨과 행복이 찬양과 더불어 영원히 계속될 나라입니다.

이 나라에 여러분은 초청 받고 있습니다. 지옥이 이 천국과 같은 것이 딱 하나 있는데 그것은 영원히 계속되는 장소라는 것입니다(마 25:41~46). (사 33:14, 계 20:10) 그런데 고통과 온갖 나쁜 것으로 꽉 찬 곳이니 끔찍한 곳입니다(마 10:28, 눅 16:24, 계 9:6). 이 극단적 두 장소 중 어느 하나에 우리는 반드시 가게 됩니다.

3. 종말은 언제인가

세상 종말은 두 가지로 구분해야 합니다. 개인적 종말과 지구의 종말입니다. 개인의 생명은 생명의 주인이신 하나님께서 직접 부르시는 날, 이 세상을 떠나 하나님 앞에 서게 되는 것입니다. 이 개인적 종말은 누구도 알 수 없으며 그 때문에 항상 준비 완료 상태로 살아야 합니다.

지구의 종말은 예수 그리스도이 재림에 따라 성취될 것입니다. 그러면 예수의 재림은 언제 이루어지겠는가 하는 문제가 모든 사람의 관심거리가 될 것입니다. 도대체 말세란 언제일까 하는 것입니다. 여기서 우선 말세라는 개념을 확실히 해야 할 것입니다.

말세는 예수 그리스도의 초림(태어나심)부터 다시 세상에 재림하실 때까지의 전 기간을 말하는 것입니다. 이사야 선지자의 경우 초림과 재림의 구분이 어려웠습니다. 그래서 예수 그리스도의 재림시 일어날 사건을 다루다가 또 초림시 있을 일을 설명하고 또 재림시 시간을 말하고 즉 순서가 복잡합니다. 초대교인들도 사실 성경을 잘 이해하지 못해서 예수님의 재림이 곧 이루어질 것으로 알았습니다. 멀리서 볼 때는 초림과 재림의 산이 겹쳐 보여서 가까운 줄 알았는데 그러나 초림의 봉우리에 올라 보니까 재림의 봉우리는 엄청나게 먼 거리에 있음을 알게 됩니다.

말세가 언제 끝날지, 주님이 언제 재림하실 것인지에 대해서는 성경이 말씀해 주질 않았습니다. 오기는 오는데 날짜를 알 수 없고 대다수 사람들이 관심 밖으로 여기는 어느 날 도적같이 올 것이라 합니다(마 24:36~50). 때문에 우리는 날짜보다 준비에 관심을 갖고 만전을 기해야 합니다. 언제 오셔도 맞을 준비를 하고 계시다면 문제될 것이 하나도 없지요. 오늘도 내게 주신 일을 성실히 하면서 하나님을 모신 생활 속에서 기쁨과 평안함을 얻으며 감사하고 찬양하며 살면 되는 것입니다.

재림 날짜를 계산해서 발표하던 이단들(여호와의 증인, 안식교 등) 보십시오. 안 맞으니 또 딴소리하지 책임을 지지 않습니다. 주님이 친히 모른다고 하셨는데도(마 24:36) 환상의 기록인 다니엘서와 계시록을 짜 맞추어 유추해 낸 날짜가 맞을 리가 없지요. 아무리 변명해도 틀린 것은 사실입니다. 계산의 기준 년대부터 틀리고 방법 역시 정당하지 않는데도 따라 다니는 얼빠진 사람들은 별 수 없이 손해를 봐야 합니다. 하나님의 절대 주권을 믿는다면 하나님의 권한에 속한 것을 월권해서 행동하는 죄를 범할 수 없을 것입니다.

4. 마지막 점검

우리는 각자들이 자신의 현재 좌표를 점검해야 합니다. 이제는 믿음이 무엇인지 예수 그리스도께서 누구신지 하나님의 능력과 계획과 그 계획을 추진하시는 열심의 크심이 어떠한지 바로 알고 있습니까? 실수에도 불구하고 한번 선택한 사람은 매를 들어서라도 원하시는 수준까지 이끄시고야 마는 그 열심 앞에 항복하고 따르기로 결심하고 있습니까?

현재 여러분은 어느 수준입니까? 유치원 수준은 아닌가요? 칭찬이나 좋아하고 숙제는 싫어하는 유치원 수준에서 계속 머물고 있었다면 이제는 더 이상 어리광 부리지 말고 고된 훈련이라도 받을 각오와 말씀대로 살기, 성경대로 살기에 가일층 매진해야 합니다.

구원의 감격 수준도 합당치 않습니다. 구원은 하나님 나라의 신령한 복중에서는 겨우 출입문에 불과할 뿐이기 때문입니다. 구원 받았으면 이제는 하나님 나라의 설계도를 보셔야 하고 통치원리의 완벽, 천상의 예배, 하늘상급, 자녀에게 주실 기업, 후사들이 얻는 영광 등을 알고 보고 맛보고 감격하고 힘 있게 자랑하며 기쁘게 하나님을 바라보며 사는 성숙한 자리로 나아가야 합니다.

5. 마지막 고백, 마지막 찬양

우리가 성경을 배우고 배우고 또 배워 마지막 단계에 이르면 무슨 고백이 우리의 입에서 나올 것입니까? 우리 신앙의 최종적 표현은 무엇일까요? 수준 높은 성도들의 마지막 찬양의 극치는 무엇일까요? 기도의 핵심 내용은 무엇일까요? 믿음의 노래 주제는 무엇일까요? 결국 모든 신앙생활의 마지막 표현은 무엇일까요? 지상에서도 천상에서도 진정한 하나님나라 백성들의 동일한 고백과 소망의 요약은 무엇이겠습니까? 그것은 하나님의 하나님되심을 인정하는 하나님의 절대주권 인정이며 "영원히 영원히 내 주가 다스리시리"입니다. 이 이상 신앙은 없습니다. 이 이상의 찬양도 없습니다.

헨델의 메이샤 오라토리오 44번 곡 "할렐루야"를 모르는 사람은 미개국 국민이나 어린아이 빼고는 없을 것입니다. 이 대합창의 내용이 바로 "영원히 영원히 내 주가 다스리시리"이며 계 11:15, 19:6의 내용입니다. 내 주께서 직접 다스리시는 나라를 상상만 해도 가슴이 설레이지 않습니까? 인간 통치자의 나라는 공의가 온전히 시행될 수가 없어요. 정의로운 정치 실현은 어느 나라나 구호일 뿐입니다.

한계성 안에 있는 인간이요. 죄인인 인간인데 선하고 공평한, 그러면서도 영원한 통치를 어떻게 할 수 있겠습니까 그래서 억울함도 슬픔도 고통도 있는데 이제 그날이 오면 우리 눈에서 눈물을 닦아 주시고 슬픔과 고통을 죽음과 함께 제하시고 사랑과 사랑과 또 사랑으로 영원히 영원히 영원히 영광을 누리게 다스려 주시니 더 할 말이 없는 것입니다.

예수 그리스도, 진리는 우리를 율법에서 자유케 하시며(롬 7:6) 죄에서 자유하게 하시며(롬 6:18) 사망에서까지도 자유와 해방을 받게(롬 6:9) 하셨습니다.

그런데 참 자유는 방종이 아니라, 목적과 목표와 소속이 없는 자유가 아니라 선하신 완전한 통치자의 사랑 안에서 다스림을 받는 것입니다. 주님이 친히 다스리신다면 거기엔 변질이나 어지러운 변개가 없습니다.

능치 못할 것도, 부족할 것도, 불공평한 것도, 불만족도 없습니다. 제한도 없고 의심도 욕심도 필요가 없습니다. 거기엔 끈끈한 사랑이 한결같고 주고 주고 또 주는 것뿐이요 선하고 선하고 선한 것뿐이고 거룩하고 거룩하고 또 거룩할 뿐입니다.

왜냐하면 영광의 극치가 계속되기 때문입니다. 높여 주고 품어 주고 안아 주고 쓰다듬어 위로하고 격려하고 칭찬하고 보호하심이 완전 완벽하기 때문입니다. 바쁘다고 주님의 통치를 거절하는 자가 없고 모른다고 핑계하며 주님의 통치를 무시할 자 없는 모든 아름다운 그리고 수준 높은 성도들의 통일된 합창은 "영원히 영원히 내 주가 다스리시리"입니다.

우리 모두 날마다 눈뜨면 몇백 번이라도 외우고 또 찬양하고 또 찬양할 것 "영원히 영원히 내 주가 다스리시리"입니다.

한마디 더 할 수 있다면 「마라나 타 아멘」뿐입니다. 「마라나 타」는 고전 16:22에 기록된 말씀(아람어)인데 「주여 속히 오시 옵소서」라는 뜻이며 계 22:20 말씀은 헬라어로 「아멘 주 예수여 오시 옵소서」라고 고백한 것입니다.

신앙의 단계적 발전 예표

우리는 → 이렇게 변해가야 합니다.

수준 항목 구분	유치 · 유년 (Children)	중고등학생 (Youth)	대학 · 청년 (College)	장년(Adults) - 결 과 -
역 사	History 사실적 역사	Geschichte 역사 + 이면사	Heils-geschichte 총체적 구속사	내 주가 다스리시리 내 주가 다스리시니 감사합니다. 부족이 없습니다. 내 주가 다스리셔야 완전합니다. 하나님 손에 잡히면 누구나 좋은 일꾼입니다.
기 도	주세요. 안 주시면 안해요.	주신 것 감사해요. 그러나 더 주세요.	받으세요. 제 말씀 들으세요. 말씀해 주세요. 순종하겠어요.	
모 세 와 바 울 평 가	처음부터 우리와 다른 특별한 사람들 이었다.	하나님이 크게 쓰시려고 준비시켰다. (특별교육훈련)	모세도 실수하는 사람이었다 바울도 목회에 실수하여 계속 교회문제를 해결하려고 서신을 썼다.	

이 도표를 계속 더 만들어 보십시오.

부록
Appendix

이제 알겠어요
(질문에 대한 답변)

1. 찬양과 성가대에 대해서

너무 광범위한 질문입니다. 사실 저 역시 성가대나 찬양에 관해서는
참 할 말이 많은 사람 중에 하나입니다. 현대 교회들이 성가대에 대해
서는 생각 밖으로 무비판적입니다. 성가대에 대하여 언급하기 전에 우
리가 먼저 확인해야 할 것이 있습니다. 그것은 구약의 솔로몬 성전과
로마 가톨릭 교회와 신약시대 초대교회 중에서 어떤 교회가 이상적 교
회라고 생각하며 어떤 교회가 우리의 모범이 되어야 한다고 말씀하겠
습니까? 당연히 신약시대 초대교회들입니다.

또 한 가지 성경적 교회상 정립을 정말 원하십니까? 전통대로 나가
기를 원하십니까? 성경적 교회상을 원한다구요? 좋습니다. 그러면 같
이 생각해 봅시다.

솔로몬 성전은 유대교 성전이지 기독교 성전은 아닙니다. 로마 가톨

릭 교회는 교황과 사제 중심의 교회일 뿐 초대교회와는 거리가 멉니다. 초대교회, 예수님 당시부터 속 사도시대까지 거의 200년 동안의 교회들이 우리의 모범교회입니다.

하지만 우리는 성경에 언급이 있는한 성경에서 답을 찾아야 합니다. 성경에는 "찬양하라"는 말씀이 참 많이 있습니다. 시편만이 아닙니다. 선지서에도 율법서에도 역사서에도 복음서나 서신서 어디도 다 나타납니다. 성도들의 삶 속에 찬양이 완전히 스며 있어야 함을 확실히 알 수 있습니다.

교회생활도 개인생활과 구별할 것 없이 찬양이 전체 속에 융해되어 있어야 합니다. 교회의 최고 본질은 예배인데, 예배 속에도 역시 찬양이 전체 흐름을 주도합니다. 골 3:16 「시와 찬미와 신령한 노래를 부르며 마음에 감사함으로 하나님을 찬양하고」 그런데 이 말씀은 성가대를 대상으로 하신 말씀이 아닙니다. "찬양"이란 말만 나오면 으레 성가대에 관한 것으로 구별하려는 성향이 있는데 그것은 잘못입니다.

초대교회 예배에는 찬양이 있었지 성가대가 있었던 것이 아닙니다. 신약에서 "찬양하라" 할 때는 모든 성도가 찬양할 것을 말씀하는 것이지 성가대의 찬양을 말하지 않습니다. 신약성경 어디에도 성가대라는 단어조차 발견할 수가 없습니다. 또한 속 사도시대까지의 문헌에도 언급이 전혀 없습니다. 성가대의 기원이나 역할이나 발전이나 대우 등을 말할 때 항상 성경적 근거로 구약을 들추는 이유가 바로 여기에 있는 것입니다. 현대 교회들의 성가대는 사실 천주교가 구약시대 성전제도와 조직 중에서 성가대 부분을 복원시키고 발전시킨 것입니다. 그 이유는 신학적으로 자명합니다.

가톨릭의 교황과 사제중심 제도가 대제사장을 중심으로 드러졌던 성전 제사제도와 흡사하기 때문입니다. 평신도와 사제를 완전 구별하는 교권주의가 구약시대 성전 봉사만을 위해 구별됐던 레위지파의 섬김을 특권으로 오해하고 이 제도를 도입하고 변질시켜 만들어진 것이기 때문입니다. 구약시대는 레위지파만 성전에서 일할 특권과 의무가 있었습니다. 때문에 제사에 수발하거나 노래 부르거나 문을 지키거나 모두 전문이었습니다. 솔로몬 성전의 노래하는 자가 4,000명이나 됐고 익숙한 자만 288명이었으며 각종 악기가 동원되고 가운입고 생활 자체를 보장 받았으며 여인들도 동원됐고 교창했다고까지 설명되어 있습니다(대상 6:31, 15:16~22, 16:4~42, 23:5, 25:1~31, 대하 5:12~14, 7:6, 29:25~30, 느 12:27~47, 11:23 등).

천주교는 사제의 입장부터 미사 전체가 말씀의 강론보다 거룩하고 장엄한 형식의 연속이므로 음악으로 시작하여 음악으로 끝나게 되니 교회 음악을 발전시켜야 했고 평신도는 미사에 참석만 할 뿐 집전에 참여하지 못하니 음악도 자연히 특권층이 맡게 되었으며 그레고리우스 7세는 교회음악 강습소까지 세워 자곡, 훈련, 연주를 발전시키면서 평신도에게서 완전히 찬양을 빼앗고 말았습니다. 물론 이미 성경도 빼앗겼던 성도들은 예배 전체를 빼앗긴 것이 되었지요. 때문에 성경을 바로 이해하는 신부와 주교들은 간간히 탄원도 했지만 대세에 눌려 침묵해야 했고 이 제도는 고착화되었습니다. 때문에 성경으로 돌아가자는 종교개혁이 성공하자 제일 값진 선물이 평신도들에게 주어졌는데 그것이 성경과 찬양입니다.

성경을 사제들의 전유물로 삼고 결국 1229년에는 톨로사회의에서 완전 금서목록에 집어넣어 평신도가 읽거나 소유하면 죄인으로 벌을 받아야 했으니 기막힌 일이었지요. 성가 역시 성당이나 수도원 안에서 훈련된 소년이나 성인들만 할 수 있었는데 종교개혁으로 초대교회처럼 다시 누구나 부를 수 있게 환원되었던 것입니다.

그런데 이상하게도 현대교회들이 양적으로 성장하면서 자꾸만 천주교화 하고 있습니다. 교회당도 크고 높고 웅장하고 고급스럽게 만져야 하고 내부에도 최고 값비싼 것들로 꾸미고 자랑합니다. 모나코 카펫을 깔고 프랑스제 샹들리에를 달고 독일제 피아노에 미국이나 독일에서 주문하여 파이프 올갠을 만들어다 설치하고 수억 원씩 들여 음향설비를 하고 신앙이야 있든 말든 음악대학 교수를 후한 사례비 드리며 경쟁해서 모셔놓고 유학해서 학위 받고 온 사람을 반주자로 모시고 각파트의 주자들도 사례하며 모시고 이제는 오케스트라까지 동원하니 그 당당함이란 이를 데가 없습니다. 성가대는 이제 교회의 얼굴처럼 생각함을 주저하지 않게 됐고 교회 예산의 상당 비중도 성가대가 차지합니다.

어느 교회는 교육 전체 예산보다 성가대 예산이 많습니다. 어느 교회는 성가제에 참석하려고 전 대원들을 인솔하고 태평양을 넘나듭니다. 지금 무엇들을 하고 있는지나 알고 있을까요.

종교개혁 직전 상황이나 여러 면에서 현재 똑같습니다. 정신을 차리고 회개하고 본연의 자세로 다시 어서 돌이켜 하나님의 진노를 피해야 합니다. "이 사람 성가대나 음악에 대해 참 무식한 모양이구만" 비웃을지 모르나 저는 호산나 어린이 합창단 지휘자였고 작곡도 사사받았고 여러 교회에서 지휘도 했고 한국 어린이성가대합창제(매년 세종문화회관 대강당에서 정기 행사로 함)를 처음 만들어 3회까지 직접 집행한 장본인입니다.

솔직히 성가경연대회니 성가축제니 하는 곳에 참석도 많이 했지만 관중을 의식하지 않고 순수히 하나님께 영광 돌리기 위해 준비하고 공연한 적은 한번도 없었습니다. 하나님 영광도 생각하고 기도도 했으나 역시 "우리 교회가 더 잘해야 하는데"하는 경쟁의식이 늘 있었고 "틀려서 망신하면 어쩌나"하는 위신 챙기기에 급급했습니다. 신학을 공부하며 예배, 기도, 찬양의 대상에 대하여 연구하고야 이런 것들이 다 우스꽝스런 짓임을 알았습니다. 하나님께서 "예배경연 대회는 없느냐? 기도경연 대회도 해 보려마!" 하시는 것 같아 두려울 때가 많습니다.

그러면 「크리스챤 교회」나 「휘스케아 교회」처럼 성가대는 필요 없는가? 저는 성가대는 필요 없지만 찬양대는 필요하다고 봅니다. 교회에서 제일 중요한 것은 예배입니다. 예배가 하나님께 열납되고 그래서 하나님이 임재하셔서 우리를 만나 주시고 신령한 복을 누리게 해 주십니다. 그러므로 하나님을 찬양하고 하나님을 사모하며 고백하는 영의 찬양이 모든 성도에게서 함께 넘쳐야 하며 음감이 풍성하고 성량이 좋은 성도들이 믿음과 충성으로 앞서서 새 노래를 보급하고 선창하여 예배 분위기를 극대화하기 위해 찬양대가 필요한 것입니다. 찬양대는 모든 성도의 신앙고백과 하나님에 대한 사랑과 감사의 마음을 묶어 대표로 드리므로 대표 기도자와 같은 것입니다.

때문에 모든 성도들이 가사를 알고 따라 부를 수 있어야 은혜가 넘치고 의미가 있는 것입니다. 그래서 찬송가 몇 장이라고 알려 주거나 찬송가가 아닌 경우에는 가사를 투사기로 비춰 모든 성도가 마음으로 동참할 수 있게 해야 합니다. 찬양대만 빽빽 거리면 성도들은 관람자로 전락하게 됩니다. 소화도 제대로 못 시키는 대곡을 해석도 이상하게 하고 가사 전달도 잘 못시키며 높은 음부에서 헤매는 꼴을 보면 안쓰럽기도 하고 많은 시간, 돈, 정성들여 저 꼴 만들다니 속도 상합니다.

음악 목사를 두고 찬양대뿐 아니라 교회전체의 찬양을 전담케 하여 수준 높은 영의 찬양을 온 성도가 드릴 수 있게 교육하고 훈련하고 하나님께 드리는 것은 바람직하나 집사, 장로, 교사, 대원들은 헌금 내며 봉사하는데 목사처럼 삶 전체를 드린 것도 아닌 지휘자와 반주자를 분수에 넘게 사례함은 옳은 것이 아니며 특히 신앙이 없거나 바르지 못한 사람을 급해서 청빙하는 일은 삼가야합니다.

우리 근처에는 주일이면 세 교회의 대예배 반주를 맡아 Part Time 치고는 톡톡히 재미보는 아가씨도 있고 새벽에 골프치고 부랴부랴 찬양연습시킨 후 예배실에 들어와서 찬양대 순서만 끝나면 설교시간 내내 주무시는 유명한 지휘자도 있었습니다.

특히 큰 교회들이 사회 저명 음악인 영입에 열을 올리고 경쟁하여 아주 나쁜 풍토를 심었습니다. 믿음과 겸손의 반주자만 있어도 됩니다. 지휘자 보다는 전체 예배의 찬양 인도자가 더 필요합니다.

할머니들도 은혜로운 찬양으로 하나님께 영광 돌리고 영아들도 하나님을 찬양하는 삶이 몸에 배도록 세심하게 계획하고 지도할 인재들이 많이 양성되어야 하나님이 기뻐하시는 찬양을 통해 예배가 성공하게 되는 것입니다. 예배에서 설교가 차지하는 비중이 좀 지나친데 하나님께 올려지는 모든 회중의 찬양과 감사의 고백이 설교와 대등하게 배려되어야 합니다.

복음적이고 형식의 구애를 받지 않는 교회들은 점차 찬양의 비중이 설교보다 많이 차지하는 새로운 균형을 제시하고 있습니다. 우리는 성경적으로 계속 교회를 개혁해 가야합니다.

찬양의 내용도 검토해야 합니다. 어린아이들이 "우리 아빠가 최고야" 서로 자랑하고 뽐내며 기뻐하듯 하나님을 높이고 자랑하고 기뻐

뛰는 자세가 예배의 기초자세이며 이 내용이 경배 찬양입니다.

그런데 우리들의 찬송가에는 예배 찬송이 고백적 간증 찬송보다 훨씬 적으며 때문에 멜랑꼬리한 노래로 상한 마음 달래기식의 모습이 적지 않게 눈에 띕니다. 예배에 맞는 좋은 찬양이 많이 만들어져야 합니다. 또 수정해야할 찬송가사도 여러 곳에 있습니다.

찬송가 40장 3절 같은 경우 "내 모든 죄를 구속하셨네"라 되어 있는데 죄에서 우리를 구속했지 죄를 구속한 것이 아니니까 고쳐 불러야 합니다. 찬송가 116장에는 "동방박사 세 사람"이라 했으나 성경에는 몇 명이라고 결코 밝히지 않았으며 332장에는 "물가지고 날 씻든지"라 했는데 우리의 죄는 오직 예수 그리스도의 보배로우신 피로만 씻을 수 있는 것입니다.

말로테 작곡 「주기도문」 찬송에는 "우리가 우리에게 죄 지은자를 사하여 준 것 같이"라는 중요한 부분을 빼 버렸고 106장에는 "한 추운 겨울밤 주 탄생하신 이날"이라 했는데 예수님 탄생이 여름인지도 모릅니다. 또 363장은 마태 11:28을 근거로 지은 찬송이라 표시되어 있는데 3절에 "내 대신 짐을 져 주시네"라 했는데 마 11:28~30 내용 속에 짐을 대신 져 주신다는 약속이 없습니다.

찬송가 182장 후렴은 "찬송합시다. 찬송합시다"인데 계속 찬송하자고만 합니다. 그러다가 끝내면 되겠습니까? "찬송합니다. 찬송합니다.. 내 죄를 씻으신 주 이름 찬송합니다."로 바꾸어 불러야 하지 않겠습니까!

지금도 "아베마리아"를 교회에서 독창하는 사람이 있는데 기도의 대상은 절대로 마리아가 될 수 없는 것입니다.

290장 "괴로운 인생길 가는 몸이"는 성인들이 때때로 겪는 갈등과 삶의 곤고 속에서 영원한 하나님 나라의 도래를 소망하며 집에서 혼자 고백찬송으로 부르기에 합당하지 어린이 예배시간에 부르는 것은 합당치 않지요. 하기야 목사 안수식에 찬양대가 "어서 돌아오."를 부른 교회도 있답니다. 이런 예는 상당히 많아요. 그래서 찬양 전체를 관장할 일꾼이 필요한 것이며 또 양성해야 합니다. 이곳 미국 CRC교단 찬송가는 시편 1편이 찬송가 1장, 시편 2편이 찬송가 2장 이렇게 해서 시편 전체를 찬송가 한권을 만들었는데 얼마나 성경적입니까. 소속교회 성도들은 많은 시편을 외우게 되고 정말 훌륭한 찬양을 드리는 것입니다. 성경 말씀을 가사로 해서 더 많은 찬양들이 만들어지기 바랍니다.

복음성가 중에도 182장은 성경 스바냐 3:17을 가사로 해서 만들어져 예배찬송에 얼마나 좋은지요. 우리는 예배 흐름에 따라 맞는 찬양을 드려야 합니다. 우리는 지, 정, 의를 소유한 존재이므로 감정을 통해 마음을 열게 되고 마음이 한없는 갈망으로 치솟을 때 진리의 수납이 훨씬 쉽고 이때 행동의 변화를 가능케하는 결단적 의지가 작동하게 되어 은혜와 진리로 충만할 수 있기 때문입니다. 그리고 우리가 참으로 주의해야할 또 하나의 문제는 「준비찬송」이란 말의 사용입니다. 찬송을 배울 수는 있으나 예배를 준비하기 위해서 또는 어떤 교회 프로그램을 시작하기 위해서 아니면 공백을 메꾸기 위해 찬송을 이용할 수 없습니다. 찬송 역시 예배의 한 부분으로서 기도처럼 하나님께 드리는 것이기 때문입니다.

하나님을 의식하고 드리는 것이므로 설교, 기도처럼 인간이 평가해도 안됩니다. 음악적인 면은 평가가 가능하지만 하나님이 받으시는 것이므로 하나님만 평가하실 수 있을 뿐입니다.

너무 두서없이 말씀 드렸는데 교회는 예배를 잘 드리기 위해 찬양을 개발하고 온 성도들이 함께 합창으로 또 각자가 가능한 악기까지 동원하여 드리는 축제를 자주 할 수 있도록 또한 가정들이 정성으로 배워 가족찬양도 곁들이도록, 다양한 찬양프로그램을 창출해야 합니다. 이를 위해 하나님으로부터 귀한 달란트를 받은 찬양대원들이 앞장서야 합니다.

지나치게 찬양대 위주의 찬양은 지양되어야 하며 찬양대들의 특권의식화하는 일은 결코 없어야 합니다.

교회들이 각성해서 신앙 없는 지휘자나 반주자를 많이 사례하면서까지 모시려 말고 전체 성도들이 찬양의 열기 속에서 기쁨과 은혜를 체험할 분위기 리더를 길러내야 하나님께 드릴 산 예배에 큰 공헌을 하게 될 것이며 교회는 부흥하게 될 것입니다.

이 일에 목사님들과 장로, 집사님들이 같이 기도하고 연구하고 결단해야 할 것입니다. 그리고 하나님의 위대하심, 자비하심, 크신 사랑을 감사하며 "우리 아빠 최고"라고 높이며 자랑하는 일이 찬양이니 찬양대가 맞습니다. 성가대는 아베 마리아도 부를 수 있으나 하나님은 찬양만 받습니다.

2. 목사들이 문제입니까

지금 여러분이 목사들이 문제가 많다고 하셨는데 저도 동감입니다. 목사가 독재를 한다. 사기도 치고 살인도 하고 이혼도 하고 간음도 하고 돈을 주고 박사학위를 사고 화를 잘 부리고 돈을 좋아하고 게으르고 무식하고 자랑도 많고 헌금만 강조한다는 등의 말씀들을 들으니까 몇 가지 빼고는 모두 저에게 하시는 말씀 같군요. 제가 여러분을 부끄럽게 하려고 하는 말이 아니고요. 사실이 그렇습니다.

병든 자를 찾아 손을 부여잡고 기도하기보다 조찬기도회에 참석해서 대통령 손 한번 잡고 악수한 것을 두고두고 자랑하는게 목사들이고 재력 있는 장로에게 부탁해서 사례비나 올리려하고 성직이란 핑계로 개인소득세도 내지 않으려하고 교세가 목사의 승용차 종류로 평가되는 줄 알고 비싼 차 타는 것을 자랑하고 있으며 어느새 먹성들이 변해서 평범한 음식에는 입맛이 안돌고 돈 많이 처들여 삐까번쩍한 교회당들은 잘 지어 놓고도 목사들의 모임은 호텔이 아니면 안 되고 선교여행이란 미명하에 목적과 동떨어진 외국 나들이에 바쁘고 목회경력 조금 쌓이니 요령만 늘어 공부는 전도사들이나 하는 것처럼 외면하고 감투 위한 정치에만 혈안된 군상들이 왜 없겠습니까? 왜 한국뿐이겠습니까?

이 모든 것을 종합해서 한 마디로 표현하면 "역시 어쩔 수 없는 죄인"이라는 것입니다. 여기엔 저도 포함되고 여러분도 포함될 수 있다는 것을 아서야 합니다. 사실 우리 모두의 문제입니다. 여기서 우리는 목사에 대해 바로 인식해야 할 필요성을 발견하게 됩니다.

1) 목사는 누구일까요

저도 목사가 되기 전에 얼마나 목사에 대해 편견을 가졌는지 제 주위에 계신 분들은 다 아십니다. 비평도 불평도 많이 했습니다. 그러나 이제는 달라요. 목사가 돼서 편드는게 아닙니다.

여러분도 성경대로 바로 인식해서 여러분의 신앙생활이 행복할 수 있기 바라니까 사심 없이 성경대로 알려 드리려는 것뿐입니다.

의사가 계집질을 했다고 해도 병만 잘 고친다는 소문만 나면 개인생활이야 어떻든 상관 않고 찾아가며 기술자는 기술만 좋으면 삶이야 어떠하든 기술 발휘만 기대하는데 목사는 성경을 잘 알고 가르치며 복음적 설교를 해도 윤리적 결함이 조금만 있으면 여지없이 혹평의 대상이 됩니다. 여기는 몇 가지 이유가 복합적으로 작용하기 때문입니다.

간략히 중요한 것만 제시하면 첫째는 하나님의 말씀을 전하는 자이므로 갖는 기대가 크기 때문입니다. 전하는 사명만이 아니라 솔선수범까지 기대하며 윤리적으로, 인격적으로 생활과 가르침이 동일하기를 바라는 것입니다. 이것은 정당한 요구입니다. 그러나 하나님은 신자 모두에게 요구하시는 것이며 비단 목사에게만 요구하는 것은 아닙니다.

둘째는 선입견이 작용하기 때문입니다. 우리나라 선조들은 남을 가르치는 선비가 청빈해야 한다는 고정관념을 갖고 있었습니다. 이는 유교와 불교의 영향이기도 합니다. 학자의 청빈은 귀한 덕목 중의 하나였습니다. 이제 기독교에 들어 왔어도 이 사상은 버리지 못하는 것입니다. 저는 개인적으로 목사가 부유해선 안되며 부한 생활을 할 수도 없다고 생각합니다. 그러나 성경적인 결론은 아닙니다. 우선 구약시대 12지파의 평균 수입을 따져 봅시다. 동일한 인구요 동일한 수입이었다고 가정합시다. 레위지파는 성전에서만 일했으니까 11지파가 헌금을 했습니다.

각 지파가 똑같이 100만 원 월수입 중에 바쳤으면 십일조 합계가 110만 원이며 이것이 레위족의 것인데 각지파는 십일조 10만 원을 내고 보니 90만 원 남아요. 레위지파의 수입이 더 많아요. 성전관리와 고아와 과부를 돕기 위해서도 헌금을 했어요(레위족도 포함). 매 3년마다 드리는 십일조까지 도합 약 24%를 11지파가 냈습니다. 이것이 모든 나라의 세금기준이 되었지만 어쨌든 레위지파의 소득이 다른 지파보다 많았다는 것입니다. 신약시대에는 정확한 언급이 없어 알 수 없으나 수고하는 자에게 양식을 주었으며 전도자들에게 풍성한 헌금을 주었습니다(고후 8:1~15, 9:1~5). 또한 일꾼이 삯을 받는 게 마땅하다 했습니다(눅 10:7).

신약시대 성도들은 매우 가난했음을 생각하면 같이 먹고 사는 정도였을 것입니다. 물론 목사는 구약시대 제사장이나 레위족과 같은 것이 아니므로 비교할 필요도 없겠으나 일방적으로 자기 기준에 따라 정죄해선 안된다는 것을 우선 말씀드립니다. 그러면 목사는 누구인가 목사와 평신도의 구별이 없는 것인가? 똑같이 예수 그리스도 안에서 구원받고 성도가 되었으며 신앙공동체의 일원입니다. 하나님 앞에서 구별없이 사도성을 계승합니다. 본질상 동일합니다. 요 1:6 "하나님께서 보낸 사람"이란 말씀 보면 사람이라는 점이 같다는 것입니다. 사람이니 배고프기도 하고 피곤도 하고 또 연약하기도 하고 병들 수도 있고 욕심부리거나 혈기부릴 수도 있는 자연인임을 알 수 있습니다. 그러니 목사도 실수할 수 있고 당신들처럼 싸울 수도 있는 사람이라는 것을 이해하셔야 합니다. 천사가 아니고 예수님도 아닌 평범한 사람일 뿐입니다.

하나님께 칭찬받을 수도 있고 야단맞을 수도 있는 똑같은 존재입니다. 그러나 다른 점도 있습니다. 즉 하나님께로서 보내심을 받았다는 것입니다. 사람은 사람인데 하나님의 일꾼으로 보내졌기에 역할이 다르다는 것입니다. 하나님은 교회를 세우셨습니다. 교회는 공동체이며 공동체는 항상 리더를 필요로 합니다. 그래서 교회 일을 전적으로 맡겨서 하나님의 일을 시키려고 일꾼으로 보냈다는 것이니 직능이 다르다는 것입니다. 성도들도 하나님의 일을 하지만 자기 본연의 직업이 있고 교회일은 목사님의 목회 방침에 따라 협력함으로 이루어가게 하였습니다. 목사는 목자이고 성도는 양이라는 주장은 틀린 것입니다. 목사도 양입니다. 주인의(목자) 지팡이 아래 인도받고 제일 앞장 서는 양이라 해야 합니다.

성경은 "참 목자는 예수님 뿐"이라 했습니다. 양과 사람은 전적으로 다릅니다. 또 목사는 선생이고 성도는 제자라는 것도 틀립니다. 참 스승은 오직 예수님뿐이니 너희는 스승이라 하지 말라 했습니다. 그래서 저는 목사를 반장이라고 비유해서 가르칩니다. 반장은 분명히 같은 학생입니다. 그중에 선생님의 마음에 들어서 지명이 되고 선생님의 심부름을 합니다. 교무실에 가서 선생님으로부터 숙제를 받아다가 칠판에 써 놓으면 학생들이 다 해야 합니다. 반장을 무시해서 숙제를 안하면 선생님의 명령을 거역한 것이 되어 벌을 받아야 합니다. 반장도 숙제를 해야 합니다. 숙제는 반장보다 다른 학생들이 잘 할 수도 있습니다. 선생님은 바쁘시면 반장에게 할 일을 지시합니다. 직접 하실 경우는 적습니다. 수업시간이 되어 선생님께서 교실에 들어오시면 "차렷! 경례!"라고 위임받은 통솔력을 발휘하는 게 반장이며 전체 학생들은 반장의 지시에 따릅니다. 안 따르면 혼납니다. 반장도 경례합니다. 경례는 선생님이 받지 반장이 받지 못합니다.

그러면 하나님은 목사를 세워 교회에서 어떤 일을 시키려는 것일까요. 엡 4:11~12를 보세요. 예수님께서 직분자들을 세웠는데 사도, 선지, 복음전하는 자(순회전도자)는 현시대엔 없는 직분이고 "목사와 교사로" 했는데 바른 번역은 「교사인 목사」라는 것입니다. 즉 "잘 가르치는 목사"를 주셨는데 그 목적은 "성도를 온전케 하며 봉사 일을 하게 하며 교회(그리스도의 몸)를 세우려 함"이라는 것입니다. 그런데 딤후

3:16~17에는 성경을 주신 목적이 기술되어 있는데 교훈과 책망과 바르게 함과 의로 교육함(훈련)을 통해서 하나님의 사람으로 "온전케하여 선한 일 하게 하는 것"이라는 것입니다. 그러므로 목사를 주신 목적과 성경을 주신 목적이 같다는 것을 알 수 있습니다. 때문에 성도들을 온전케하려고, 교회봉사를 잘하게 하려고 성경을 연구하고 기도하고 가르치는 목사는 존경하고 협력해야 한다는 것입니다. 목사에 대해서 바로 인식해야 교회생활의 비결을 터득하게 됩니다.

2) 행복한 교회생활

교회생활은 행복해야 합니다. 즐거워야 합니다. 그래야 가정도 편하고 직장마저 편합니다. 성도는 신앙생활이 즐거워야 모든 게 즐겁습니다. 그런데 신앙생활은 교회생활이 거의 차지 하니까 교회생활에서 행복해야 합니다. 그러면 행복한 교회생활을 할 수 있는 비결은 무엇인가요. 목사님을 존경하는 것입니다. 목사님을 사랑하고 목사님의 사랑을 받는 것입니다. "우리 목사님은 하나님께서 우리 교회에 보내 주신 사람이구나. 하나님은 우리 목사님을 사용하셔서 교회를 이끌어 나가게 하시고 성도들을 말씀 안에서 온전케하며 하나님 나라 일을 나누어 하시려 하시는 구나. 그리고 우리 목사님은 자기의 사명을 확실히 아시고 최선을 다하시는구나. 그런 분이시니 딤전 5:17처럼 배나 존경해야겠구나." 이렇게 생각하시는 분은 틀림없이 교회 생활이 행복합니다.

목사를 존경하지 못하면 예배가 손해 봅니다. 예배에서 은혜를 받지 못하면 보상받을 길이 없어요. 이것은 매우 중요한 말씀입니다. 목사와 멀어지면 교회생활 전체 지장 받습니다.

만약 목사님과 관계회복이 어렵다고 생각되면 다른 교회로 옮겨서라도 새롭게 목사님을 존경하며 교회생활을 시작해야 합니다. 그러나 거기 목사도 사람임을 명심하십시오. 문제가 목사님에게 있는지 당신 자신에게 있는지부터 잘 진단하셔야 합니다.

3) 목사와의 갈등 시작은 왜 일어납니까

대부분 자기주장이 관철되지 않을 때 마찰이 생기게 됩니다. 하나님은 목회자로 담임목사를 세웠습니다. 당신이 식당주인이면 누가 간섭합니까? 목회도 목사가 전문가입니다. 목회를 간섭해서 안됩니다. 하나님께 대한 도전입니다. 교회가 성장하면 목사 혼자 감당하지 못하니까 분담할 사역자나 일꾼들을 세우는데 오해하지 말 것은 담임목사님의 목회를 돕기 위한 것이지 제직 요구나 편향된 개인주장대로 목회하라고 해선 안된다는 것입니다. 그렇게 되면 교회는 갈라지게 됩니다.

사도들이 말씀 준비와 기도와 구제와 전도 등을 다해야 하는데 업무량이 과다해서 일꾼을 선택하여 구제사업을 맡겼습니다(행 6:1~9). 일은 사도들 고유의 일인데 바쁘니까 도와줄 일꾼들을 뽑아 맡긴 것이지 사도들이 간섭 못할 집사들의 일이 아니었습니다. 집사란 돕는 자, 종, 사환이란 말입니다. "목사가 독재한다"라고 불평들을 하는데 성경은 민주주의가 결코 아닙니다. 교회 행정은 민주적 방법으로 하는 게 바람직하지만 목회는 하나님 요구대로 목회자가 해야 합니다. 성경적으로 생각하셔야 합니다. 광야에서 이스라엘 백성들에게 모세의 신입투표를 했거나 애굽으로 돌아갈 것인가 하나님의 뜻대로 순종하는 모세를 따르겠는가 다수결로 결정했다면 100% 애굽으로 돌아갔을 것입니다.

하나님께서 세운 목회자의 특권은 성경을 연구하여 이 시대를 향한 하나님의 요구를 파악한 뒤 자기에게 허락하신 지혜와 은사에 맞게 목회를 계획하여 성도를 하나님께서 요구하시는 거룩과 온전의 수준까지 끌어 올리는 일을 기쁘게 추진하는 것입니다. 그런데 전문가도 아닌 사람들이 잘못 배운 상식을 기초로 따지고 방해하면 교회 성장은 불가능하고 불협화음이 일어나 행복한 교회생활은 끝장나게 되며 하나님의 교회는 상처를 받게 되는 것입니다. 세계 10대 교회를 연구하여 세미나에서 발표하는 것 보면 「담임목사가 복음적인 설교를 하며 템포 빠른 뜨거운 찬양이 넘치고 목사의 목회방침에 장로, 집사들이 적극 순종하여 일사분란하게 진력하는 교회들」이라는 게 특성이라는 것입니다. 우리는 "다른 교회는 이렇게 하는데 왜 우리 교회는 저렇게 합니까?" 항의하지 말고 성경을 바로 이해하고 목표를 세우고 전진하는 목회자와 호흡을 같이하고 격려하고 기도하면 교회 생활이 행복하게 되고 결국 교회도 계속 성장함을 알아야 합니다.

4) 교회를 떠나야 할 경우

저도 평신도로 교회생활을 오래했기 때문에 경험했지만 교회를 떠나 옮겨야할 때가 있습니다. 교회생활이 행복하지 못한 채 오래가게 되면 일단 옮겨야 합니다. 이것은 피차를 위해서 좋습니다.

신앙의 기초가 처음부터 다르면 은혜가 계속될 수가 없기 때문입니다. 작은 문제(예배시 박수를 치거나 방언을 강조하거나) 같으면 우선 선입견을 고치도록 해야 합니다. 성경이 가르치는 것을 내 구미에 안 맞는다고 무조건 배타해선 안됩니다. 내 쪽에 문제가 있으면 고쳐야지 어디가도 마찬가지이기 때문입니다.

그러나 아무리 성경을 읽고 배우며 살펴도 목사님의 성경해석이나 설교가 성경적이 아니라고 판단되면 마땅히 옮겨야 합니다. 성경을 이해하는 시각이 같아야 은혜가 되기 때문입니다. 또 솔직히 목사의 자질이나 신앙 양심이 현저히 문제가 된다면 싸우지 말고 조용히 다른 교회로 옮겨야 좋습니다.

신앙성장은 내 개인에게 있어서 매우 중요하기 때문입니다. 이런 이유로 인해 교회를 옮기는 것은 결코 죄가 아닙니다. 두려워하지 마시기 바랍니다. 단 조용히 나가시는 게 중요합니다. 개인 감정대립은 이성적 판단을 흐리게 하고 누가 옳으냐 증명하려다가 결국 교회에 큰 상처를 주게 되며 어떤 이유에서도 교회를 깨거나 손상시키면 반드시 대가를 치르게 하시기 때문입니다.

5) 어떤 교회를 선택할까요

이것은 제 주관적 의견입니다만 하나님 제일주의로 성경 말씀대로 순종하도록 가르치는 복음적 교회를 찾아야 합니다. "내가 목사를 도와야지 이 교회를 도와야지" 하는 생각을 절대 갖지 마시기 바랍니다.

하나님은 당신의 도움이 필요하지 않고 우선 당신이 구원받은자로서 하나님이 원하시는 수준의 존재가 되기를 먼저 바라고 계심을 아셔야 합니다. 그러니까 당신을 말씀으로 잘 양육해줄 교회를 찾아야 합니다. 부담 없는 편한 신앙생활을 원하는 자들은 교인수가 많은 대형교회를 선호합니다. 설교듣기 위주의 신앙패턴이지요. 어떤 이들은 자기를 나타내기 좋아해서 또는 목사님과 가깝게 신앙생활 하기 위해서 개척교회를 좋아하기도 합니다. 그러나 성경적으로 양들의 이름을 일일이 부를 수 있는 싸이즈의 교회이면서 자녀교육도 잘하며 선교등 교회가 살아 움직이며 뜨겁게 말씀을 전하고 말씀에 순종하도록 계속 훈련하는 교회를 선택하시기 바랍니다. 개별적으로 요청하면 그 지역에 추천교회를 알려 드릴 수 있습니다. 물론 하나님께 기도하며 신앙상담도 하고 서두르지 않고 여러 교회를 살핀 후 결정하시기 바랍니다.

문제 있는 목회자는 반드시 하나님께서 책임을 묻고 조처하실 것이지만 오히려 기도해 주시며 변화로 인해 새로운 역사를 이루게 되기를 바라면 그 복도 하나님께서 되돌리심을 볼 수 있을 것입니다.

3. 헌금은 꼭 내야 합니까

겉으로는 아닌 체 하지만 모든 사람은 돈 문제에는 날카롭게 심리적 대응을 합니다. 예수는 믿을 마음이 있고 교회당에 따라가고는 싶은데 헌금을 강요한다고 해서 못 간다는 사람들이 많이 있습니다. 「교회가 왜 돈만 아느냐 여호와의 증인들은 십일조를 내지 않아도 된다고 하는데 왜 교회들은 헌금을 강조하느냐 교회들이 헌금을 많이 받아서 건물만 크게 짓고 기도원 사고 묘지도 사들이고 목사 자동차 사주고 성가대들 음식해주고 그러면서 진짜 구제도 안하고 선교도 제대로 안하더라」이런 말들을 회사 재직 중에도 많이 들었고 저 역시 대부분 동감합니다. 이 문제 역시 성경적인 가르침을 찾아야 합니다. "교회들이 헌금을 잘 못 사용하기 때문에 난 낼 수 없다"는 것이 옳은가 생각해 보셨나요? 헌금은 누구에게 드립니까? 하나님께 드립니다. 일단 하나님께 드렸으면 됐지 그 다음에 어떻게 쓰이던 사용자의 책임이니까 불필요한 걱정을 하지 마십시오. 집사, 장로, 목사님들이 모여서 사용목적, 사용처, 사용방법, 사용시기, 금액 등을 결정하게 되니까 일단 맡겨 놓으십시오. 그런데 헌금 내는 게 부담스러워 교회가기 싫다는 분은 사람을 의식하는 것이지 하나님을 생각하는 것은 아닌 모양이고 몸은 몇 시간 교회당에 앉혀 놓는 것이 아깝지 않고 헌금 노이로제에만 걸려 있다니 참 이상합니다. 시간과 몸을 바치는 것은 왜 아깝지 않을까요?

우선 헌금은 무엇인가 아셔야 합니다.

헌금이란 이 땅에 빈 몸으로 태어나 지금까지 사는 동안 내 수단과 경험과 실력으로 물질 역시 소유하는 줄 알았는데 예수님을 믿고 복음 안에 들어와 성경을 배우고 나니 모든 것이 하나님께서 보호하시고 지키시고 허락하셔서 현재 내가 존재하며 소유도 하게 되었음을 깨닫고 원래가 다 하나님의 것인데 은혜로 주신 것이니 감사하오며 감사와 믿음과 하나님에 대한 경외심을 함께 묶어 표현하는 것입니다. 그래서 기쁘게 일부를 돌려 드리는 것이며(마 22:21) 하나님에 대한 사랑과 감사와 믿음의 표시이기에(신 16:15~17) 하나님을 기쁘게 해드리는 신앙의 척도이며(고후 9:17) 하늘에 저축하는 것(마 6:20)이며 주님의 사업에 참여하는 것(고후 8:4)입니다. 사실 하나님은 헌금을 명하셨고(레 27:30), 예수님도(마 23:23), 성령님도(행 2:44) 요구하셨고 교회의 필요(행 4:32)와 성도의 마땅한 본분이기 때문(눅 8:3)에 마땅히 드려야 합니다. 구약시대엔 약 23%(수입의) 바쳤지만 신약시대는 율법에서 해방되었으니 낼 필요가 없다고 여호와의 증인들이 주장하는데 율법의 형식이 폐기된 것이지 내용까지 무효화된 게 아닙니다. 맞습니다. 율법은 유대백성에게 주신 계명 세례 요한의 시대까지였고(마

11:13) 예수님이 오셔서 공생애 동안 은혜와 진리(요 1:17) 안에서 형식으로 변질된 율법을 진리로 완전케 하시는 일을 시작하셨습니다. 안식일의 주인으로 일하셨고 병자들을 고치셨고 죄를 사해 주셨습니다. 결국 십자가에서 "다 이루었다" 선포하심으로 율법의 마침이 된 것입니다(롬 10:4). 더구나 예수님께서 부활 승천하시고 성령님이 임재하셔서 교회가 세워진 후에는 안식일, 성전제사, 할례법, 음식법 , 심일조법, 십계명 모두 폐지되었습니다. 예수께서 영원한 제사장으로 구원을 위한 모든 조건을 만족시키셨기에 새 언약, 은혜 시대부터는 구약적 율법은 철폐 되었는데 십일조법만 지킵니까! 다른 것 끝났으면 끝난 것입니다(엡 2:15, 갈 3:24,25, 히 7:18,22, 10:9). 그렇다면 마 23:23 "이것도 저것도 행해야 한다"는 말씀과는 모순인가요? 아직은 교회시대가 아니었고 유대교의 마지막 때라서 이것도 즉 "더 중요한 의, 인, 신을 행하며 아직은 박하, 회향, 근채의 십일조도 드려야 한다"는 뜻입니다. 예수님이 오해 받지 않으시려고 세금을 내신 것과 같습니다(마 17:27). 율법에 근거한 십일조가 문제가 아니고 헌금자의 신앙이 문제입니다. 다 하나님것이고 하나님이 주신 것이니 감사하고 모든 것 주시고 또 주실 하나님 아버지께 사랑과 믿음을 고백하는 심정으로 자원하여 기쁘게 드리는 자들은 십의 구라도 드리는 것입니다. 막 12:41~44 보면 예수님이 가난한 과부의 헌금 액수까지 밝히시면서 십일조가 아니고 생활비 전부 드렸다고 칭찬하셨습니다.

그러므로 믿음이 생기기 전에는 헌금할 수도 없으며 헌금을 강요하지도 않습니다. 억지로 내거나 타인을 의식해서 내는 것은 하나님도 받지 않으시기 때문입니다. 싫으면 안내도 됩니다.

그러나 신앙이 생기기 시작하면 가치관이 바뀌면서 헌금생활 역시 기쁘게 동참하게 됩니다. 「다 하나님의 것」이라고 믿게 되면 1/10보다 9/10가 더 중요하니까 십일조 바치고 나머지도 내 맘대로 아무렇게나 쓸 수가 없는 것입니다. 모두 하나님의 것이니 모두 하나님이 기뻐하시는데 사용하게 됩니다. 가정에서나 교회에서나 사회에서나 주님이 필요하시다고 인정할 것 같으면 서슴지 않고 기쁘게 자원하여 드리게 됩니다. 하나님은 이런 사람들을 복 주시는 것입니다. 카네기, 골케이트 같은 거부들은 십일조부터 시작해서 십의 구까지 하나님께 바친 귀한 본을 보였습니다. 내 것이라 생각하면 바칠 수가 없습니다. 내게 맡긴 것이라 생각하면 당연히 주인의 필요에 따라 돌려 드려야 합니다.

성도들이 「이 헌금을 구제에 쓰라」는 뜻으로 「구제헌금」이라고 봉투에 써서 내는 지정헌금도 사실은 월권입니다. 하나님의 것을 겸손히 드리면 그것으로 끝이지 내 뜻대로 사용하라는 명령(?)은 합당치 않은 것입니다. 우리 교회는 드릴 형편이 안되는데 헌금 바구니가 자기에게 전달될 때 갖게 되는 부끄러움과 죄송함에서 해방되어 그런 염려 때문에 예배에 방해받지 않게 하려고 출입구 옆에 헌금함을 설치했습니다. 믿음도 생기고 하나님의 물질적 넉넉함이 시작되면 자연히 헌금에 동참하게 됩니다.

사실 성도들이 드린 귀한 헌금을 교회 책임자들은 기도하면서 지혜롭게 성서적으로 잘 관리해서 오해받거나 반반을 일으키지 말아야 합니다. 목사 사례비는 교인 평균 수입 수준이면 됩니다. 그러나 말씀에 바로 선 목사라면 어떤 명칭으로든지 많이 드릴수록 좋습니다. 왜냐하면 급한 상황에서 구제를 하거나 헌금을 하거나 해야 할 경우도 많고 도움을 청하는 사람도 많고 교인들의 어려운 상황을 목사만큼 정확히 아는 사람이 없으며 선교사, 신학생들을 목사가 도와야 할 경우가 얼마든지 많기 때문입니다.

교회는 점차 선교와 교육과 구제와 친교를 위해서 헌금을 사용해야 할 것입니다. 예산의 60~70%를 밖으로 내보낼 수 있다면 그 교회는 하나님의 뜻을 이루어 드리며 하나님의 복이 모든 가정에 임재하도록 문을 연 교회라고 생각됩니다. 「하나님께 바쳐서 모자람이 없고 하나님께 아껴서 남는 게 없다」는 사실을 명심해야 합니다. 한 가지 주의할 것은 헌금을 더 많은 재산을 하나님께 얻어내기 위한 복채로 생각하고 드려서는 안된다는 것입니다. 엉터리 축복 성회에서는 통할지 모르지만 헌금은 복 받기 위한 조건부가 되어선 안됩니다.

순수하게 베푸신 은혜에 감사해서 하나님나라 확장과 교회의 발전을 위해 작은 몫 감당케 하심을 감격하며 기쁘게 자원하여 드려야 하는 것입니다. 속지 마십시오.

구약의 십일조는 신약시대 연보로 바뀌었습니다. 연보는 대부분 구제에 쓰였고 전도자들도 연보를 받아 선교에 사용했습니다(요삼 5~8, 고전 16:2, 고후 8:~9:, 행 12:25, 24:17, 빌 4:16, 행 2:44.45). "헌금은 사역자가 다 쓴다"고 치우쳐 생각하면 안됩니다. 인건비, 재산관리, 유지비, 사무비, 선교비, 교육비, 친교비, 구제비, 행사비, 사회지원비 등 사용해야 할 곳이 많아요. 그래서 예산 세울 때 300명 이상(어린이 포함) 교회는 1년 1인당 $ 1,500, 200명 이하 교회는 $2,000 정도로 수입 예산을 세웁니다. 그러면 내 몫을 알게 되어 분발하게도 됩니다. 등록 교인이라면 "적어도 우리 몫은 감당해야겠다"는 각오도 중요합니다. 제가 목회하면서 체험한 것 중에 "헌금 안하는 사람이 불평이 많고 헌금은 믿음과 정비례한다"는 것도 포함됩니다. 하나님을 사랑하십니까? 사랑은 행동으로 표현됩니다.

4. 기독교의 최고 명절은?

구약시대에는 지켜야 하는 절기가 많았습니다. 그러나 오실 메시아인 예수 그리스도를 향한 예표였으니까 예수 그리스도께서 오신 이후 신약시대부터는 구약의 절기들이 무의미하게 되었습니다. 이제는 순수한 기독교적 절기만 지키게 되었습니다. 대부분의 사람들은 기독교의 최고 명절이 크리스마스라고 알고 있습니다. 아무래도 예수님의 탄생이 제일 중요하다고 생각하기 때문일 것입니다. 그런데 예수님의 탄생일이 정확히 언제인지를 알 수가 없다는데 문제가 있습니다. 성경에 기록이 없으며 당대 문헌에도 나타나지 않습니다. 6월경이거나 12월 초일 것이라는 주장들이 우세하다고 하지만 믿을만하지 못합니다. 12월 25일이 아닌 것만은 확실합니다. 그런데 성탄일로 지키고 있으니 어안이 벙벙할 뿐입니다. 사실 12월 25일은 이방인들이 태양 축제일로 삼아 큰 행사를 하던 풍속이 있었다고 하며 이에 대항하여 가톨릭 교회에서는 크리스도 미사를 드렸는데 이것이 크리스마스의 유래가 된 것입니다.

일 년 중 어느 한날에 태어났을 테니까 그냥 12월 25일을 탄생기념일로 인정하고 지내오는 것뿐입니다. 그런데 더 중요한 날이 있습니다. 탄생이야 어느 종교 창시자나 다 특별하다고 나름대로 신화를 만들어 자랑합니다. 그러나 부활은 오직 기독교에만 있는 독특한 축제입니다. 예수님의 지상생애를 기록한 복음서에도 탄생기사는 마태복음과 누가복음에만 나타나지만 부활사건은 4복음서 전체가 세밀히 다루고 있으며 날짜까지 확실합니다. 그러므로 기독교의 최고 명절은 당연히 부활절이어야 합니다.

부활이 없다면 기독교는 존재할 수가 없습니다. 복음 자체가 무의미하게 되기 때문입니다. 교회들은 기독교와 관계없는 상인들이나 백화점에게 크리스마스를 빼앗겼다고 걱정말고 부활축제를 멋있게 대대적인 축제로 지켜야 할 것입니다. 우리 교회는 선물이나 카드나 구제사업이나 각 기관 최고 축제를 이 부활절에 하고 있으며 계속 강조해 옵니다. 부활은 재창조의 날입니다. 그래서 창조기념일이었던 안식일에서 부활 즉 재창조 기념일인 주일로 초대교회때부터 예배도 바뀌기 시작했던 것입니다. 부활일을 기념하면서 주일 신학이 태동된 것은 매우 의미심장한 것입니다. 처음 창조는 인간타락으로 죽음으로 매듭되었습니다.

그러나 예수 그리스도의 십자가 사건과 부활은 새로운 창조, 새로운 관계 회복으로 영원한 영속성을 갖게 했습니다. 때문에 사망을 이기시고 우리까지 다시 살아남을 보증해 주신 이 날이야 말로 최고의 명절입니다. 그리고 매 주일 부활 기념일에 영광의 주님께 예배드리는 기본적 축제의 날인 주일 역시 아주 귀한 명절입니다. 그래서 주일은 축제의 날이요, 기쁨이 넘치는 날이요, 복 받는 날입니다.

그리고 교회들이 각성해야 할 축제의 날이 있습니다. 크리스마스보다 더 확실하고 의미가 깊은 명절, 성령강림 축제입니다. 오순절 성령강림일은 교회의 생일입니다. 이 중요한 날을 교회들은 왜 잊고 있을까요? 반드시 명절로 지켜야 합니다.

이 외에 감사절이 1년에 두 번 있습니다. 11월에는 추수감사절이 있는데 1년간 지켜 주시고 산업에 복 주심을 감사해서 농부들이 추수를 마치고 하나님께 감사예배를 드림에 근거한 절기이며 6월이나 7월에는 맥추감사도 절기로 드렸습니다. 그리고 성찬일 또는 침례(세례)일도 교회의 축제라고 할 수 있으며 각 교회별로 창립기념일도 명절로 삼을 수가 있을 것입니다.

5. 선악과와 가룟유다

「선악과를 하나님은 왜 만들었는가 아담과 이브가 타락할 것을 알았다면 막아줘야지 타락하게 방조했다가 낙원에서 내쫓는가 가룟유다 역시 예수께서 십자가를 지게 하여 인류 구원의 대 역사를 이루게 도와준 공로자인데 지옥에 보낼 수 있느냐」 이런 질문입니다.

먼저 선악과 문제부터 말씀드립니다. 하나님은 인간 아담을 최고의 걸작품으로 만들었습니다. 하나님 자신의 형상으로까지 만드셨습니다. 그러나 하나님은 창조주이시고 아담은 피조물입니다. 구별만큼은 반드시 있어야 합니다. 그래서 하나님은 「나는 하나님이고 너는 피조물인 인간이다. 그래서 구분점이 필요하다. 내가 선악과를 동산에 두고 먹지 말라고 명령한다. 나는 선택과 결단의 자유를 네게 주었으니 네가 맘대로 행사해도 된다. 그러나 반드시 선택에 따른 책임은 져야하며 나는 네가 자유의지로 내 말에 순종하는 행복을 따르기 바란다」는 의미를 담아 선악과를 만드신 것입니다. 자유를 옳게 행사하기 원했지만 아담은 옳게 행사하지 않았습니다. 하나님의 명령과 사탄의 유혹 중에서 후자를 선택했습니다. 이때 하나님은 가슴 아팠으나 그냥 둘 수밖에 없었습니다. 간섭해서 막았다면 자유를 준 것이 아니며 꼭두각시가 될 수밖에 없습니다. 「자식이 타락한 자식이길 원할까 꼭두각시가 되길 원할까」 이런 선택의 기로에서 하나님은 자기의 선택, 자유를 옳게 행사 하셨는데 그것은 타락한 자식이 차라리 낫다는 것입니다.

그래서 간섭하여 자유를 빼앗지 않으셨습니다. 만약 자유를 빼앗았다면 이것은 하나님의 타락이었을 것입니다.

아담을 최고로 대접한 하나님을 찬양해야 하며 온갖 경로를 통해 아담을 다시 구해내는 하나님의 끈질긴 사랑에 감사해야만 하는 것입니다.

이 자유의지 행사 문제는 가룟유다에게도 해당됩니다. 가룟유다는 예수님을 따르면서도 호기심으로 따랐고 자기 이익을 추구하려고 따랐지 믿음의 대상으로 알고 따르지는 않았습니다. 그래서 믿음의 고백이 없었습니다. 예수님은 회개의 기회를 여러 번 주셨는데 회개하지 않았습니다. 속사람이 도적놈이었습니다(요 12:6).

드디어 마귀에게 사로잡힙니다. 그래서 예수 팔아먹을 생각을 하게 됩니다. 자유의지를 갖고 있으니 결정은 자기가 합니다. 「네가 나를 팔 자이다」라고 지적까지 해 주는데도 회개하지 않았습니다. 못된 자식이 부모에게 대듭니다. 유럽여행도 안 보내 주려면 왜 날 낳았느냐고 따집니다. 부모가 무엇이라 해야 합니까? "너 같은 자식 날줄 몰랐다!" 속상하다는 표현입니다.

사람들은 하나님에게 "이왕 만들려면 좋게 만들지." 항변하는데 이 것은 "왜 나를 개나 돼지로 만들지 않고 사람 만들었소!" 하는 어리석은 항의일 뿐입니다. 죄는 어디까지나 죄이고 그 값은 멸망인 것입니다. 죄를 죄가 아니라고 우겨댈 수는 없습니다.

가룟유다가 회개했으면 그 개인은 구원 받았으며 예수님의 대속사역은 더 쉽게 하나님의 크신 지혜 속에서 이루어졌을 것인데 마치 예수님의 십자가를 가능케 공로를 세운 자처럼 추켜세우는 통일교의 가르침은 복음을 뒤엎으려는 사탄의 술책이요, 기만이요, 독설인 것입니다. 돈만 아는 가룟유다와 일맥상통하는 끼리끼리의 변호인 것이지요. 가룟유다가 마지막에 뉘우치기는 했으나 돌아서지 못한 것이 베드로와 근원적으로 다른 것이었습니다. "회"는 했으나 "개"는 못했다는 것입니다. 거룩한 무리 속에 끼어는 있으면서도 진리를 마음속에 영접하지 못해 끝내 버려진 존재! 가룟유다 같은 사람이 없어야 할 것입니다. 필요 없는 반항이나 변명하려 말고 늦기 전에 예수님을 바로 영접해야 할 것입니다.

6. 복음을 못 듣고 죽은 자들은

「예수님이 오시기 전에 이 땅에 사신 우리 조상들과 예수님이 세상에는 오셨지만 복음이 우리나라에 들어오지 않아 복음을 전연 접하지 못하고 돌아가신 사람들이 정죄 받아 지옥에 갔느냐. 그렇다면 부당한 것 아니냐 공평의 원리에 맞지 않는다」 이 질문이 많은 것 중 하나입니다. 사실 이 문제는 성경이 명쾌하게 가르쳐 주시지 않았기 때문에 함부로 대답하기가 어렵습니다. 이사야 55:8~9에는 하나님의 생각과 길이 우리 생각과 길보다 높다는 말씀이 있고 롬 11:33~35에도 같은 말씀이 있습니다. 신 29:29 말씀처럼 오묘한 일은 하나님께 속하였습니다.

하나님은 뛰어나신 지혜와 공평으로 다스릴 것입니다. 롬 1:19~20, 시 19:1~4에 의하면 하나님은 창조 세계를 통해서 그리고 양심의 법을 통해서 자신을 나타내십니다. 복음 이전에는 양심이 하나님의 법을 대신한 것처럼 생각할 수도 있으니(롬 2:15) 하나님의 선하신 방법으로 선악 간에 판단하실 것을 믿고 현재 살아있는 자들에게 복음으로만 구원받는 진리를 잘 전해야 할 것입니다.

예수 그리스도를 통하지 않고는 다른 방법으로 구원을 얻을 자는 없습니다(행 4:12, 요 3:16, 14:6). 때문에 이 시대 사람은 변명할 여지가 조금도 없습니다.

7. 효과적 선교방법 제시

종교 개혁이래 교회는 계속 개혁되어가야 한다고들 입을 모아 제창하고 있습니다. 발전 없이 똑같은 형식을 반복하노라면 고정관념이 자리 잡게 되고 제자리걸음은 매너리즘에 빠지게 하기 때문입니다. 교회 본질 중 가장 중요한 예배마저 자동기계화한 느낌입니다.

어느새 의미와 본질에서 형식과 전시 쪽으로 변질하고 있음을 솔직히 인정할 수밖에 없습니다. 부름 받은 자들이 자신을 인격적인 산제물로 하나님께 드리는 헌신, 봉사, 섬김 자체가 되도록 예배의 갱신이 필요합니다. 설교 중심의 예배에서 모든 순서가 우리에게 주시는 하나님의 말씀으로 느껴지도록, 형식적 제한으로 경직화된 예배에서 포근한 은혜의 분위기 안의 자유와 기쁨의 축제로, 용서와 해방을 경험하며 마음을 쏟는 찬양제로, 성도들을 관람자로 만들고 하나님마저 옵서버로 밀어내는 성직자 중심의 예배에서 공동체 전체가 균형과 조화 속에서 영혼의 화답송을 드리는 총체적 예배로 우리는 계속 갱신해야 할 것인데 정말 이 일을 위해 용기 있게 추진하고 예배 갱신의 선봉에 나선 사역자는 과연 몇 %일까요.

교회는 정대한 사명 중 하나인 선교 역시 제자리에서 맴도는 감이 있어 우선 한 가지 방법을 제창해 보려는 것입니다.

근년에 이르러 한국 교회들의 선교열은 대단합니다. 교회 이름에까지 「선교」라는 단어를 삽입해야 할 정도이며 선교단체들이 얼마나 많이 생겼는지 그 숫자를 정확히 알 수도 없습니다. 그러나 내용면에서는 매우 빈약하다고 느낍니다. 선교사 파송 비율이나 선교비 책정액을 봐도 쉽게 파악할 수 있습니다. 50불 이하의 소액으로 나누어 여러 곳에 송금하고는 수십 나라 수십 교회를 선교한다고 자랑하고 과시하는 교회도 있고 신학생과 목사는 넘치는데 선교 현장엔 일꾼이 태 부족한 게 사실이고 보면 선교에 임하는 자세부터 재검토해야 할 것이 아닌가 생각됩니다. 선교단체들도 선교비 모금에만 주력하고 있는 듯한 인상마저 듭니다.

그러면 교회를 새롭게 하는 효과적 선교 방법이 무엇인가. 어떤 좋은 대안이라도 있느냐할 때 우선 한 가지를 제시하면서 교회들의 동참을 호소하는 것입니다. 물론 이견도 가능하고 전체가 호응하지 않을 것도 예견하지만 신앙 양심적인 평가는 반드시 있어야 할 것입니다.

우리가 잘 아는 대로 안디옥 교회에서는 바울과 바나바를 선교 파송했습니다(행 13:1~5). 당시 안디옥 교회로서는 바울과 바나바와 같은 일꾼들이 무척 필요했음에도 불구하고 선교를 위해서는 과감한 결단을 내려 최고의 일꾼들을 먼저 내 보냈습니다. 그렇습니다. 우리도 할 수 있습니다. 가장 효과적인 선교, 그리고 교회를 새롭게 하는 역사를 동시에 성취할 수 있는 아이디어가 있습니다. 그것은 담임목사의 은퇴 시기를 앞당겨 55세 정도로 하고 65세 정도까지 선교사로 파송하는 것입니다.

물론 1년 교회 예산이 15만 불 이상인 교회라야 가능할 것입니다. 왜냐하면 그래야 선교 예산을 10%인 1만 5천 불 정도 세울 수가 있고 매월 천 불 정도의 선교비를 지출 가능하기 때문입니다. 매월 천 불씩 선교비 지원을 한다면 중국, 구소련, 필리핀, 동남아, 멕시코, 한국의 무교회 농어촌 벽지, 미국 내 100명 이하의 교포가 사는 작은 마을 등의 선교가 가능합니다. 특히 능력 많으신 총회장, 협회장, 노회장들은 임기가 끝나면 필히 5년 정도 선교 파송토록 헌장에 명시 합시다. 그러면 감투만 좋아하고 고생의 십자가는 외면하려는 사이비들은 얼씬도 안하게 되어 교단 정화작업도 될 수 있습니다.

편안한 목회만 고집하는 목사들은 선교와 목회는 구별되어야 한다고 나름대로의 지론을 펴낼 것이지만 목사로 부름 받은 게 확실하다면 복음 전할 능력과 불우한 영혼들 얼싸 안을 사랑의 힘과 하나님 의지하고 기도할 지혜와 가르칠 은사는 이미 하나님께로부터 받은 자들임으로 누구나 가능한 것입니다. 언어 문제라면 한국 농어촌도 있고 교민이 작아 교회를 못 세우는 미국 내 작은 도시들이 많이 있습니다. 또 이미 파송되어 수고하는 선교사님들을 돕는 일이나 그분들의 자녀를 돌보며 한국어 가르쳐 주는 일도 선교의 큰 일임을 알아야 합니다.

담임목사를 선교사로 파송하면 교회는 놀라운 일들이 발생하게 됩니다. 우리가 아니면 목회하던 교회가 큰 타격을 받아 쇠약해질 것 아닌가 생각 마십시오. 기우일 뿐입니다. 언제는 우리 능력으로 목회 성공했나요. 하나님께서 하십니다. 말로만 풍성한 선교하지 말고 노련한 목회 경험을 가진 우리가 나가야 역사가 일어납니다. 담임목사들만 조기 은퇴하고 선교 파송되면 교회가 새로워집니다. 첫째 참신한 젊은 세대들이 목회현장에 진출하게 되며 패기와 열심히 복음에 전심하게 됩니다. 때문에 폭 넓은 순환과 도전으로 교단마다 활성적이고 역동적인 발전을 맞보게 될 것입니다. 둘째 오랫동안 교회를 섬기시던 담임목사가 선교자로 파송되는데 성도들이 기도를 안 할 수 있겠습니까? 매월 선교비 천 불 지원하는 게 아깝겠습니까? 그래서 뜨겁게 선교를 위해 기도하는 교회와 성도들이 될 테니 교회가 새로워질 수밖에 없습니다.

이렇게만 하면 하나님께서는 교회들이 부흥하게 하시고 말만 앞세우고 감투 좋아하던 사람들은 부끄러워 숨는 시대가 오는 보너스 복을 주십니다. 솔직히 말합시다. 55세 정도면 자녀들도 다 성장해서 더 이상 걱정 없고 목회경험도 있고 아직 뛰고 구르고 능히 일할 수 있지 않습니까! 이때 선교 가서 남은 평생 선교대열에 동참하고 65세쯤 돌아오면 더 이상 기쁨과 영광이 어디 있겠습니까.

우리는 하나님 앞에 부끄러움 없는 삶을 살아야 하지 않을까요. 많은 교회와 목사님들이 이 운동에 찬성하고 본을 보여 주신다면 그때는 정말 선교 한국이 될 수 있으며 교회 갱신도 이루어질 것이 틀림없습니다.

8. 신앙생활에 필요한 낱말이해

우리교회에 등록하셨다면 더 가까운 한 식구입니다. 한 식구의 특성은 말이 통하는 것입니다. 고양이와 개가 왜 싸우느냐하면 사인이 서로 다르기 때문이랍니다.

고양이가 꼬리를 처들면 임전태세 완료인데 개는 기분이 좋을 때 꼬

랑지를 쳐드니까 밤낮 싸울 수밖에 없답니다. 한 교회에서 신앙생활하시면 사용하는 낱말은 똑같이 이해해야만 같이 은혜가 되고 한 마음 한 신앙을 갖고 성장하게 됩니다. 그래서 중요한 낱말만 우선 몇 가지 통일을 위해 제시합니다.

1. "구속"이란 말을 들어 보셨나요?(엡 1:7)

사탄(마귀)의 지배를 받아 영적으로 꼼짝 못하고 죄의 종노릇하던 상태에서 해방과 자유를 얻게 되는 것을 뜻합니다. 원래는 노예시장에서 값을 치르고 사서 자유를 주는 것을 의미하는 단어였습니다(출 15:13, 욥 19:25~26, 시 130:7~8, 사 63:8~9, 갈 3:13, 골 1:12, 딛 2:14, 히 2:17, 벧전 1:18~19, 계 5:9~11).

2. "예정"

예정이란 하나님의 청사진이라 함축성 있게 표현할 수 있는데 하나님께서 인간들과 온 우주 만물에 대해 어떤 뜻과 계획을 가지고 설계하시고 추진해 가신다는 것입니다. 극단적으로 지나치게 생각하는 사람들은 "저 사람은 식모가 되도록 예정했다." 또는 "내가 오늘 계단에서 넘어지도록 예정됐고 동생과 말다툼하며 오솔길을 따라 학교 뒷길로 250 발자국 걸어가서 돌에 걸려 넘어질 것도 예정되었다"고 까지 하는데 잘못된 생각입니다. 하나님의 예정 안에는 창조, 언약, 구원, 훈련, 회복, 영생, 선택, 유기, 천국, 지옥, 재림, 심판, 새 창조 등 굵은 항목들이 많이 있습니다(롬 8:29~30, 창 32:12).

3. 계시

쉽게 말하면 하나님께서 자신을 나타내심을 의미합니다. 죄인은 하나님을 알 수가 없는데 오직 하나님 편에서 역사나 인간 양심이나 자연이나 성경 또는 예수 그리스도와 성령님 등을 통해서 자기 자신의 능력과 영광, 성품과 계획, 뜻 등 모든 것을 열어 보여 주시는 것입니다. 뚜껑을 열어 조금씩 내용을 보여 준다는 의미입니다(마 11:27, 롬 1:19~20, 요 1:14, 요 5:39~40).

4. 거룩

악한 세상으로부터 또는 세상 사람으로부터 구별되어 하나님께 소속된 것을 의미합니다. 죄와 더러움에서 완전히 분리됨을 거룩이라 합니다. 그래서 신자를 성도라고 합니다. 거룩한 무리입니다. 행위가 깨끗해서가 아니고 하나님께서 죄악 세상으로부터 구별시켰기 때문입니다(벧전 1:15~16, 출 22:31, 레 19:2).

5. 겸손

하나님만이 전부요 최고이며 자신은 아무 가치 없는 존재임을 알고 고백하는 마음입니다. 하나님의 절대 주권을 인정하고 시인하며 남을 낮게 여기고 기쁘게 희생하는 것입니다(벧전 5:6, 고전 15:10, 빌 2:1~8, 대하 7:14, 욥 22:29, 사 57:15).

6. 공의

하나님의 통치 방법인데 하나님과 사람에게 선악간에 그 행한 대로 적절하고 합당하게 대하는 태도입니다. 하나님의 공의(미 6:8) 앞에 의로운 인생은 없습니다(시 143:1~2).

하나님의 속성의 하나이므로 변함없이 적용되는 분별 기준이며 자기 결정과 선포에 따른 반응을 보고 상급과 징벌을 결정하십니다(창 18:25, 합 1:13, 욥 34:10~12, 행 17:30~31).

7. 의인

성경에서 말하는 의인은 믿음을 가지고 하나님을 의지하는 사람입니다. 인간 편에서 옳다는 것은 편견일 수도 있으며 문화에 따른 가치관에 근거하지만 하나님의 표준에서 보면 의인은 없습니다. 그래서 복음을 믿고 하나님의 말씀에 순종하는 사람이 성경적 의인입니다(롬 3:23).

8. 교회

하나님의 부름 받은 개인과 개인들이 모인 주님의 백성들을 말합니다. 세상에서 구별하여 불러내서 주님께 소속시킨 자들이지 시설을 갖추어 놓은 건물이 아닙니다. 교회는 하나님의 소유이며 언제나 말씀과 성령으로 다스립니다.

성도들은 교회의 한 부분이기도 합니다. 그러므로 성도는 누구나 반드시 교회에 속해야하며 연합과 조화를 이루어야 합니다(마 16:18, 행 20:28, 엡 1:22~23, 고전 12:27, 행 2:47, 고전 1:10).

9. 구원

죄와 그 결과 또 율법과 저주, 죽음, 심판, 두려움, 고난, 부족 등 악의 상태에서 해방 내지 구출되는 것입니다(마 1:21, 갈 3:13, 히 9:28).

이는 오직 예수 그리스도를 통해서만 가능한 것입니다(엡 2:8~9).

10. 믿음

하나님과 하나님의 말씀과 예수 그리스도의 인격을 그대로 받아들이는 것입니다. 특히 예수 그리스도의 대속적 죽음과 부활을 성경대로 받아 드리며 예수 그리스도를 구세주와 주인으로 모셔 드리고 하나님 말씀에 순종하는 것입니다(롬 10:17, 막 11:22, 요 1:12).

자기 사상이나 신념을 믿음으로 오해하지 말아야 합니다. 예를 들면 적극적, 긍정적 사고방식은 믿음이 아닙니다.

11. 복음

복음이란 기쁜 소식입니다. 예수 그리스도와 그에 관한 소식입니다(행 8:25, 롬 1:2). 복음의 핵심이 바로 예수 그리스도의 죽음과 부활입니다(고전 15:1~4). 예수 안에 영생이 있음을 알리는 소식입니다. 거절하면 멸망의 형벌을 받게 됩니다(살후 1:7~9).

12. 예언

예언은 앞일을 미리 말하는 것이라고만 이해하면 안됩니다. 성경이 말하는 예언은 하나님의 말씀을 말하는 것이며 선지자들 또는 제자들이 하나님에게서 받은 말씀을 대언하는 것입니다. 그 대언 속에는 과거와 현재와 미래 이야기가 있습니다.

그러나 영원한 현재, 진정한 현재는 없습니다. 미래는 순간적 현재를 지나 과거가 되기 때문입니다(벧후 1:20~21, 암 3:8, 계 1:3).

13. 은혜

받을 가치나 조건이 없음에도 불구하고 무조건적으로 베푸시는 하나님의 사랑입니다. 인간의 공로는 헛되며(롬 11:6), 구원은 전적으로 하나님의 선물이라는데 있습니다(엡 2:8, 롬 8:29, 히 2:10, 딤전 4:10).

14. 임마누엘

"하나님이 우리와 함께 계시다(사 7:14)."는 뜻입니다. 하나님은 그리스도 안에서 신자들과 함께 계시며(요 14:16) 성령으로 함께 계시며(요 14:16) 말씀을 지켜 행하는 자들과 함께 하십니다(빌 4:9, 수 1:7~9). 하나님이 함께 하심이 복 중에 복입니다.

15. 죄

하나님과 등지는 것입니다. 하나님(창조자)이 없이도 살 수 있다는 인간의 독립선언(피조물인데도)이며 이것이 하나님과 같이 되겠다는 교만입니다. 진리에서 빗나간 것이 모두 죄입니다.

아담 범죄 후 모든 인간은 죄의 신분과 상태에서 태어나므로 원죄가 있습니다(시 51:3, 롬 5:12). 또한 자범죄도 있습니다. 하나님을 거스르는 것이므로 반드시 형벌을 받는 것입니다.

16. 중생

영적으로, 하늘로부터 새로 태어나는 것을 말합니다(요 3:5). 자기 중심의 삶에서 하나님 중심의 생활로 변하는 것이며 거듭남이라고도 합니다. 중생은 천국에 들어가는 필수조건입니다(마 18:3, 요 3:5). 중생 즉 거듭나면 하나님의 자녀가 되어 하나님이 기뻐하시는 일, 성경 말씀을 표준으로 순종하며 살게 됩니다.

17. 복

매우 오해되고 있는 개념 중 하나입니다. 성경적 복은 한마디로 표현한다면 임마누엘입니다. 즉 하나님과 함께 있는 것, 하나님 앞에 있는 것, 그 자체가 복입니다. 악인의 길, 오만한 자리에 있지 않고 하나님으로 즐거워하며 하나님 때문에 기쁜자가 복 받은 자입니다.

예수 그리스도의 성품을 닮아 사랑을 베풀며 사는 자가 복 받은 자입니다. 물질의 풍요나 건강, 사업 번영을 복으로 강조하는 것은 큰 것은 못 보고 얕은 물가에서 물장구치는 저급한 수준의 신앙입니다. 하나님은 자기의 기쁘신 뜻대로 은사를 주시고 필요한 자에게 재물도 주십니다.

이때는 복이지만 재물이 많으면 일반적으로 잘 믿을 수 없는데 이것은 복일 수가 없습니다(신 28:2, 엡 1:3, 시 1: 마 5: 롬 4:6~9, 창 22:18, 갈 3:14).

18. 보혜사

위로자, 도우시는 분이란 뜻인데 예수께서 승천하신 후에 예수를 대신해서 제자들을 인도하고 복음을 이해시키고 시련과 박해를 견디게 하는 하나님의 영 즉 성령님을 뜻합니다(요 14:16, 15:26, 요일 2:1).

19. 메시아

기름부음 받은 자란 뜻인데 구세주를 가리키는 말이며 그리스도와 똑같은 말입니다. 구약시대에는 왕, 제사장, 선지자의 임직식 때 기름을 부었는데 예수님은 영적 의미에서 왕이요 제사장이요 선지자이시므로 예수님을 칭하는 대명사가 되었습니다(레 4:3~16, 삼상 24:6, 단 9:25, 눅 23:2, 39).

20. 할렐루야

너희는 여호와를 찬송하라는 뜻의 히브리어입니다. 시편 전체는 초두 또는 말미에 할렐루야가 붙어 있음을 많이 보게 되는데 은혜를 깊이 체험한 신앙 선배들의 공통된 고백입니다. 최고의 신앙도, 최고의 기도 역시 할렐루야입니다. 하나님에 대한 찬양, 자랑, 칭찬입니다(계 19:6, 시 146:1, 10).

21. 호산나

이제 구원하옵소서란 뜻의 아람어에서 온 단어입니다(시 118:25). 아멘, 마라나타, 아바도 아람어입니다. 예수께서 예루살렘 입성시 환영하는 무리들이 외친 소리이며 이것은 메시아로 환영함을 나타냅니다(마 21:9). "만세"라고 손들고 열광적으로 환호하며 승리의 개선자에 존경과 기대와 감사를 표하는 것입니다(요 12:13).

22. 회개

죄악 세상에 빠진 마음과 몸을 하나님의 은혜로운 세계로 완전히 바꾸는 것입니다. 죄를 깨닫는데 머물지 않고 적극적으로 선을(말씀 순종) 행하는 대로 방향 전환하는 것입니다. 아버지 품을 떠났던 탕자가 아버지에게로 돌아오는 것이 좋은 예입니다(눅 15:11~32). 진정한 회개는 하나님께만 용서받는 것이 아니고 사람과의 관계이면 관계자에게도 잘못을 고하고 용서받아야 하며 다시는 똑같은 범죄를 안 하는 것입니다. 그래서 쉽지 않습니다(시 7:12, 34:18, 51:17, 사 57:15, 겔 18:21~23, 행 3:19, 고후 7:10~11, 벧후 3:9).

23. 육신적과 영적

성경에서 육신이라 하면 우리 몸, 신체를 가리키는 경우도 있고(골 2:5) 옛 성품 즉 사탄의 지배를 받는 성품을 말하기도 합니다(롬 8:7). 성경에서는 후자의 경우가 대부분이며 이것이 죄성향이며 나쁘며 거짓되다고 하는 것(렘 17:9, 롬 8:8, 롬 7:18, 13:14)이지 우리의 신체를 나쁘다고 하는 것이 아닙니다. 예수 믿어 거듭나면 사탄의 악한 세력과 계속 영적 전쟁을 하게 되며 성경 말씀을 생각나게 해 주시는 성령님의 도우심으로 늘 승리하게 됩니다. 이것이 영적 삶입니다.

24. 세상

성경에는 하늘과 땅 즉 우주를 세상이라고도 하고(히 11:3) 이 땅에 사는 사람도 세상이라고 한 적이 있으나(요 3:16) 대부분 마귀의 지배 아래 있는 타락한 세계를 나타내기 위한 표현으로 사용합니다(요일 5:19).

25. 평화(샬롬: 에이레네)

평안, 화목, 평강, 충만, 완벽, 풍성, 무죄, 고통이 없음. 적대관계나 혼란이 없이 평온하고 자유함을 뜻하며 하나님이 통치하시는 완전한 나라를 의미하는 하나님을 완전히 믿고 의지하며 결국 영원한 천국에 있을 것을 소망하는 상태를 뜻합니다. 유대민족은 아버지가 포로가 되고 어머니가 팔려가며 아이들만 남는 비참한 이별 속에서도 샬롬(하나님의 통치를) 인사했습니다(삿 6:24, 사 26:3, 살전 5:23, 롬 14:17, 엡 2:13~18).

9. 좋은 서적을 소개해 주십시오.

책을 소개해 달라는 성도님들을 볼 때 참 마음이 기쁩니다. 성경을 최우선적으로 많이 읽고 또 Q.T도 하셔야 할 뿐 아니라 복음적이고 건전한 경건 서적이나 신학 입문 서적이나 기독교 명작들을 많이 섭렵하면 바른 신앙을 구축하게 되고 사랑과 진리의 실천자가 될 수 있고 자녀들이나 연약한 영적 새신자들을 옳게 가르칠 수가 있기 때문입니다. 그러나 제 편견이 있다는 것도 이해하셔야 합니다. 평신도를 위한 추천도서 목록을 이미 오래전에 만들었는데 요약해서 소개해 봅니다. 가급적 담임목사님께 요구하셔야 합니다. 기독교 고서들부터 많이 읽으셔야 더 유익합니다.

1) 책을 정선해서 출판하는 회사의 서적은 무난합니다.

두란노, 생명의말씀사, 요단출판사, 나침반출판사, 개혁주의신행협회, C.L.C, 새순출판사, 예수교문서선교회, IVP, 복있는사람, 포이에마, 새한기획출판사, 아가페, 브니엘, 쿰란출판사, 총신대출판부, 고신대출판부 등입니다.

2) 아래 작가의 책은 좋습니다(존칭을 약했습니다).

옥한흠, 이동원, 하용조, 박영선, 손봉호, 김희보, 김의환, 김동호, 김준곤, 김상복, 김진홍, 박형용, 김명혁, 정성구, 김동익, 곽선희, 이현주, 이재철, 유기성, 최갑종, 류호준, 특히 앤드류 메레이, R.B 카이퍼, 핸드릭슨, 죤 스타트, 칼빈, 스폴전, 리챠드백스터, 허셀포드, HR 밴틸, 로이드죤스, 프란시스 쉐퍼, 헬만 바빙크, 베르논 맥기, 챨스 스윈돌, 척 스미스, 학킹, 팀 켈러, 헨리 나우웬, 죤 파이퍼, 아쳐 토리, 안토니 후크마, EM 바운즈 등입니다.

이분들 책만 해도 몇백 권 되며 이외에 한두 권만 썼어도 명작들을 펴낸 분들이 많이 있습니다. 그것들은 개별적으로 담임목사님과 의논하시기 바랍니다. 또 주제별이나 책별 해설집도 많으며 문학서적도 많은데 전문 신학서적과 더불어 소개하지 않았습니다. 이해하시기 바랍니다. 우리 교회 성도들은 책명, 저자, 출판사를 다 기재한 추천 도서 목록표를 요청하시면 드립니다.

감사합니다.

영원히 영원히

내 주가 다스리시리

초　판 1994년 10월 15일 2쇄 발행
개정판 2018년 3월 20일 1쇄 발행

지은이 Ⅰ 최 기 태
펴낸이 Ⅰ 민 병 문
펴낸곳 Ⅰ 새한기획출판부
주　소 Ⅰ 04542 서울특별시 중구 수표로 67 천수빌딩 1106호
T E L Ⅰ (02) 2274-7809 / 070-4224-0090
F A X Ⅰ (02) 2279-0090
E-mail Ⅰ saehan21@chol.com
출판등록번호 Ⅰ 제 2-1264호
출판등록일 Ⅰ 1991. 10. 21

값 12,000원

ISBN 979-11-88521-05-0 03230

Printed in Korea